황제내경과 생명과학

小言黃帝內經與生命科學, 南懷瑾 講述

황제내경과 생명과학

2015년 9월 10일 초판 1쇄 펴냄
2024년 2월 1일 초판 4쇄 펴냄

지은이 남회근
옮긴이 신원봉

펴낸곳 부키(주)
펴낸이 박윤우
등록일 2012년 9월 27일
등록번호 제312-2012-000045호
주소 서울시 마포구 양화로 125 경남관광빌딩 7층
전화 02) 325-0846
팩스 02) 325-0841
홈페이지 www.bookie.co.kr
이메일 webmaster@bookie.co.kr
제작대행 올인피앤비 bobys1@nate.com
ISBN 978-89-6051-506-2 04150 978-89-6051-039-5 (세트)

잘못된 책은 구입하신 서점에서 바꿔 드립니다. 책값은 뒤표지에 있습니다.

남회근 저작선 14

황제내경과 생명과학

남회근 지음 신원봉 옮김

부·키

일러두기 ─────────────

1. 이 책은 대만 노고문화공사에서 2008년에 나온 『小言黃帝內經與生命科學』을 번역하였다.
2. 본문에 있는 각주는 모두 옮긴이 주이다.
3. 『황제내경』 원문의 한자와 구두점은 원서가 명백히 잘못된 몇 부분을 제외하고 원서의 표기를
   따랐다.
4. 중국어 고유명사 표기와 관련하여 현행 맞춤법은 신해혁명 이전은 한자 발음대로, 그 이후는
   중국어 원음대로 표기하도록 규정하고 있다. 하지만 이 책에서는 시대에 관계없이 인명, 지명
   모두 한자음대로 표기하였다.
5. 이 책은 『황제내경』의 중요 부분을 발췌하여 강독하고 있다. 따라서 원문의 어느 부분을 강의
   하는지 한눈에 알 수 있도록 원서에 없는 『황제내경』 원문의 편명과 장을 넣어 독자들의 이해
   를 돕도록 하였다.

옮긴이 말

이 책의 의미

현재는 서구적 가치관에 대한 대안이 모색되고 있는 시점이다. 동양적 사유에서 대안을 찾고자 하는 것은 비단 동양의 학자들뿐 아니라 서구 학자 역시 마찬가지다. 동양적 사유의 특징 중 가장 핵심은 아마도 생명을 자연 전체와 유기적으로 연계시켜 보는 관점일 것이다. 이런 관점을 가장 체계적으로 잘 설명하고 있는 서적이 바로 『황제내경(黃帝內經)』이다. 그런 점에서 『황제내경』은 비단 의학의 측면뿐 아니라 문화사의 관점에서도 다시 한 번 세심히 검토되어야 할 서적이다.

하지만 『황제내경』은 문체가 간결하고 많은 의미가 함축되어 있어 읽기가 쉽지 않다. 문제는 비단 간결한 문체에만 있는 것이 아니다. 『황제내경』에는 의학과 철학이 혼재되어 있어 철학 쪽에서 접근하면 의학적 용어에 걸리고 의학 쪽에서 접근하면 철학적 사유에 걸린다. 여태까지도 제대로 된 번역서가 없는 것도 이런 양면성과 무관하지 않으리라 생각된다. 이 책을 제대로 이해하려면 한의학에 대한 전문적 지식뿐 아니라 동양철학 전반에 대한 폭넓은 이해가 필요하다. 이런 점에서 남회근 선생은 『황제내경』을 풀어낼 수 있는 많지 않은 사람들 중 하나다. 선생은 어려서부터 의학 지식을 습득해 왔고 동양철학 전반에 대해서도 해박한 식견을 지니고 있기 때문이다.

한 가지 아쉬운 점은 남회근 선생의 강독이『황제내경』전반에 걸쳐 있지 않다는 사실이다. 남회근 선생이 강독한 부분은『소문(素問)』81편,『영추(靈樞)』81편 중『소문』7편,『영추』2편 해서 9편으로, 총 162편 중 9편만을 강독했다. 강독한 아홉 편도 모든 장(章)을 다 다룬 것이 아니라 일부를 발췌해 다루었다. 따라서 남 선생의『황제내경』강의는『황제내경』에 대한 전문적 강독이라기보다『황제내경』을 어떻게 읽어야 할지 원문을 인용하며 시범적으로 강독해 나간 것이라 볼 수 있다.

좀 더 시간이 있어『황제내경』전체를 강독할 수 있었더라면 좋았겠지만, 지금으로서는 적어도『황제내경』에 접근할 수 있는 구체적인 방법이라도 제시해 놓은 점은 다행이라 아니할 수 없다. 사실 이 강의는 애초 책으로 낼 생각이 없었다고 한다. 역리(易理)와 음양오행에 대한 청중들의 기초가 부족해 아무래도 강의가 성글어질 수밖에 없었으며, 더욱이 주어진 시간도 충분하지 않아 설명이 소략해질 수밖에 없었기 때문이다. 그럼에도 이후 여러 곳에서 간절한 요구가 있어 마지못해 출간에 응하게 되었다고 한다.

역자가 이 책을 번역한 것은 그럼에도 불구하고 이 책이 우리에게 적지 않은 도움이 되리라 생각했기 때문이다. 우리의 경우『황제내경』을 읽고 싶어도 제대로 된 번역본을 구하기 힘들며, 또 제대로 된 번역본이 빠른 시기에 나오리라는 보장도 없다.『황제내경』은 의학과 철학이 통합되어 있어 이 양자에 두루 통한 사람도 드물거니와, 설사 그런 사람이 있다 해도 힘들고 품이 많이 드는 번역 작업을 하리란 보장도 없기 때문이다. 이런 상황을 감안할 때 지금으로서 가능한 방법은『황제내경』에 대한 개론서를 읽고 난 뒤 직접 뛰어들어 원문을 읽어 내는 방법이다. 이 책이 도움이 될 수 있는 것은 바로 이런 독자들을 위해서이다. 이런 독자들이 남회근 선생이 제시한 방법으로 『황제내경』을 탐독해 나간다면 적지 않은 소득이 있으리라 생각된다.

이 책에서 남회근 선생은 시간관계상 『황제내경』의 일부를 발췌해 강독한 데다 그 순서도 들쑥날쑥해 독자 여러분이 처음 접하다 보면 도대체 『황제내경』의 어디쯤을 다루고 있는지, 이 내용이 『황제내경』 전체와 어떤 맥락으로 연계되는지 궁금해질 것이다. 이런 느낌은 역자 역시 마찬가지였다.

따라서 아래에서 남회근 선생이 『황제내경』에서 발췌해 다룬 본문의 편과 장을 밝히고, 이어서 『황제내경』이 어떤 책인지, 그리고 전체가 어떻게 구성되었는지에 대해 설명을 덧붙이고자 한다. 이런 전체 구도를 파악하고 난 뒤 본문을 읽어 나간다면 그 이해의 폭도 깊어질 수 있으리라는 생각 때문이다.

『소문素問』
제1편 상고천진론上古天眞論 (제1장)
제2편 사기조신대론四氣調神大論 (제1장, 제3장)
제3편 생기통천론生氣通天論 (제1장, 제2장, 제3장)
제7편 음양별론陰陽別論 (제1장, 제2장)
제9편 육절장상론六節藏象論 (제4장, 제5장, 제6장)
제17편 맥요정미론脈要精微論 (제4장)
제26편 팔정신명론八正神明論 (제3장)
『영추靈樞』
제31편 장위腸胃 (제1장)
제32편 평인절곡平人絶穀 (제3장)

『황제내경』은 어떤 책인가

『황제내경』은 '소문'과 '영추' 두 부분으로 나누어진 중국 최초의 한의학 서적이다. 그러나 이렇게 규정하고 나면 뭔가 미진함이 있다. 이는 아마도 병(病)이나 인체를 바라보는 『황제내경』의 독특한 시각 때문이라 생각된다.

『황제내경』은 특정 질병에 대한 구체적 처방을 기록한 일반적 의학서가 아니라 인체나 인체의 질병을 좀 더 거시적인 시각, 즉 자연과 인간의 유기적 관계에서 파악한 책이다. 예를 들어 『소문』 「보명전형론(寶命全形論)」편에서는 "사람은 천지의 기로부터 태어나 사시의 법으로 완성된다〔人以天地之氣生, 四時之法成〕"라고 했다. 하늘과 땅 그리고 사시의 운행 자체가 그대로 반영된 것이 인간의 신체라는 관점이다.

이런 점에서 본다면 『황제내경』은 인간과 자연을 공통의 요소인 기(氣)로 일관되게 설명해 낸 기철학적 저술이자 동양 문화 전반을 압축한 문화적 고전이라 볼 수 있다. 『논어』보다 먼저 읽어야 할 책으로 『황제내경』을 들고 있는 것도 이 때문이다. 사실 『황제내경』 속에는 비단 의학뿐 아니라 철학, 정치, 천문 등 다방면을 아우르는 풍부한 지식이 담겨 있어서 말하자면 동양학의 백과전서식 저술이라 할 수 있다.

『황제내경』이라는 명칭은 황제가 지었다고 해서 붙여진 것이지만, 황제가 쓴 책이라기보다 서한 시대에 이르러 이전에 전승되어 왔던 의학적 지식이 여러 사람에 의해 체계화되었다고 보는 것이 일반적이다. 『황제내경』이 한 개인이 단시간에 완성한 것이 아님은 아래와 같은 몇 가지 점에서도 확인된다.

예를 들어 『소문』 「보명전형론」에 나오는 '검수(黔首)'라는 용어는 전국 시대에서 진(秦)나라에 걸쳐 일반 백성을 부르던 호칭이다. 따라서 이 부분의 문장이 쓰인 것은 상한선이 전국 시대를 넘지 않는다. 또 『소문』「영란비전론(靈蘭秘典論)」 중에 언급된 '상전지관(相傅之官)'과 '주도지관(州都之官)'은 조위(曹魏) 시기에 시작된 관명으로 역사적 시기가 분명한 용어이므로, 이 부분에 대한 기록 역시 조위 시기를 넘지 않음을 알 수 있다. 또 『소문』 중 간지(干支) 기년(紀年)이 등장하는 부분이 있는데, 간지 기년은 동한 때 채용된 것이므로 이 부분은 동한 이후에 쓰인 것이라 단정할 수 있다. 그뿐 아니라 『소문』의 72편 「자법론(刺法論)」과 73편 「본병론(本病論)」은 왕빙(王冰)이 『소문』에 주를 붙일 때 이미 제목만 있고 내용이 없었던 것이니, 이 두 편은 당(唐)·송(宋) 간에 끼어든 위작임이 분명하다.

아울러 『황제내경』이라고 하면 당연히 여기에 짝하는 『황제외경(黃帝外經)』도 있었을 법한데, 실제로 여기에 해당하는 기록이 『한서(漢書)』에 전한다. 『한서』「예문지(藝文志)」'방기략(方技略)'에서는 의학 전적을 의경(醫經), 경방(經方), 신선(神仙), 방중(房中)의 네 부류로 나누어 소개하고 있는데, 이 중 의경에 해당하는 것으로 『황제내경』 18권, 『외경(外經)』 37권, 『편작내경(扁鵲內經)』 9권, 『외경(外經)』 12권, 『백씨내경(白氏內經)』 38권, 『외경(外經)』 36권, 『방편(旁篇)』 25권을 들고 있다. 이 기록을 보면 당시의 경전을 내경과 외경으로 나누는 것이 관례였음을 알 수 있다. 하지만 여기 기록된 책 중 『황제내경』 외에는 모두 실전되고 말아 그 구체적 모습을 알 수 없다.

『황제내경』에 대한 주석 가운데 가장 널리 알려진 것은 당나라 왕빙의 주석이다. 왕빙의 주석은 단순한 주석이라기보다 『황제내경』의 원모를 되살려 놓았다고 할 만치 의미 있는 작업이었다. 그는 당시 유포되어 있던 판본을 광범위하게 수집하고 각 편의 내용을 정리 개편했으며, 선사(先師)로부터 얻은 비본(秘本)의 내용을 참조해 '천원기대론(天元紀大論)', '오운행대론(五運

行大論)', '육미지대론(六微旨大論)', '기교변대론(氣交變大論)', '오상정대론(五常政大論)', '육원정기대론(六元正紀大論)', '지진요대론(至眞要大論)' 등 일곱 편의 대론(大論)을 새롭게 보충하기도 했다. 따라서 현재 우리가 접하는 『황제내경』은 왕빙에 의해 새롭게 정리된 것이다.

『황제내경』의 전체 구성

『황제내경』은 원래 18권으로 『소문』 9권, 『영추』 9권이었다.

『소문』은 전국 시대 전원기(全元起)가 『소문훈해(素問訓解)』를 지을 때만 해도 9권이었으나 왕빙이 선사(先師)로부터 얻은 비본을 합쳐 81편 24권으로 확장했다. 이것이 지금 유행되고 있는 『소문』이다. 하지만 이 외에도 이전의 판본인 원대(元代) 호씨(胡氏)의 12권짜리 '고림서당(古林書堂)' 본이나, 명대에 간행한 50권짜리 『도장(道藏)』 본 역시 전해지고 있다. 이처럼 권수가 들쑥날쑥함에도 81편의 목차와 순서는 왕빙이 정리한 것과 차이가 없다.

『영추』는 침에 관한 저술로 원래 9권으로 구성되어 있어, 일명 『침경(針經)』 또는 『구권(九卷)』이라 불렸으나 수당(隋唐) 이후 대부분 실전되고 말았다. 이후 남송의 사숭(史崧)이 집안에 전해져 내려온 『영추경』을 보완해 세상에 알렸지만, 그 내용은 왕빙이 새로 구성한 『영추』와 차이가 있었다. 그런데 공교롭게도 사숭과 왕빙이 『영추』를 모두 24권으로 재구성해 원래 9권이던 『영추』가 이후 24권이 되었다.

왕빙이 재정리한 『황제내경』 소문과 영추 각 81편의 편명과 차례는 다음과 같다. 24권에 대한 부분은 생략했는데, 원래 9권이었던 것을 24권으로 나누어 붙인 것으로 별다른 의미가 없기 때문이다.

『素問』

제1편 上古天眞論　제2편 四氣調神大論　제3편 生氣通天論　제4편 金匱眞言論

제5편 陰陽應象大論　제6편 陰陽離合論　제7편 陰陽別論　제8편 靈蘭秘典論

제9편 六節藏象論　제10편 五藏生成　제11편 五藏別論　제12편 異法方宜論

제13편 移精變氣論　제14편 湯液醪醴論　제15편 玉版論要　제16편 診要經終論

제17편 脈要精微論　제18편 平人氣象論　제19편 玉機眞藏論　제20편 三部九候論

제21편 經脈別論　제22편 藏氣法時論　제23편 宣明五氣　제24편 血氣形志

제25편 寶命全形論　제26편 八正神明論　제27편 離合眞邪論　제28편 通評虛實論

제29편 太陰陽明論　제30편 陽明脈解　제31편 熱論　제32편 刺熱

제33편 評熱病論　제34편 逆調論　제35편 瘧論　제36편 刺瘧

제37편 氣厥論　제38편 咳論　제39편 擧痛論　제40편 腹中論

제41편 刺腰痛　제42편 風論　제43편 痺論　제44편 痿論

제45편 厥論　제46편 病能論　제47편 奇病論　제48편 大奇論

제49편 脈解　제50편 刺要論　제51편 刺齊論　제52편 刺禁論

제53편 刺志論　제54편 針解　제55편 長刺節論　제56편 皮部論

제57편 經絡論　제58편 氣穴論　제59편 氣府論　제60편 骨空論

제61편 水熱穴論　제62편 調經論　제63편 繆刺論　제64편 四時刺逆從論

제65편 標本病傳論　제66편 天元紀大論　제67편 五運行大論　제68편 六微旨大論

제69편 氣交變大論　제70편 五常政大論　제71편 六元正經大論　제72편 刺法論(遺篇)

제73편 本病論(遺篇)　제74편 至眞要大論　제75편 著至敎論　제76편 示從容論

제77편 疏五過論　제78편 徵四失論　제79편 陰陽類論　제80편 方盛衰論

제81편 解精微論

『靈樞』

제1편 九針十二原　제2편 本輪　제3편 小針解　제4편 邪氣藏府病形

제5편 根結　제6편 壽夭剛柔　제7편 官針　제8편 本神

제9편 終始　제10편 經脈　제11편 經別　제12편 經水

제13편 經筋　제14편 骨度第　제15편 五十營　제16편 營氣

제17편 脈度　제18편 營衛生會　제19편 四時氣　제20편 五邪

제21편 寒熱病　제22편 癲狂　제23편 熱病　제24편 厥病第

제25편 病本第　제26편 雜病　제27편 周痹　제28편 口問第

제29편 師傳第　제30편 決氣第　제31편 腸胃　제32편 平人絶穀

제33편 海論第　제34편 五亂第　제35편 脹論　제36편 五癃津液別

제37편 五閱五使　제38편 逆順肥瘦　제39편 血絡論　제40편 陰陽淸濁

제41편 陰陽繫日月　제42편 病傳　제43편 淫邪發夢　제44편 順氣一日分爲四時

제45편 外揣　제46편 五變　제47편 本藏　제48편 禁服

제49편 五色　제50편 論勇　제51편 背兪　제52편 衛氣

제53편 論痛　제54편 天年　제55편 逆順　제56편 五味

제57편 水脹　제58편 賊風　제59편 衛氣失常　제60편 玉版

제61편 五禁　제62편 動輪　제63편 五味論　제64편 陰陽二十五人

제65편 五晉五味　제66편 百病始生　제67편 行針　제68편 上膈

제69편 憂恚無言　제70편 寒熱　제71편 邪客　제72편 通天

제73편 官能　제74편 論疾診尺　제75편 刺節眞邪　제76편 衛氣行

제77편 九宮八風　제78편 九針論　제79편 歲露論　제80편 大惑論

제81편 癰疽

이 책을 읽기 전에

이 『황제내경』이라는 책은 일찍이 국내외에서 중의학의 가장 시원적이며 오래된 서적으로 공인되어 왔다. 그럼에도 현재 중의학을 공부하는 사람들은 대다수가 발췌하여 읽는[選讀] 방식을 취하며, 깊이 있게 들어가 상세히 연구하는 사람이 드물다. 최근 십여 년 사이에 상황은 더욱 심해지고 있는데 그 원인은 대략 다음과 같다.

첫째, 삼천 년도 더 되는 옛 문장이라 간체자로 책을 읽어 온 독자들에게 너무 어렵고 심오해 이해하기 힘들다. 또 현대의 언어와 문자로 읽다 보면 무슨 말을 하고 있는지 알지 못해 더 읽어 내려갈 수가 없다.

둘째, 제일 곤란한 것은 그 내용이 『역경(易經)』이나 음양(陰陽), 오행(五行), 간지(干支), 천상(天象), 기맥(氣脈)을 모두 포함하고 전통문화의 심물일원(心物一元)의 상호 변환 문제 등 온 천지와 만상(萬象)을 두루 포괄하고 있어, 만약 상고의 과학 개념 없이 읽다 보면 그저 천서(天書)라는 탄식만 나올 뿐이다.

셋째, 더욱 곤란한 것은 『황제내경』의 핵심이 생명의 구성, 생명 운행의 법칙과 관련되어 있다는 점이다. 이는 생명과학과 인지과학의 범주에 속한다. 그뿐 아니라 이 문제는 형이상(形而上)의 학설 및 이론과도 관련 있으며 이로부터 촉발되는 것 역시 광범하다.

넷째, 또 다른 어려움은 생명 속의 정(精), 기(氣), 신(神)에 관한 문제다. 기(氣)는 신체 속에서 움직이며 우리의 생명을 유지한다. 그런데 기란 어떤 것일까? 어떻게 움직일까? 기와 천지 만물의 관계는 또 어떠할까?

그런 까닭에 먼저 기를 알아야 비로소 초보적이나마 생명의 에너지와 그 작용을 알 수 있다. 여기서 한 걸음 더 나아가 병의 원인을 알아낸다면 비로소 의학적 치료를 진행할 수 있다. 그런데 이 기(氣)의 문제는 다시 이후의 도가나 밀종 그리고 불법의 수지(修持) 등과도 밀접히 연계되어 있다.

이상과 같은 허다한 요소 때문에 『황제내경』에 대한 연구는 하면 할수록 상황이 나빠지게 된다.

2007년 4월 초, 남회근 선생은 요청에 응해 『황제내경』을 강해하셨는데 그 동기 역시 아주 특이했다. 상해(上海)에 있는 녹곡중의약집단(綠谷中醫藥集團)은 다년간 중의약의 연구 발전에 종사하면서 중의약에 여러 문제가 있음을 확실히 알게 되었다. 그런데 그 원인을 탐구해 보니 중의(中醫)의 기본 이론에 대한 이해 부족 때문이었다. 이해가 부족한 상태에서 단지 환자의 증세만 치료하다 보니 병의 원인을 철저히 살펴 치료하지 못하고 의료 기능인으로 빠져들게 된 것이다. 실로 통탄할 일이다.

이런 까닭에 집단의 책임자 여송도(呂松濤) 선생은 적극적으로 남 선생님 초청 의사를 밝혀 『황제내경』 강의를 서둘러 성사시켰다. 아울러 이번 강의에 참여한 청년 학생들과 지식인들이 연구를 거듭해 의료의 품질을 높이고, 올바른 방향으로 되돌아가 민족의 유구한 중의 문화의 보고를 개발하기를 바랐다.

여러 차례의 강의 내용을 종합해 보면 그 중점은 『황제내경』의 정신과 중의학의 기본 개념을 풀이하고 드러내어 그것을 연구의 시작으로 삼는다는 것이다.

사실 『황제내경』은 비단 의학적 이치와 의학적 치료뿐 아니라 우리의 생명과 생활에 모두 밀접하게 관련되어 있다. 이 경전은 생명의 최초 시작 지점에서 논의를 펼치는 숭고하고도 근본적인 중국 문화의 지극한 정수다.

병도 많고 번뇌도 많은 어지러운 세계에서 살면서 나라가 강해지려면 먼저 백성이 건강해야 하니, 이런 점에서도 『황제내경』을 새롭게 연구하는 의미는 무척 크다.

이 밖에도 건강은 사회와 민생에 관계되는 것이므로 단지 의료계뿐 아니라 일반 대중도 마땅히 『황제내경』을 알아 두어야 한다. 이렇게 된다면 누구나 건강한 신체를 유지할 수 있을 뿐 아니라 나아가 사회의 번영과 행복을 이룰 수 있다. 이것 역시 『황제내경』 연구를 제창하고 이끌어 가는 이들의 공통된 희망이기도 하다.

녹곡집단은 강의가 끝난 뒤 마지막 보고 자리에서, "이는 오사 운동 이래 중국 문화의 단절을 부활시키는 전환점"이라고 표현했다. 이 보고서 문장은 책의 말미에 부록으로 정리해 두었다.

이번 강의 기록은 본래 출간할 생각이 없었다. 강의 시간이 부족한 데다 청중들이 역리(易理)와 음양오행에 대한 기초가 조금은 부족해 강의가 성글어질 수밖에 없었으니 그 뜻을 말로 다하기 어려웠다. 하물며 말이 소략하다 보니 매번 오해가 뒤따랐는데 이것이 출간하지 않으려 했던 주원인이었다. 그러나 후에 여러 방면에서 간절한 요구가 있어 마지못해 출간에 응하게 되었다.

이제 이 책을 출간하면서 특별히 독자들에게 삼가 알릴 것이 있다. 남 선생님은 이 책이 단지 "벽돌을 던져서 구슬을 끌어들이는[抛磚引玉]"데 불과한 것으로 금과옥조의 이론이 아니며, 그저 대중들이 문화의 보고를 중시하고 연구하도록 깨우쳐 주기 위한 것이라 했다. 『황제내경』은 비록 수천 년 전의 저작이지만 실로 오늘날 전 지구가 적극적으로 탐구하는 생명과학과도 밀접히 연계되어 있다.

이 책의 원고는 남 선생님이 직접 확인하지 못한 관계로 정리 과정에서 혹 오류가 있을지도 모른다. 이 강의는 장진용(張振熔) 선생이 기록했고 임염령(林艷玲) 씨와 뇌매영(賴梅英) 여사가 고생스럽게 입력했다. 또 구양철(歐陽哲), 사금양(謝錦揚), 굉인(宏忍) 법사 등이 열성적으로 교정을 해 주었는데 이분들의 노고에 감사드린다. 모든 분들의 노력 덕택에 이 책이 짧은 기간에 겨우 완성될 수 있었다. 여기에다 편집자가 중간에 작은 제목을 붙여 보았다.

2008년 1월 묘항(廟港)에서
유우홍(劉雨虹) 씀

황제내경의 세 가지 요점

이야기가 『황제내경』에 이르렀는데, 여러분이 모두 아시듯이 중국 문화의 근본은 황로(黃老)의 도로서, 이것이 퍼져서 후에 제자백가가 되었습니다. 이른바 황로란 황제 헌원(軒轅)에 의해 시작된 종합적 사조였지만 춘추 전국 이후에 이르러서는 노자 등 도가 학설의 대표자로 그 범위가 축소되었습니다.

무엇이 황제의 학문인가에 대해서는 예로부터 중국 문화에서 그 정의를 내리기가 무척 어려웠습니다. 그것이 중국 문화 전반을 포괄하는 두루뭉술한 것이어서 세속의 세세한 것으로 나누어지지 않기 때문입니다.

일반적 관념으로는 황제라 하면 곧바로 『황제내경』을 떠올리며, 그것이 중국 상고 시대로부터 내려오는 전통적 의약(醫藥) 서적이라 여깁니다. 하지만 고증학적 입장에서 본다면 이 책이 쓰인 연대를 알아내기가 무척 어렵기 때문에 점차 경시되기 시작했습니다. 의학을 공부하는 사람도 대를 거듭할수록 점점 수준이 낮아지고 중국의 전통 문자에 대한 소양이 떨어지니, 더욱더 이해하기 힘든 서적이 되고 말았습니다.

요약해서 말한다면 『황제내경』은 그저 한 부의 의서가 아니라, "세상을 치료하고 사람을 치료하며 나라를 치료하고 사회를 치료하는" 모든 마음의 치료에 관한 서적입니다.

우리가 『황제내경』을 펴 보면 제일 먼저 눈에 들어오는 것이 제1편 「상고천진론(上古天眞論)」입니다. 마치 중국의 현학(玄學)과 철학으로부터 이야기를 시작하는 것 같아 읽어도 무슨 소리인지 이해하기 어려워 더 읽어 볼 엄두가 나지 않습니다.

사실 중국 고전을 읽으면서는 17세기 이후 대학에서 배운 피상적인 서양 문화의 문자적 논리로 읽어서는 안 됩니다. 그건 앞뒤가 맞지 않는 것으로 읽으면 읽을수록 더욱 모호해지기만 합니다. 중국의 고전 문화는 관습적으로 원칙 없이 산만하게 말하는 일상의 대화를 위주로 하지만 그 나름의 논리는 있습니다. 하지만 먼저 전제를 세우고 난 뒤 다시 논의를 진전시키고 그러고 나서 결론을 도출하는 방식이 아닙니다. 만약 서양 중세 문화 이후의 논리로 중국의 고전 문화를 본다면 불만스럽기 짝이 없을 것입니다. 그렇다고 서양 문자의 논리가 완전한 것이냐 하면 그렇지도 않습니다. 인도 문화의 불교 인명학(因明學)만 하더라도 만약 현장 법사 등이 번역한 『유가사지론(瑜伽師地論)』을 한 번만 읽어 본다면, 서양 중세 문화 이후의 논리적 문자라는 것도 한참 뒤에 나온 별 볼일 없는 것임을 알 것입니다.

길게 끌 필요 없이 되돌아가서 간단히 말하면, 『황제내경』의 진정한 요점은 각 편의 내용 중에 한두 구절 혹은 여러 구절로 흩어져 있는 듯 보이지만 보다 중요한 것은 『소문(素問)』 제39편 「거통론(擧痛論)」에서 말하는 세 가지입니다.

황제가 물었다. (하나) 하늘에 대해 잘 말하는 자는 반드시 사람에게서 증험을 보이며, (둘) 옛것에 대해 잘 말하는 자는 반드시 현재의 것과 합치하며, (셋) 사람에 대해 잘 말하는 자는 반드시 자기 마음에 드는 것이 있습니다. 만약 이와

같다면 말하는 것이 의혹이 없어 이치에 잘 맞을 것이니, 소위 밝다고 할 것입니다.

黃帝問曰. (一) 善言天者, 必有驗於人. (二) 善言古者, 必有合於今. (三) 善言人者, 必有厭於己. 如此則道不惑而要數極, 所謂明也.

이것을 보면 『황제내경』이라는 책의 전체 중심은 의학으로 세상을 장수하게 하는, 즉 의학으로 사람을 오래 살게 하고, 의학으로 나라를 오래 가게 하며, 의학으로 사회를 오래 유지하는 것입니다. 하지만 먼저 어떻게 양생하여 사람이 오래 살 수 있을까 하는 데서부터 깊이 파고든 것일 뿐입니다.

예를 들어 '천인합일(天人合一)'의 내용이 무어냐고 한다면 이렇게 말할 것입니다. "하늘에 대해 잘 말하는 자는 반드시 사람에게서 증험을 보일 것"이라고요. 만약 그저 추상적 천문만 말하거나 혹은 유형의 천체만을 말하며 인간의 생명이나 생활과 무관하다면 그것은 학문적 공담(空談)일 뿐입니다. 비단 쓸모없을 뿐 아니라 남쪽으로 끄는데 북쪽으로 달리는 것처럼 도리에 벗어나게 됩니다. 반드시 인간사의 실제적 측면에서 응용하고 실험하고 경험해야만 합니다.

다시 "옛것에 대해 잘 말하는 자는 반드시 현재의 것과 합치한다"라는 것에 대해 말하겠습니다. 옛것을 널리 익히고자 하면 반드시 현재의 것에 통달해야 합니다. 어떤 학문이든 현재만 말할 뿐 면면히 변화 발전되어 온 고금의 인과관계에 통달하지 못한다면 쉽게 편견에 빠질 것이니, 그렇게 되어서는 안 됩니다.

그러므로 "사람에 대해 잘 말하는 자는 반드시 자기 마음에 드는 것이 있습니다." 정치든 의학이든 타인을 다스리거나 타인을 치료하는 학문이라면 모두 제일 먼저 자기 몸에서 실제로 증험해야만 합니다. "만약 이와 같다면 말하는 것이 의혹이 없어 이치에 잘 맞을 것이니, 소위 밝다고 할 것입니다."

요약하면 이 단락은 『황제내경』의 중심이자 황로학의 요점이기도 합니다. 황로학은 정치, 경제, 교육, 군사 등 어떤 학문 분야에도 통하는 대원칙입니다.

2008년 1월
남회근

차례

첫 번째 강의 4월 15일

두 번째 강의 4월 22일

세 번째 강의 5월 4일

첫 번째 강의

4월 15일

강의를 시작하며

오늘 저는 황당한 일을 하나 하려 합니다. 의학을 배운 적도 없고 과학을 알지도 못하는 제가 이 『황제내경(黃帝內經)』을 강의하려 합니다. 중국 문화의 관점에서, 오늘날의 생명과학 발전의 관점에서 강의하려 하지만 나이만 내세워 거만을 떨며 결국은 여러분께 하찮은 재주나 보여 드릴 것입니다. 현재 서의(西醫)는 중의(中醫)와 견해를 달리하는데 이는 심각한 문제입니다!

그리고 중의 역시 문외한인 제가 볼 때 문제가 있습니다. 의학의 기본인 『황제내경』에 대해 중국 의학을 배운 사람 역시 제대로 연구하려 들지 않습니다. 원인은 현대의 교육 때문입니다. 간체자부터 배우기 시작하면서 번체자를 알지 못하니 고서를 읽는 데 문제가 생긴 것입니다. 중국의 문화는 아주 넓고 다양한데도 여러분들이 경시하고 있어, 제가 나이도 개의치 않고 여러분과 함께 이 문제를 토론해 보고자 나선 것입니다.

이번 자리는, 어제 제가 말씀드렸지만 바로 이 여송도(呂松濤) 선생 때문에 마련되었습니다. 여 선생이 늘 저더러 『황제내경』을 강의해 달라고 조르곤 했기 때문입니다. 그는 자신이 모든 것을 다 준비하겠다고 했습니다. 그러니 이 자리는 여 선생이 마련했다고 할 수 있습니다.

『황제내경』은 중국 문화에서도 가장 엄중한 문제와 관련 있습니다. 어제 『장자』를 강의하면서 말씀드린 것을 다시 반복합니다만 중국과 중화 민족의 역사는 황제로부터 시작해 지금에 이르도록 이미 사천칠백 년이 흘렀습니다. 여러분들이 자신의 역사를 공부하지 않기에 황제 이전 중화 민족의 아주 오래된 역사에 대해 모릅니다. 우리가 어릴 때는 고전을 읽은 사람이라면 중국 역사가 일백만 년 이상임을 알고 있었습니다. 그런데 왜 끊어져 버리고 황제로부터 시작될까요? 사마천 등 과거의 역사가들이 그렇게 했기 때문입니다. 오래전의 역사가 너무 아득할 뿐 아니라 모두 신화로 되어 있기 때문입니다. 믿고 믿지 않고는 듣는 사람의 자유입니다.

황제와 중국 문화

황제(黃帝) 이전의 복희는 팔괘를 그린 사람인데, 전해 오는 바로는 황제가 복희의 자손이라 합니다. 그래서 황제로부터 시작하는 것입니다. 황제는 중화 민족의 초보적인 국가 형태를 정식으로 수립했는데, 우리가 흔히 말하는 '백성'이라는 것은 황제가 서로 다른 성씨를 민족으로 단결시켜 일으킨 생활의 문화입니다. 그러므로 우리의 모든 문화는 다 황제로부터 시작된 것입니다.

황제는 유웅씨(有熊氏)로서 성은 공손(公孫)이요 이름은 헌원(軒轅)입니다. 여러분이 다들 잘 알고 있듯이 올해(2007년) 많은 사람이 감숙성으로 가서 황제의 능에 제사를 지냈습니다. 황제는 비단 중국인의 조상일 뿐 아니라 동방 황인종의 공동 조상이기도 합니다. 중국의 일체 문화, 과학, 종교, 철학이 모두 여기서부터 시작되었습니다.

후에 황제의 학설은 도가로 분류되기에 이르렀습니다. 정치철학을 말하면서는 한나라 문제(文帝)와 경제(景帝) 때 그들이 '황로의 술(術)'을 사용하여 도가의 노선을 따랐다고 합니다. '황(黃)'이란 황제이며 '노(老)'란 노자입니다. 복희씨 이하 우리의 선조들은 연구하자면 참으로 많으며 수많은 역사와 고사(故事)가 남아 있습니다.

저는 올해 아흔입니다. 백 년 전 중국에 많은 학자가 있었지만 지금은 거의 세상을 떠났습니다. 그 중에는 제가 인정하지 못하는 사람도 많았습니다. 제가 그들의 견해에 동의하지 못하는 것은 그들이 자신의 역사를 축소하고 단축시켰기 때문입니다. 어떤 사람은 심지어 외국인인 일본인의 말을 따라 요와 순 두 사람이 존재하지 않았다고도 했습니다. 일본의 중국 침략 이전에는 요(堯) 자를 향로처럼 그리기도 했는데, 그런 사람은 존재하지 않는다는 것입니다. 순(舜) 역시 존재하지 않았던 인물로 그저 양초의 받침대였습니다. 대우(大禹) 역시 존재하지 않았는데 대우는 파충류였습니다. 제가 어릴 때 새로운 풍조가 시작되었는데 지금 여러분보다 더 심각해 모두가 그렇게 말했습니다! 제가 이름을 거론하지는 않겠습니다만 모두가 유명한 학자들이었습니다. 후에 이들은 저와 나이를 잊고 사귀는 사이가 되었습니다. 나이를 잊는다고 한 것은 이들과 저의 나이 차가 수십 세가 되었기 때문입니다. 비록 나이는 어렸지만 저는 항시 이들더러 전적(前績)만 열거하며 조상을 잊었다고 말하며 그런 공허한 말을 그만하라고 했습니다.

『사기(史記)』를 쓴 사마천 역시 황제의 연대를 감히 확정짓지 못하고 그저 공자가 말한 것을 따랐습니다. 요(堯)·순(舜)·우(禹)는 역사에서는 '삼대(三代)'라고 널리 알려져 있습니다. 삼대는 중국 역사학에서 말하는 것이고 보통 교과서에서는 하(夏)·상(商)·주(周) 삼대라고 합니다. 하지만 고서(古書)에서 말하는 진정한 삼대는 요·순·우이지 결코 하·상·주가 아닙니다.

요·순·우 때는 천하를 공공의 것으로 생각한 시기로, 비록 황제가 있었지만 이들은 다 백성들이 추천한 사람들로 모두 백 세 이상을 살았습니다. 백 세에 이르러 자리를 물러나면서는 마땅한 사람을 찾아 자리를 잇게 했습니다. 요는 순을 찾아내었고 순은 우를 찾아내었습니다. 우가 황제를 하면서도 이렇게 하려고 했지만, 요와 순의 자손 중 능력 있는 자가 없어 아들로 하여금 지위를 잇게 했습니다. 이로부터 중국 문화는 삼대(三代)의 민주적인 공천하(公天下)로부터 가천하(家天下)로 바뀌고 말았습니다. 가천하란 곧 유가(劉家)니 이가(李家)니, 어느 조(朝)니 어느 대(代)니 하는 것입니다. 그러니 중국의 문화는 삼천 년의 제왕 정치를 뒤엎고 가천하를 뒤엎어야 합니다. 공맹의 도를 말하는 유가뿐 아니라 도가 역시 상고의 공천하로 돌아갈 것을 주장합니다. 이것 역시 또 다른 이야깃거리입니다.

「상고천진론」은 무얼 말하는가

지금 우리는 『황제내경』을 공부하고 있습니다. 저는 여기 계신 많은 분이 뛰어난 의사나 박사, 과학의 전문가이면서도 이곳에 앉아 이 늙은이의 강의를 듣고 있다고 생각합니다. 『황제내경』을 이해하기 위해서는 반드시 한 글자 한 글자를 놓치지 말고 잘 읽어야 합니다.

제1편이 「상고천진론(上古天眞論)」인데 제목 자체에 주의를 요합니다. '천진(天眞)'의 천(天) 자는 '상천(上天)'의 천(天)이 아닙니다. '천(天)' 자는 어떤 때는 종교적인 천(天)이지만 어떤 때는 철학적인 천(天)이기도 하고 또 어떤 때는 천문학의 천(天)이 되기도 하니, 중문(中文)을 배울 때는 이를 분명히 해야 합니다.

엉뚱한 이야기에 시간을 소비해 미안합니다만 왜 천(天) 자를 이런 모양으로 쓸까요? 여러분이 정말로 중국 문자를 연구해 본다면 첫 글자인 '일(一)'로부터 글자 모양이 시작되는 것을 알 수 있습니다. 그런데 왜 이렇게 했을까요? 우주가 언제 시작되었는지 그리고 천지가 어떻게 해서 생겨났는지 뚜렷이 말할 수 없기 때문에 한 획으로부터 시작한 것입니다. 이른바 복희의 팔괘에서도 한 획으로 천지를 나누는데 이는 과학적입니다. 왜냐하면 시간적으로나 공간적으로 우주의 내원을 찾아낼 수 없기 때문입니다. 중국 사람들은 우주의 근원을 아주 중시했습니다. 지금은 과학의 발전이 우주를 탐구하는 데까지 이르렀지만 그럼에도 여전히 이것을 추구하고 있습니다.

오늘 제가 몇 마디 엉뚱한 소리를 해 보겠습니다. 서양 철학에서 인류의 내원에 대해 말합니다만 한번 물어보겠습니다. 먼저 닭이 있었을까요, 아니면 달걀이 있었을까요? 여기에 대해서는 아직 뚜렷한 결론이 없습니다. 달리 말해 봅시다. 먼저 남자가 있었을까요, 아니면 여자가 있었을까요? 만약 서양에만 철학이 있고 중국에는 철학이 없다고 한다면 이건 완전히 잘못된 말입니다. 중국의 상고 때에도 바로 이런 문제를 탐구했는데 이는 당나라 고시(古詩)를 보아도 알 수 있습니다. 하지만 아쉽게도 젊은이 여러분들은 제대로 읽어 내질 못합니다. 우린 이전에 이런 시들을 읽었는데, 여기서 읽는다는 것은 마치 노래 부르듯 낭송하는 것이었습니다.

옛이야기를 하나 해 보겠습니다. 당나라 사람이 지은 「춘강화월야(春江花月夜)」란 고시에는 빼어난 구절이 많습니다. 이들 중 어떤 구절은 철학이나 과학에 관한 것인데, 예를 들면 "강가에서 누가 처음 달을 보았을까, 강의 달은 어느 해 처음 사람을 비추었을까[江畔何人初見月, 江月何年初照人]"라는 구절이 그렇습니다. 세상에서 달을 처음 본 사람이 누구였을까요? 하늘의 달이 어느 때 처음으로 비추기 시작했을까요? 이건 철학적이고 과학적인 문제이기도 합니다. 그럼에도 우리는 그저 문학적 관점으로 읽고 지나가고 맙니다.

그래서 저는 늘 스스로를 비판합니다만 서양 철학을 연구하는 친구들에게도 이렇게 지적합니다. "그대들 서양에서 말하는 철학이니 과학이니 하는 것은 다시 나누어지고 다시 분류되지만 중국은 그렇지 않네. 중국 문화에는 철학자가 없는데 그건 중국 문화에서 문학과 철학이 나누어지지 않았기 때문이지. 그래서 문학의 대가는 모두 철학의 대가이기도 했네. 다음으로 문학과 사학이 나누어지지 않으니 철학자는 모두가 역사학자로 다 역사를 잘 알고 있었네."

예를 들면 사마천이 그랬습니다. 여러분은 그를 역사학자로 알고 있지만 그건 완전히 잘못되었습니다. 사마천은 『사기』 외에도 '팔서(八書)'라는 여덟 편의 빼어난 문장을 남겼는데 이것은 천문이나 지리, 경제를 모두 포괄한 것입니다. 그는 철학자이면서 과학자이기도 했고 또 정치가이기도 했습니다. 이처럼 중국 문화에서는 철학, 경제, 정치, 문학이 나누어지지 않았습니다.

방금 두 개의 시 구절에 관해 소감을 말씀드렸는데 그것이 『황제내경』과 무슨 관계라도 있는 걸까요? 절대적으로 관계가 있습니다. 그러기에 문자를 제대로 알지 못하고 역사를 제대로 알지 못하면 어려움이 있다는 것입니다. 예를 들면 「상고천진론」이라는 이 편은 하늘에 대해 말한 것입니다. 우리는 '일(一)'이 한 획으로 하늘과 땅을 나눈 것으로 알고 있습니다. 위는 형이상을 나타내는데 여기에 다시 한 획과 사람 인(人) 자 하나를 추가한 것이 바로 천(天) 자입니다. 천지인은 이렇게 해서 나왔습니다. 일(一)의 위는 '상(上)'이요 아래는 '하(下)'로서, 문자의 내원은 모양을 그린 데서 나왔으며 이 속에는 아주 많은 내용이 들어 있습니다. 「상고천진론」의 '천진(天眞)'이라는 두 글자는 바로 어린애의 천진함을 형용한 것으로, 오천 년이 지났는데도 아직 사용하고 있습니다. 천진의 '천(天)' 자는 본체론을 말하는 것으로, 참된 생명의 최고 내원을 표시합니다.

『황제내경』은 황제가 생명과학에 관해 의학의 스승에게 가르침을 청한 대화록입니다. 이 책에 대해 고증학자들은 다소 의심을 품고 있고 중국인들 역시 의견이 분분하며 외국인들은 더더욱 비판하려 합니다. 이 책의 문장이 상고의 것이라기보다 마치 한나라 이후 위·진의 문장처럼 그렇게 아름답기 때문입니다. 상고 시기에 이런 문장이 있을 수 있을까요? 보아하니 학자들은 자신의 조상들을 빈털터리로 보려는 것 같습니다.

이건 고증학에 속하는 문제이긴 합니다만 저는 한평생 고증을 중시했어도 고증에 찬성하지는 않습니다. 고증학은 관심을 기울여야 할 학문이지만 미신이 되어서는 안 됩니다. 현대인들의 꼴불견은 과학에 대한 맹신입니다. 이건 종교에 대한 미신보다 훨씬 더 무섭습니다. 과학 자체에는 정론이 없습니다. 새로운 것이 발명되면 이전 것이 뒤집히는데, 이렇게 영원히 지속되는 것이 바로 과학의 정신입니다. 과학의 발명에 대해서는 아인슈타인이라도 감히 정론을 말하지 못합니다. 여러분은 과학의 피상적인 지식만 배우고서 감히 정론을 말하고자 하니 참으로 가소로운 일입니다. 이것이 「상고천진론」이라는 이름과 관련해 주의해야 할 점입니다.

황제의 일생

우리가 보고 있는 이 문장은 의학서입니다! 황제를 어떻게 소개하고 있는지 보십시오. 지금 이 문장은 글자가 아주 작은데 저는 비록 아흔이 되었습니다만 안경을 끼지 않고 돋보기를 사용하지 않아도 그런대로 또렷이 보입니다. 이게 어떻게 가능한지 한번 연구해 볼 가치가 있습니다.

옛날에 황제는 태어나면서부터 신령스러워 백일 전에 말을 했고, 어려서 몸가짐이 발랐으며, 청년기에는 돈독하고 영민했고, 다 자라서는 하늘에 올랐다.

昔在黃帝, 生而神靈, 弱而能言, 幼而徇齊, 長而敦敏, 成而登天.

『소문』 제1편 「상고천진론」 제1장

우리의 옛 선조인 황제는 "태어나면서부터 신령스러웠다(生而神靈)"라고 하는데, 옛 기록에는 "태어나자 말을 할 수 있었다(生而能言)"라고 되어 있습니다. 그런데 여기서는 약간 양보해 그가 신령스럽다고 했습니다. 요즘 어떤 사람은 이것을 보고서 중국 역사의 실없는 소리라 여길지 모르지만 사실 인도에서도 이런 기록이 있습니다. 석가모니 부처님은 태어나자마자 똑바로 서서 일곱 걸음을 걷고는 한 손으로 하늘을 또 한 손으로 땅을 가리키며, "천상천하 유아독존"이라 말했다고 합니다. 인도인들의 과장도 우리와 별반 차이가 없는 듯합니다! 아니 더합니다! 역사적으로 어떤 사람은 태어나자마자 전생의 일을 다 알고 있었다고 기록되어 있는데, 사실 이들은 모두 생명의 신비를 말하고 있습니다.

『황제내경』은 "생이신령(生而神靈)"이라며 약간 양보해 한 발 물러섰습니다. '신령(神靈)'이라는 글자는 아주 중요한데, 신(神)이란 정신병이 아니라 신통(神通)의 신(神)으로 대단히 영명한 것을 말합니다. 간단히 말해 그는 태어나면서부터 선지(先知)의 능력이 있어서 무엇이든 다 알았다는 뜻입니다.

"약이능언(弱而能言)"의 약(弱)은 체질을 말한 것이 아닙니다. 고문에서 약소(弱小)하다고 할 때는 나이 어린 소년을 말합니다. 그래서 우리는 이십 세를 약관(弱冠)이라 말합니다. 중국에서는 남자가 이십 세가 되면 머리를 빗고 모자를 쓰는데, 이것을 일러 약관의 나이라 부릅니다. 그런데 이 약관이라는 말에 주의해야 합니다. "약이능언(弱而能言)"에 대해 만약 중문을 이해하지 못하고 황제의 신체가 아주 약했다고 해석한다면 이건 고문이 말하고자 한 바가 아닙니다.

"유이순제(幼而徇齊)", 어릴 적에 사람됨이 대단히 단정하고 엄숙하여 마치 어른처럼 세상 물정을 알았습니다.

"장이돈민(長而敦敏)", 자라서 이십여 세가 되었을 때는 대단히 관대했으며 총명하기 그지없었습니다.

"성이등천(成而登天)", 황제는 백여 세를 살았습니다. 중국의 역사에서 특히 도가에서는 황제가 승천한 것으로 생각했습니다. 이 때문에 고문에는 "정호용거(鼎湖龍去)"란 말이 남아 있습니다. '정호(鼎湖)'라는 말은 고증해 볼 필요가 있는데 어떤 사람은 황산(黃山)이라고 하고 어떤 사람은 절강(浙江)이라고도 합니다. 황제는 백여 세를 살다가 훌훌 털고 갔는데, 신선으로 변해 한 마리 용을 타고 날아올랐다는 것입니다. 역사의 기록은 아주 재미가 있는데 예를 들면 황제가 죽은 것을 '등하(登遐)'라 했습니다. 황제가 위로 올라갔다는 것입니다. 죽었다고 말하기가 뭣하니까 이런 용어로 그를 치켜세운 것입니다.

중국 문학에 이런 말이 있습니다. 한 영웅이 나타나면 예를 들어 한 고조나 당 태종 혹은 장개석이나 모택동 등의 인물에게는 부하가 아주 많은데, 그들 중 어떤 이는 수도에 이르기만 하면 관직이 올라갈 것이라 생각합니다. 이런 사람을 가리켜 반룡부봉(攀龍附鳳)이라 하는데 바로 황제의 고사에서 나온 것입니다.

왜 반룡부봉이라 할까요? 역사의 기록에 의하면 황제가 세상을 뜨려 할 때 정호(鼎湖)로부터 용을 타고 승천할 것이라 선포했다고 합니다. 대신들이 모두 그와 같이 가려 해서 황제가 탄 용의 발이나 꼬리를 붙들고 따라갔습니다. 붙들고 있다가 놓친 자들이나 비늘을 붙든 자들은 미끄러져 떨어지기도 했는데, 이런 이야기들은 모두 신화입니다.

역사에서는 요순이 모두 백여 세를 살다가 신선이 되었다고 합니다. 특히 황제는 신선전이나 신화에서는 아직도 죽지 않았다고 말합니다.

중국의 지리를 예로 들어 말해 봅시다. 어떤 미국 교수가 저를 찾아왔는데 과학을 전공한 이로서 지금은 지구를 연구하고 있다고 했습니다. 제가 말했습니다. "듣자 하니 당신네들은 많은 돈을 들여 땅에다 구멍을 뚫고 들어가 지구 중심에 무슨 비밀이 있는지 살핀다고 하오. 하지만 그건 전혀 신기한 것이 아니라오. 우리는 이미 오랜 세월 동안 그 일을 해 왔다오." 그가 말했습니다. "중국인들이 정말 그렇게 오랫동안 찾았다고요? 그런데 미국에 유학 온 학생들은 누구도 그런 이야기를 하지 않았습니다!" 제가 말했습니다. "그들은 아직 나이가 어려 알지 못합니다. 중국의 도가에는 『오악진형도(五嶽眞形圖)』라는 책이 있는데, 거기에는 삼산오악(三山五嶽)의 진정한 모습뿐 아니라 산의 아래가 어떤 모습인지도 실려 있다오. 그대가 그 책을 한번 본다면 웃음을 금치 못할 거요. 동쪽에 한 무더기 서쪽에 한 무더기가 흩어져 있고, 여기에 백색 점이 하나 있고 저기에 빈 동그라미가 있는데, 그 책에 의하면 지하는 모두 길이 통해 있으니 애써 구멍을 팔 필요도 없지요."

제가 또 말했습니다. "당신들 미국인은 여전히 구멍을 파고 있지만 우리는 벌써 알고 있었다오. 예를 들면 황제의 능 뒤엔 비석이 있는데 들어가지 못하도록 금지되어 있지요. 하지만 그대가 큰맘 먹고 들어간다면 삼개월이면 남경으로 나갈 수 있소. 이런 이야기들은 아주 많으며 모두 『오악진형도』에 있지만 그대는 봐도 알지 못할 거요."

황제가 지금 제기하고 있는 것은 생명과학으로, 생명이 어떻게 해서 생겨났느냐 하는 겁니다. 아래는 제가 국어 선생 노릇을 하지 않아도 여러분이 모두 알아볼 수 있을 것입니다.

천계와 오행의 수

생명의 내원에서 가장 중요한 것은 음양의 법칙으로부터 이 생명이 나왔다는 사실입니다. 이 속에는 크나큰 문제가 있습니다. 저는 먼저 이것을 간략히 한 다음 그 순서를 바꾸어, 즉 생명의 현상으로부터 음양의 법칙을 연구할 것입니다. 그는 말합니다. 여성의 생명에는 "이칠 십사 세가 되어 천계가 이르며〔二七而天癸至〕", 십사 세 때 처음으로 월경이 생긴다는 것입니다. 이 「상고천진론」 편에서 말하는 이런 것들은 여러분 스스로 볼 수 있어야 합니다. 제가 국어 선생처럼 한 구절 한 구절 말한다면 삼 년이 되어서도 다 말하지 못할 겁니다.

여성의 첫 월경은 십사 세이고 칠 년마다 변화가 나타납니다. 사십구 세가 되면 월경이 끊어지는데 요즘에 말하는 갱년기입니다. 그런데 여기에 문제가 있습니다. 무엇을 '천계(天癸)'라 할까요? 이 두 글자에 주의해야 합니다. 남자는 어떨까요? 남자는 팔로 계산하여, "이팔 십육 세가 되면 신장의 기운이 왕성해져 천계가 이른다〔二八腎氣盛天癸至〕"라고 합니다. 남자는 십육 세가 되어야 발육하기 시작해 진정한 사내아이로 변합니다. 제가 예전에 이 책을 본 것은 생명과학을 연구하기 위해서였는데 늘 사람들에게 묻곤 했습니다. 십육 세에 무슨 변화가 있었느냐고요. 어떤 사람은 변화가 없었다고 했습니다. 하지만 저는 느낌이 있었습니다. 십육 세 되던 어느 주에 여기 젖꼭지 부분이 몹시 아프고 팽창했습니다. 나중에 알게 된 것이지만 남자는 십육 세에 비로소 발육을 시작하는데, 이것 역시 천계의 이치에 속합니다.

이제 두 가지 문제가 제기되는데 이 문제는 아주 중요합니다. 첫째는 무엇이 천계(天癸)인가 하는 문제입니다. 이 계(癸) 자에 주의해야 하는데 이는 중국의 천문학으로부터 온 것입니다. 중국의 천문에는 열 개의 천간이 있는데 바로 갑(甲), 을(乙), 병(丙), 정(丁), 무(戊), 기(己), 경(庚), 신(辛), 임(壬), 계(癸)가 그것입니다. 이것으로 운명도 점칠 수 있습니다. 중국 상고의 과학의 발달은 아마도 이전의 인류로부터 전해 내려온 것이라 볼 수 있는데, 과학이 최고도로 발달했을 때 그 복잡한 것을 하나의 글자로 집약해 표현했을 겁니다.

임계(壬癸)는 오행으로 보면 수(水)에 속합니다. 무엇을 오행이라 할까요? 천지간에 다섯 행성이 운행하는데 금성, 목성, 수성, 화성, 토성이 그 것입니다. 우리와는 절대적인 관계가 있으며 서로 방사하면서 영향을 미칩니다. 임(壬)과 계(癸)는 모두 수(水)에 속하는데, 수의 기운이 아직 제대로 모습을 갖추지 못한 것을 임수(壬水)라 합니다. 말하자면 아직 물로 변하지 않은 증기 상태가 임수이고 물의 모양을 갖춘 것이 계수(癸水)입니다. 계(癸) 자는 이렇게 해서 나온 것입니다. 의학이나 생명과학을 연구하려는 젊은 분들이라면 이 책에 있는 아주 많은 것들에 주의를 기울여야 합니다.

여자는 칠 남자는 팔, 일에서 구까지

두 번째 문제는 생명 현상에서 왜 여자는 칠 년이 주기가 되고 남자는 팔 년이 주기가 되는가 하는 겁니다. 남자에게도 갱년기가 있을까요? 칠 팔 오십육 세가 되면 마찬가지로 갱년기가 나타나는데 현대 의학에서도 이것을 알고 있습니다.

　제가 아는 한 친구가 있는데 그도 저를 보고 선생님이라 부릅니다. 절강성 제기(諸暨) 사람으로 이름이 장정문(蔣鼎文)이며 나이는 저보다 위입니다. 대만에 도착한 후 저는 그가 있던 곳에 한 달에 한 번 방문하곤 했습니다. 저는 그 고장의 제기 두부를 좋아했는데 그는 특별히 두부 요리를 해서 저를 대접했습니다. 어느 땐가 한번 그를 찾아갔는데 당시 저는 육십세쯤 되었을 겁니다! 그는 그때 이미 칠십이 되었는데 저를 붙들고 이렇게 말했습니다. "남 선생님, 제가 말씀드릴 게 있습니다." 그는 장군이었습니다. 북벌 당시 이미 대장(大將)으로서 아주 유명했던 사람이지요. 그가 이렇게 말했습니다. "제가 지금 칠십 세인데 의사가 저더러 호르몬 주사를 맞아야 한다고 하질 않겠습니까. 그래서 자네나 맞으라고 했지요. 그 의사는 원래 제 밑에 있던 병사로 제가 미국에 유학 보내 의학을 공부하게 했는데, 박사 학위를 받은 후 돌아와 저를 진찰해 준 것입니다. 그 의사가 말하더군요. 장군님, 장군님은 여성 호르몬 주사를 맞아야 합니다. 그래서 제가 무슨 소리냐, 말도 안 되는 소리 그만하라고 했지요. 그랬더니 사령관님, 저는 감사하는 마음으로 은혜에 보답하기 위해 말씀드리는 겁니다. 한 번만 들어주시면 안 되겠습니까 하더군요. 그래서 제가 좋아, 한번 맞아보지! 제대로 맞으면 좋은 점도 있겠지 했지요."

　남성과 여성의 갱년기에 대해 말하자면 이건 과학입니다만 왜 칠과 팔이 될까요? 우리는 아직 『황제내경』에 대해 충분히 살펴보지 못했습니다! 오늘날 생명 의학을 연구하거나 과학을 연구하는 사람이라면 반드시 다른 관련 정보도 알아 두어야 합니다. 이 숫자는 도가와 불가가 모두 채용한 개념으로, 『역경』에서 끌어온 것이며 노자에게서 끌어온 것이기도 합니다. 노자가 말하기를, "도는 하나를 낳고 하나는 둘을 낳으며 둘은 셋을 낳고 셋은 만물을 낳는다[道生一, 一生二, 二生三, 三生萬物]"라고 했습니다. 이건 아주 큰 문제입니다. 수리를 배울 때는 주의가 필요합니다. 천지만물은 오직 하나이지 둘이 없습니다. 소위 둘이란 하나의 둘이요 셋은 하나의 셋입니다. 그러므로 우리가 중국 책을 읽을 때, 가령 사주를 볼 때라면 우리의 운명은 양구(陽九)에 이르러, 즉 일 삼 오 칠 구에 이르러 극한점에 이릅니다. 십은 또 다른 일입니다. 이 때문에 문천상(文天祥)은 「정기가(正氣歌)」에서 "아, 내가 양구를 만났도다![嗟予遘陽九]"라고 읊었습니다. 자기 운명이 끝나고 국가도 망했으니 양구를 만난 것이 분명하다는 겁니다. 이제 더 이상 갈 데도 없어 그저 충신이나 되겠다는 겁니다. 그래서 그가 읊었습니다. "자고로 사람이 나서 누군들 죽지 않으리, 청사에 단심이나 남겨 보리라![人生自古誰無死, 留取丹心照汗青]" 자신의 정신을 역사에 남기겠다는 것입니다. 문천상의 명시입니다.

지금 일, 이, 삼, 사, 오, 육, 칠, 팔, 구, 십의 숫자에 대해 말하고 있습니다만 이 속의 학문은 대단히 큽니다. 도가는 최후로 하나의 문제, 즉 일 이전은 무엇인가를 제기합니다. 수리철학으로 말하자면 무엇이 제로일까요? 제로는 사물이 없다는 것이 아닙니다. 동그라미 하나인 제로는 무량수(無量數)요 불가지수(不可知數)이며 무궁수(無窮數)입니다. 이것은 유(有)이기도 하며 공(空)이기도 합니다.

이런 숫자 제로를 도가에서는 하나의 도안으로 그립니다. 이 도안은 다시 음과 양으로 나누어지는데 바로 태극도입니다. 양(陽)은 눈으로 볼 수 있는 현상인 데 반해, 음(陰)의 이 측면은 마치 천문이나 우주를 연구할 때 불가지(不可知)의 어두침침한 측면이 있는 것과 같습니다. 현재의 과학은 이미 알고 있습니다만 우리 이 우주에는 어두운 것들 즉 불가지한 것들이 무척 많습니다. 그렇다면 제로를 이 우주를 대표하는 것으로도 볼 수 있는데, 이렇게 보면 『역경』의 수리학과 오행과도 연계됩니다.

　다시 불교에서 인도의 의술과 관련된 것을 참고해 보면, 중의(中醫)에서는 맥(脈)으로 음양을 판단하는데 인도에서도 맥을 살필까요? 먼저 현재의 과학을 잠시 제쳐 둔다면 그들도 역시 맥을 보는데, 이를 기맥륜(氣脈輪)이라 합니다. 중국은 십이경맥(十二經脈)의 육음 육양을 말하지만 인도에서는 삼맥칠륜(三脈七輪)을 말합니다. 인도의 의학 역시 수천 년간 발전해 왔습니다. 이제 티베트의 의술을 설명하면 곧 알 수 있지만 티베트의 맥을 살피는 이론은 인도로부터 온 것입니다. 바로 삼맥칠륜설에서 온 것입니다.

생명은 어떻게 시작되나

　인도의 의학 역시 불교에 근거해 설해진 것입니다. 태아는 정자와 난자로부터 만들어져 모태 속에서 칠 일마다 새로운 변화를 맞습니다. 『불설입태경(佛說入胎經)』은 삼천 년 이전에 설해진 것이지만 지금 우리가 말하는 임신 및 출생과 거의 동일합니다. 『불설입태경』에서 말하는 '남정모혈(男精母血)'은 다름 아닌 남자의 정자와 여자의 난자입니다. 하지만 이 둘이 결합한다고 반드시 태아가 되는 것은 아닙니다. 세 연(緣)이 화합해야만 비로소 하나의 생명이 태어납니다. 현재 우리가 보통 말하는 영혼이라는 것이 추가될 때 비로소 한 생명이 구성됩니다. 하지만 이것은 사람의 태아에 한정되며 다른 생명은 다릅니다. 저에게 이렇게 묻는 사람이 있습니다. 시험관 아기의 경우에도 영혼이 추가되느냐고요. 원리상 역시 추가됩니다. 그러지 않으면 하나의 생명이 구성되지 않습니다.

태아는 모태 속에서 성장하면서 칠 일에 한 번 변화하는데, 그 현상이 뚜렷하긴 해도 전문 용어로 옮기기가 무척 어렵습니다. 첫 칠 일간은 마치 두부 덩어리처럼 혹은 양젖이 얼어 가는 것처럼 뚜렷한 형태가 없습니다. 이어서 독맥과 척추뼈 중추 신경이 성장하면서 먼저 얼굴로 통하고 마치 눈 있는 데로 이르는 듯한데, 바로 코끝으로부터 위로 눈 중간에 있는 한 점에 도달합니다. 중국 문화에서는 최초의 선조를 고서에서 '비조(鼻祖)'라고 부르는데 바로 이 때문입니다. 인도 역시 마찬가지입니다. 이 맥은 칠 일이면 생기기 시작해 아주 많은 분화를 하는데 현재 우리가 말하는 유전자의 생장과 변화입니다. 어쨌든 태아의 세포가 서서히 분화하면서 이 생명이 구성됩니다.

인도 의학은 말하자면 석가모니 부처님의 의학입니다. 태아는 모태 속에서 삼사 개월이면 외부의 일도 알게 됩니다. 중국의 과거 교육은 일단 태아가 생기면 부부가 따로 거처하며 태교를 시작합니다. 그러므로 교육은 태교로부터 시작됩니다. 현재 중국 역사에서의 자료와 함께 보면 칠 일에 한 번씩 변화하는데, 숫자는 기억하지 못하지만 인체 내부에는 모두 칠만 갈래 이상의 맥이 있으며 모두가 신경 계통에 속합니다. 이것이 인도 의학의 원칙입니다. 중국의 의사는 맥을 짚어 오장육부와 십이경맥의 변화를 판단하는데, 맥락(脈絡)이 좌우로 교차되며 기맥 역시 좌우로 교차된다는 것을 알고 있습니다. 여러분은 중의(中醫)에서 말하는 맥이 좌측으로는 심(心), 간(肝), 신(腎)이 그리고 우측으로는 폐(肺), 비(脾), 명문(命門)

의 맥이 교차하고 있다고 배웠을 겁니다. 현대 의학에서도 해부를 통해 이들이 교차하고 있음을 알고 있습니다. 사실 교차하는 데 그치지 않습니다. 여기 계신 중국과학기술대학의 총장님이 전문가이시지만 현대의 유전자니 양자니 하는 것들과도 그 노선이 동일하니 참으로 신기한 일입니다!

태아는 모태 속에서 모두 삼십팔 주인 아홉 달 정도 있다가 최후로 한 줄기 힘, 즉 풍력(風力, 에너지)이 생겨 태아를 바깥으로 밀어냅니다. 이 사이에는 참으로 기묘한 일이 많고도 많아 그저 간단히 말씀드릴 수 있을 뿐입니다. 보다 전문적인 설명을 하려면 따로 기회를 봐야 합니다. 모태 속에서 아홉 달 정도 머무는 것으로는 아직 불완전해, 출생 후 다시 백일 정도를 지나야 비로소 온전한 모습을 갖춥니다. 여기서 온전하다고 하는 계산법은, 아직은 모태 속의 일곱 단계에 속하는 것으로 이를 일러 선천(先天)이라 합니다. 그리고 남자는 팔 여자는 칠이라고 한 것은 후천(後天)으로, 대략 소개하면 이렇습니다. 그러므로 이들 숫자는 수의 이치와 불가분의 관계가 있으며 생명의 과학 역시 수의 이치를 떠날 수 없는데, 여기에는 수의 이치에 관한 수많은 개념이 있습니다.

천문에 따른 숫자

그렇다면 왜 칠 일, 칠 년을 말할까요? 왜 남자나 여자로 변화할까요? 이제 다시 돌아가 중국 상고 시대 황제 이전으로 거슬러 올라갑시다. 우리는 수학이나 천문의 역사에서 세계적으로 중국인이 한 단계 앞서 있다는 것을 잘 알고 있습니다. 우리는 수천 년 전에 이미 천문학과 수학과 같은 과학이 있었습니다. 당시 외국에서는 이런 그림자조차 없었지요. 하지만 우습게도 우리는 자신의 문화를 말하면서 중국 고대의 과학이 허위요 가짜며 외국의 것이 진짜라고 합니다. 허위의 과학이란 말은 법률상으로 성립되지 않는 말입니다. 어느 것이 가짜고 어느 것이 진짜일까요? 어떻게 증명할 수 있을까요? 정말 웃기는 이야기 아닌가요? 이런 관점은 호되게 비판받아야 마땅합니다.

그렇다면 이 숫자, 그리고 허다한 문제의 근거는 무엇일까요? 이는 천문에 근거해 나온 것입니다. 그러므로 우리는 중국의 의학을 천문과 결합해 말해야 합니다. 천문에 의하면 기후는 일 년이 십이 개월로 나누어지고 삼 개월이 한 계절이 되니 이 때문에 일 년에 네 계절이 있습니다. 오 일이 일 후(候)가 되고 삼 후가 일 기(氣)이니, 삼 후는 곧 십오 일이며 육 후를 일 절(節)이라 합니다. 천문의 절기를 말한다면 일 년 십이 개월은 사계절, 칠십이 후(候), 이십사절기로 나누어집니다. 예를 들어 청명(淸明)이니 곡우(穀雨)니 하는 것들입니다.

지금에 이르도록, 그리고 동남아나 미국 등 전체의 기상을 들어 보더라도 중국의 이 기후 분류는 여전히 정확하며 영향력이 있습니다. 제 학생 중 이것을 공부한 사람이 있는데, 이삼십 년 전에 오스트레일리아에서 외교관으로 근무했습니다. 그는 나침반을 지니고 갔었는데 제대로 작동하지 않는 것을 발견했습니다. 당시는 국제전화도 없고 해서 편지로 물었습니다. 그 나침반이 북반구에만 한정된 것이 아니냐는 겁니다. 오스트레일리아에서는 반대가 된다는 겁니다! 저는 나침반을 거꾸로 놓고 사용해 보라고 했습니다. 얼마 후 회신이 왔는데 그렇게 해 보니 진짜로 똑같다고 했습니다.

우리 인간의 이 생명은 설사 병이 들더라도 삼 일이나 오 일쯤이면 회복됩니다. 제가 알기로는 장티푸스에 걸린 사람이라면 삼칠 이십일 일이 지나지 않고서는 낫지 않습니다.

이 칠과 팔이란 숫자를 다시 확장해 나가면 중국인이 사용하는 하루 십이시진 즉 자, 축, 인, 묘, 진, 사, 오, 미, 신, 유, 술, 해는 모두 과학적인 것으로 미신이 아닙니다. 두 시간이 한 시진(時辰)으로, 하루는 십이시진이요, 한 시진은 팔 각(刻), 일 각은 십오 분입니다. 달리 말하면 우리의 신체 역시 매 분마다 변화하고 있습니다. 신체 속에서 변화하는 것은 현상이지만 이 생명을 변화하게 하는 본래의 에너지는 무엇일까요? 이것 역시 크나큰 의문입니다.

그래서 제1편 「상고천진론」에서는 칠과 팔의 변화를 말하면서도 문장은 읽지 않았습니다. 제가 병폐가 하나 있어서, 읽고 나면 여러분이 혹 이해하지 못할까 봐 다시 장황한 설명을 늘어놓을지 모릅니다. 그래서 읽지 않고 그냥 건너뛴 것입니다. 이 시간에는 먼저 대강의 내용을 소개하고서 잠시 후 다시 보충하겠습니다.

생명과 관련된 인도 문화

과학을 전공한 어느 학생이 장난삼아 말했습니다. "저희는 아직 젊지만 선생님은 연세도 많고 아는 것도 많으시니 인도의 생명과학을 『황제내경』과 연계시켜 한번 말씀해 주시지 않겠습니까?"

조금 전에 제가 말씀드렸던 것도 바로 이런 의미였습니다. 동시에 옛날 동방의 의학이었던 인도 의학과 중국 의학을 이십 세기 이후의 현대 의학과 과학에 연계시키는 것입니다. 이 학생의 문제제기를 우리는 가볍게 흘려들어서는 안 됩니다. 물론 그가 이렇게 직접 말한 것이 아니요, 또 저를 공격하자는 의도도 아니었습니다.

방금 인도의 문화를 말씀드렸지만, 예를 들어 석가모니 부처님을 대표로 하여 말씀드린다면 입태와 출태가 바로 생명과학의 근본입니다. 인도엔 이삼천 년 전에 이 경전이 있었지만 지금은 사라졌습니다. 제가 요가 수행인들을 만난 자리에서 당신들 문화가 세계 종교의 요람이라 말한 것도 이 때문입니다. 천주교나 기독교, 아랍의 회교뿐 아니라 희랍의 철학까지도 모두 인도로부터 나왔습니다.

인도는 당시 아주 넓었습니다. 현재의 아프가니스탄과 이스라엘도 원래는 모두 인도에 속했습니다. 그 경계는 중국의 신강(新疆) 변경에까지 이르렀지요. 인도와 인도 민족은 아주 재미있습니다. 고대에는 예순네 종류의 다양한 언어와 문자가 있었으며 현대에 이르도록 통일이 되지 않았습니다. 지금까지도 수십 종의 언어와 문자가 있습니다. 또 계급 관념도 매우 강해 사성(四姓) 계급은 아직까지도 바뀌지 않고 있습니다.

예를 들면 인도의 친구 한 명은 최고의 계급인 바라문이었습니다. 바라문 사람이 제 집에 와서 더러울까 봐 앉기를 두려워하길래 천을 건네주어 자리를 털게 했습니다. 그들은 집을 나설 때면 빗자루를 휴대하는데, 마치 중국의 도가에서 먼지떨이를 휴대해 깨끗이 털어 내는 것과 같습니다. 그가 말하길, "남 선생님 제가 꺼림칙해서 그런 것이 아닙니다"라고 했지만 그는 정중히 저를 속였던 것입니다. 한번은 전례를 깨고 제 집에서 식사를 했습니다. 그는 "먹으라고 하시니 먹긴 하겠습니다"라고 말하더군요. 대개 이런 식입니다. 인도의 최하층 계급은 수드라인데 일하는 노예들입니다. 어느 정도 낮을까요? 가령 우리 같은 사람이 손님으로 가서 마당을 청소하는 사람과 마주치면 그들은 머리를 허리까지 조아려 감히 쳐다보지 않습니다. 이런 사람이 반드시 흑인인 것은 아닙니다. 인도 사람은 다섯 종류가 있는데 백인들은 아주 하얗고 아름답습니다. 우리가 수드라에게 먹을 것을 주려 한다면 그냥 손으로 건네주어서는 안 됩니다. 그들이 두려워하기 때문에 땅에 던져두어 기어 와서 주워 먹게 해야 합니다.

인도인과의 대화는 아주 특별합니다. '그렇습니까, 그렇지 않습니까' 하고 물었을 때 그들이 머리를 끄덕인다면 '아니오'라는 뜻입니다. 우리의 일반적 반응과는 정반대입니다. 이 민족의 문화는 아주 재미있는데 그들은 이렇게 말합니다. "온 세계 사람들이 모두 계급 관념을 없애야 한다고 해서 우리도 변화를 생각하고 있습니다. 하지만 지금도 우리는 만족하며 잘 지내고 있는데 왜 꼭 평등을 실현해야 할까요?" 제가 그 친구에게 말했습니다. "이보시오! 평등은 세계가 요구한 것이 아니라 그대들 문화가 요구하는 것이오. 바로 석가모니 부처님 말이오. 전 세계 사람들이 평등을 말하면서 제일 먼저 끌어대는 사람이 석가모니 부처님이라오." 그 친구도 이렇게 말했습니다. "그 어르신의 뜻은 다른 사람을 자비롭게 사랑하라는 것이었는데 우리가 이렇게 하는 것도 다른 사람을 사랑하는 것입니다!" 저는 그저 당신 말도 일리가 있다고 할 수밖에 없었습니다. 어제 저녁 『장자(莊子)』 강의에서 살펴본 것처럼 손가락이 하나 더 많아도 역시 손가락이요 하나 적어도 역시 손가락이니 상관없습니다. 제 이야기가 또 딴 데로 빠졌네요.

인도의 문화는 생명의 근본과 관련된 것이기에 여러분처럼 의학을 배우는 사람이라면 알아 둘 필요가 있습니다. 인도에는 생명의 오묘한 비밀과 관련된 책이 한 권 있습니다. 하지만 아쉽게도 번역이 거의 되어 있지 않으며 번역된 것도 제목이 다릅니다. 예를 들어 지금의 서양 의학으로 말하자면 호흡기 계통이 있고, 위장의 소화기 계통이 있으며, 중앙의 중추 신경 계통이 있고, 전면의 자율 신경 계통 등 몇 개의 계통이 있습니다. 사람이 늙으면 물건을 집을 때 손을 떨거나 침을 흘리기도 하는데, 이는 자율 신경에 문제가 생긴 것으로 중추 신경과는 무관합니다.

호르몬 계통은 어디에 있을까요? 이것은 분비샘일까요, 따로 기관이 있을까요? 저는 서양 의사들에게 말하곤 합니다. 호르몬 계통을 중국 의학에서는 '삼초(三焦)'라 한다고요. 뇌하수체 호르몬, 흉선 호르몬, 부신 호르몬이라 하는 것들이 도대체 무엇일까요? 이들은 액체입니다. 삼초는 비유입니다.

불학에서 말하는 생명과학

인도의 불학에서 의학과 관련된 서적들은 지금으로서는 그 원서를 찾기가 아주 어렵습니다. 어떤 사람이 그 중 한 권을 번역했는데 바로 밀종을 연구한 진건민(陳健民)이었습니다. 그는 이미 세상을 떠났지만 당시 우리는 동년배나 마찬가지였습니다. 그가 번역한 책 제목은 『아주 깊고 내밀한 뜻의 근본 찬가(甚深內義根本頌)』였는데, 비록 중국어로 번역되긴 했지만 이해할 수가 없어 그저 참고삼아 보았습니다. 그러므로 지금의 젊은이들은, 의학이나 과학을 배우는 젊은이들은 좀 더 노력해서 미래의 문화에 이어 주어야 합니다.

방금 쉬는 시간에 어떤 분이 불교에서 말하는 생명의 내원이 어떻게 기맥으로 변화하는지를 의학 및 철학과 연관시켜 얘기해 달라고 했습니다. 저는 좋다고 했지요. 아마도 앞으로 시간이 좀 더 있을 겁니다. 이대로 한번에 끝나지는 않을 겁니다.

오늘 저녁엔 먼저 석가모니 부처님께서 말씀하신 생명의 내원에 대해 말씀드리겠습니다. 생명의 내원은 의학과 밀접한 관계가 있습니다. 과거에는 종교적 방식으로 접근해 생명의 과정과 단절시켜 말했습니다. 저는 먼저 부처님을 대신해 불교의 기본 역시 사실은 과학이었음을 말씀드립니다. 만약 종교로 보지 않는다면 훨씬 빼어난 내용일 것입니다. 어떤 종교도 종교가 아닙니다! 사실 종교는 인간의 사고를 어떤 범위 내로 한정시킵니다. 여러분이 이런 규범을 떨쳐 버린다면 그건 이미 종교가 아닙니다. 이처럼 간단합니다.

이제 우리가 종교의 외피를 걷어 버리고 부처님의 종교 철학을 말한다면 사실 그것은 생명과학입니다. 그래서 하는 말입니다만 불교의 기초는 '삼세인과(三世因果)'와 '육도윤회(六道輪廻)'에 있습니다. 현재 우리의 생명은 분단생사(分段生死)입니다. 이전의 부분이 있고 현재의 부분이 있으며 죽은 뒤 미래의 부분이 있습니다. 과학의 이치로 말하자면 무엇이 '삼세인과'일까요? '세(世)'란 시간을 말합니다. 과거의 생명은 과거의 삶을 가리키는 것으로 현재 우리가 볼 수 없습니다. 태어나기 이전에 어떠했는지는 자신도 알 수 없습니다!

만약 과학적인 수행 과정을 통해 증명한다면, 즉 생명으로 이전의 생명을 증명해 안다면 이는 신통(神通)일 것입니다. 과거에도 존재했다면 미래즉 죽은 뒤에도 존재할까요? 여전히 존재합니다. 중간에 살아 있는 이 부분, 백 세를 살든 이십 세를 살든 살아 있는 이 부분을 '중유(中有)' [1] 즉 중

---

1 불교 전문 용어로 원래 '생유(生有)'와 '사유(死有)'의 중간 상태인 '중음(中陰)'을 가리키는 말이다. 『구사론(倶舎論)』 「분별세품(分別世品)」에서는 "'사유(死有)'와 '생유(生有)'의 중간으로 오온의 상태를 중유라 부르는데, 마땅히 도달해야 할 곳에 아직 이르지 못한 상태이므로 중유는 생명이 아니다[死生二有中, 五蘊名中有, 未至應至處, 故中有非生]"라고 설명하고 있다. 따라서 여기서 사용하고 있는 중유는 엄밀한 불교 용어라기보다는 전유(前有), 후유(後有)에 대한 상대 개념으로 사용하고 있다.

간의 생명이라 합니다. 만약 죽은 뒤라면요? 또 다른 생명이 일어나니 이 것을 '후유(後有)'라 합니다. 그러니 불교에서는 반드시 공(空)만 말하지는 않습니다. 이 생명은 존재하는 것이기에 이전의 생명을 '전유(前有)'라 하고 현재의 생명을 '중유(中有)'라 합니다.

그러므로 한 사람의 생성에 대해 고대에 번역된 경전에서는 그 설명이 대단히 과학적입니다. 남녀가 결합해 한 사람이 만들어지는 것을 고서에서는 '남정여혈(男精女血)'이라 했는데 남자의 정(精)과 여자의 혈(血)이라는 뜻입니다. 지금도 우리는 정자가 매달 배출되는 여성의 난자를 만나 태(胎)를 이룬다고 말합니다.

전신의 세포가 모두 정이다

다시 부처님의 생명과학에 대해 살펴본다면, 이 방면과 관련해서는 여러분 모두 지금까지 감히 말하지 못했을 겁니다. 이제 제가 솔직히 말한다면 경전에는 이와 관련된 부분이 없으며 단지 율부(律部) 속에 자료가 있을 뿐입니다. 남자의 정자는 청색, 황색, 적색, 백색, 흑색의 다섯 종류가 있으며, 여기에 다시 우윳빛과 연한 우윳빛을 합치면 모두 일곱 종류가 있습니다. 이 설법은 실제로 확인해 보아야 하겠지만 제가 알고 있기론 각기 다른 색깔이 있습니다. 예를 들어 대철학자나 과학자 또는 영웅들의 정액 색깔은 일반 사람의 것과는 다릅니다. 달리 말하면 그들은 두뇌도 다르고 신경도 다릅니다. 제가 젊었을 때 들은 이야기입니다만 천하에 재주 있는 자나 영웅, 미인은 모두 바람기가 있다고 했습니다. 바람기가 있는 것은 당연합니다. 천성적으로 부여받은 것이 다르니 유전자 또한 다를 것이기 때문입니다.

그렇다면 부처님이 말씀하신 정(精)은 어떨까요? 부처님이 말씀하신 정(精)은 정자가 아닙니다! 전신이 모두 정(精)입니다. 또는 전신의 세포가 모두 정이라고도 말할 수 있습니다. 이 때문에 세포 하나를 떼어 내어 사람을 복제할 수 있는 것입니다. 여러분은 정(精)이라고 하면 곧바로 성행위 때 배설되는 정액을 떠올리지만 이는 근본적으로 잘못된 생각입니다. 그것 역시 정이긴 하지만 그때의 정은 성행위 과정에서 남자의 정이 정자로 변화한 것입니다. 말하자면 전화(轉化)된 것입니다. 지금의 서양 의학으로 말한다면, 성행위의 쾌감이 뇌하수체를 자극해 호르몬을 분비하고 이것이 아래로 내려와 남성 신체 부위의 그 부분의 기능을 자극해 만들어진 것이 정자입니다.

남성의 정에 관한 석가모니 부처님의 의학은 그 설명이 아주 뚜렷하며 대단히 과학적입니다. 부처님은 이천여 년 전, 공자보다 조금 빠릅니다만, 일찍이 여성의 자궁이 조금만 높아도 또는 조금만 낮아도 임신을 할 수 없다고 했습니다. 낮다고 하는 것은 지금의 산부인과에서 자궁이 뒤로 기울어졌다고 하는 것입니다. 기울어져도 안 되고 차가워도 안 되며 뜨거워도 안 됩니다. 이것은 무엇을 말하는 것일까요? 부처님은 이렇게 짤막하게 말했습니다. "사람의 몸은 얻기 어렵고 중토에서 태어나기 어렵다〔人身難得, 中土難生〕."

여기서 '중토(中土)'라는 것은 중국을 말하는 것이 아니라 문화가 있는 국가와 사회를 말합니다. 부처님은 여기에 덧붙여 사구게를 말합니다. "사람의 몸은 얻기 어렵고 중토에서 태어나기 어려우며 밝은 스승을 만나

기 어렵고 불법을 듣기 어렵다〔人身難得, 中土難生, 明師難遇, 佛法難聞〕.”고
명한 스승은 만나기 어렵습니다. 특히 불법 중 생명과 관련된 것은 가장
듣기 어렵습니다. 부처님은 먼저 설명하시기를 남녀의 생식기 구조가 약
간 잘못되거나 질병이 있어도 생육이 불가능하다고 했습니다. 단지 성병
만을 말하는 것이 아닙니다. 그러므로 생명의 내원은 사람마다 선천적으
로 타고난 것에 따라 달라지고, 운명이나 만남에 따라 달라지기도 합니다.
하느님이 있는 것이 아니고 부처와 보살이 여러분의 주인인 것도 아니며
염라대왕도 아닙니다. 주재(主宰)가 없습니다. 자연적인 것도 아니요 물질
적인 것도 아닙니다.

얻기 어려운 생명

　그렇다면 생명이란 궁극적으로 어떻게 해서 온 것일까요? 우리 자신이
만들어 내는 것이요 스스로 가지고 나오는 것입니다. 여기서 자신이 만드
는 인과(因果)란 어떤 것일까요? 여기에 대해 부처님께서 몇 마디를 말씀
하셨는데, 불법을 배우는 사람이라면 더욱 잘 알아 두어야 합니다. 일반적
으로는 종교라 보지만 사실 부처님이 말씀하신 것은 생명과학입니다. “설
사 백 겁이 흐르더라도 지은 업은 결코 사라지지 않는다〔假使經百劫, 所作
業不亡〕.” 이 업은 사업(事業)의 업입니다. 여러분의 심리나 일체의 행위에
는 모두 자기가 있습니다! 공(空)이 아닙니다! 모든 것이 거기에 누적됩니
다. 아주 긴 시간이 흐르더라도 사라지지 않습니다. “인연회우시(因緣會遇
時)”, 어떤 기회가 왔을 때 조건이 무르익으면 “과보환자수(果報還自受)”,

과보를 스스로 받습니다. 즉 인과응보에 의해 청산을 하는데 이는 전생으로부터 온 것입니다. 이 인과율은 자연과학의 인과율과 같아 이전의 인(因)이 뒤의 과(果)가 됩니다.

그래서 부처님은 말씀하십니다. 생명의 태를 이루는 것은 쉬운 일이 아니며 인간의 몸을 얻는 것은 어렵다고요. 제가 늘 하는 말입니다만, 현대 의학의 관점에서 말한다면 성행위 시 남성의 정자가 한 번에 수천 혹 수만 개가 나오니, 마치 수많은 형제자매들이 달리기 시합을 하는 것이나 마찬가지입니다. 여기서 제일 앞서야 비로소 사람이 될 수 있으며 그러지 못하면 사라지고 맙니다. 사람의 몸을 얻기가 이처럼 어렵습니다.

석가모니 부처님께서는 수천 년 전에 생명을 얻기 어렵다는 것을 이렇게 비유하셨습니다. 마치 한없이 넓은 바다 속에 눈 먼 거북이가 우연히 고개를 한 번 쳐들어 바다에 떠다니는 나무판자 구멍에 머리를 집어넣는 것이나 같다고요. 부처님은 우리의 생명이 마치 거대한 바다의 눈 먼 거북이가 나무 구멍을 만나는 것과 같다고 했습니다. 사람의 몸은 참으로 얻기 힘든 것입니다! 여러분이 자신의 생명을 소중히 여겨야 함을 강조하신 것입니다.

그러니 방금 우리가 과학적으로 설명했듯이 정자와 난자가 만나 우리 이 생명으로 변화하는 것은 참으로 얻기 어려운 귀한 일입니다! 이 이면에는 무척 신비한 것도 있지만 지금으로서는 증명하기가 매우 어렵습니다. 먼저 다른 것은 이야기하지 않고 부처님은 인간의 생명, 우리 이 살아 있는 수십 년의 기간을 '현유(現有)'라 말합니다. 일단 사망하고 나면 혼미해지는데 그러고 나면 존재할까요, 존재하지 않을까요? 존재합니다. 이것을 '중음(中陰)'이라 합니다. 이것이 과도적 단계이기에 때로는 '중유(中

有)'라고도 합니다.

죽은 후 칠 일

　어떻게 사망하는가 하는 것 역시 하나의 과학입니다. 말하자면 아주 재미있고 또 깁니다. 죽어서 호흡이 끊어지고 난 뒤 마치 잠에서 깨어난 것처럼 깨어나는 것이 바로 중음신(中陰身)입니다. 이렇게 깨어난 생명도 마찬가지로 볼 수 있고 들을 수 있으며 말할 수 있고 행동할 수 있습니다. 하지만 우리가 만지거나 접촉할 수는 없습니다. 이들에게는 물질적 신체가 없기 때문입니다. 어떤 영국 과학자는 이것을 '슈퍼전자파'라 불렀는데, 이것이 우리와는 다르기에 접촉할 수 없다고 했습니다. 저는 그 주장이 맞다고 했습니다.

　그러므로 사람이 죽은 후 다시 깨어나면 신통을 구비하게 됩니다. 시간의 장애도 없어지고 공간의 장애 역시 사라집니다. 가령 가족이 미국에 있다면 그 가족의 꿈속에 언뜻 무언가 느껴진다면, 마치 아버지나 어머니를 본 것처럼 느껴진다면 정말 그가 온 것입니다. 그의 이 슈퍼전자파가 바로 불교에서 말하는 '중유(中有)'의 감응이기 때문입니다. 바로 이 생명이 죽은 뒤 아직 다음 생명이 시작되기 전인 중간 단계의 존재입니다. 중음신은 다섯 통(通)을 구비합니다. 그저 생각이 움직이기만 해도 그가 가고자 하는 곳에 이릅니다.

　이 중음신은 우리에게 이렇게 말할지도 모릅니다. '그만해! 울 필요 없어. 난 이미 내 몸을 떠났으니 또 다른 몸으로 바꿀 거야.' 만약 이렇다면 들리지 않더라도 우리의 마음속 생각을 그는 알 겁니다. 이것을 우리는 보통 영혼이라고 하는데 귀(鬼)가 아닙니다! 귀는 또 다른 일종의 생명으로, 이것을 중유(中有)의 몸이라 합니다. 이 중유의 몸은 그 사이의 변화가 아주 묘하고 묘합니다!

중유에도 생사가 있을까요? 여전히 생사가 있습니다. 칠 일에 한 번 생사가 있습니다. 여기도 또 칠입니다. 인도도 중국과 마찬가지입니다. 예를 들어 중국인은 항상 말하기를, "이 친구 일하는 게 엉망진창이네[亂七八糟]"라고 합니다. 이건 『역경』에서의 이야기로, 칠과 팔이 정상이 아니라는 겁니다. "자넨 어찌 일하는 게 그리 흐리멍덩해![顚三倒四]" 이것 역시 『역경』에서의 이야기입니다. 가령 우리가 스님에게 편지를 쓸 때 불교에서 사용하는 인사말인 '합십(合十)'이라는 표현을 쓰는데, 다섯 손가락 둘을 합친다는 뜻입니다. 중국인들은 '합적(合適)' '불합적(不合適)'이라 사용하는데, 이는 잘못된 것으로 사실은 '합십(合十)' '불합십(不合十)'이라 해야 합니다. 이들은 모두 『역경』의 숫자입니다. 이제 이야기가 다시 숫자에 이르렀습니다.

그래서 중유(中有)의 몸에는 칠 일에 한 번 생사가 있습니다. 거기에도 생사가 있는 것입니다. 그렇다면 민간에서는 죽은 후 스님이 경전을 독송하는데 이건 쓸모가 있을까요? 여기에 대해서는 비평도 하지 않고 토론도 하지 않겠습니다. 아무튼 칠 일에 한 번의 생사가 있지만 어떤 사람에게는 칠 일이 아닐 수 있다는 것을 말씀드립니다! 예를 들어 아주 훌륭한 사람이나 지극히 선한 사람은 중음신의 단계를 거치지 않고 죽자마자 곧바로 다른 세계에 도달할 수 있습니다. 아주 나쁜 사람 역시 중음신의 단계가 없이 죽자마자 곧바로 지옥에 떨어질 수 있습니다.

우리 같은 보통 사람들, 훌륭하지도 않고 그리 나쁘지도 않은 사람들에게는 중음신의 단계가 있어 칠 일에 한 번 변화합니다. 이 중유(中有)의 생명은 최고 사십구 일까지 살다가 또 다른 생명으로 전환됩니다. 그래서 중국에서는 사람이 죽은 뒤 칠 일마다 사십구 일간 공양을 드립니다. 이런 문화는 이미 수천 년부터 민간 속에서 행해져 왔습니다. 마치 미신처럼 보이지만 사실은 생명과학입니다.

　중유(中有)의 이치로 말하자면 마치 우리의 기억과도 같습니다. 여기 앉아 있는 사람을 한번 보십시오. 젊은 사람은 이십여 세, 좀 나이가 든 사람은 오십여 세, 어떤 사람은 이보다 조금 더 나이가 든 사람입니다. 우리같이 늙은 사람은 더 이상 따지지 않겠습니다. 여러분은 과거에 행했던 것을 기억하고 있나요? 모두 기억할 것입니다. 하지만 나이가 들면 머리가 둔해져 생각이 나지 않겠지요.

　사람이 늙으면 생각나는 것이 모두 과거의 일입니다. 지금 여러분이 무슨 말을 한다고 해도 그는 금방 까먹을 겁니다. 그렇다고 그가 멍하다고 생각하지 마세요. 그도 생각은 합니다. 어떤 사람이 묻기를 백치에게도 생각이 있느냐고 했습니다. 분명히 있습니다. 단지 그 생각이 어떤 틀에 갇혀 있을 뿐입니다. 이는 장님이 볼 수 있느냐는 질문과도 같습니다. 분명 볼 수 있습니다. 단지 장님이 보는 것이 우리와 다를 뿐입니다. 그가 보는 것은 아무것도 보이지 않는 전방의 장면입니다. 이것 역시 보는 겁니다! 그렇다면 백치에게도 생각이 있습니다. 이것이 바로 중유(中有)의 이치입니다. 그래서 불교에서는 귀신이 있다거나 영혼이 있다고 말하지 않습니다. 그것은 또 다른 하나의 생명이기 때문입니다.

유형 무형의 생명체

　방금 삼세인과와 육도윤회를 말씀드렸는데, 종합하자면 여섯 종류의 생명이지만 실제로는 열두 종류의 생명으로 대별할 수 있습니다. 불교에서 말하는 '유색(有色)'의 생명은 형상을 갖춘 것으로 볼 수 있고 만질 수 있는 생명입니다. '무색(無色)'의 생명은 보이지 않고 만질 수 없는 생명입니다. 불교의 이치로 말하자면 우리가 살고 있는 이 세계에는 기타의 생명 역시 우리와 함께 살고 있지만 오고 가는 데 전혀 방해를 받지 않습니다. 사실 귀신이나 영혼은 우리 몸에 이리저리 부딪히기도 하고, 우리 역시 그들의 몸을 뚫고 왔다 갔다 합니다. 하지만 서로 전혀 방해를 받지 않습니다. 이건 물리적인 '공(空)'의 이론이나 혹은 양자의 변화와도 같아 이리저리 서로 부딪히면서도 장애가 되지 않습니다.

　마찬가지로 중음신에도 많은 작용이 있습니다. 그러므로 젊은 사람들이 연애를 하면서 선을 넘어설 때는 정말 조심해야 합니다! 여러분들은 안 보이는 데서 조심스럽게 연애를 한다고 생각하지만 사실 바로 옆에서 입장권도 사지 않고 지켜보고 있는 자들이 수도 없이 많습니다. 모두가 태반으로 들어올 준비가 되어 있는 자들입니다. 그래서 하는 말입니다만 여러분은 유가(儒家)의 책을 읽어야 합니다. 증자가 『대학』에서 말합니다. "열 개의 눈이 지켜보고 열 개의 손이 가리킨다[十目所視, 十手所指]"라고요. 마음이 움직일 때는 나쁜 생각이나 행위를 하려 해서는 안 됩니다. 열 개의 눈이 지켜보고 있습니다. 형체는 없지만 열 개의 손가락이 자신을 가리키고 있습니다. 유가에서 말하는 바가 바로 이것입니다. 이는 아주 엄중합니다.

증자는 그래도 부드럽게 말한 것입니다. 석가모니 부처님 이론에 따르면 여러분을 옆에서 지켜보는 것이 어찌 열 개 눈에 그치겠습니까? 그래서 중국에서는 도덕적 수양을 말합니다. 이런 말이 있습니다. "어두운 곳에서 양심에 거리끼는 생각을 하지 말라"고요. 어두운 곳에서 어지러운 생각을 해서는 안 됩니다. 양심에 거리끼는 생각을 두려워해야 합니다. 이건 오래된 이야기지만 과학적 의미가 있습니다.

그런 뒤 남녀의 정사에 대해 말합니다. 정자와 난자가 결합하면 반드시 임신을 할까요? 방금 소개했지만 반드시 그런 것은 아닙니다. 어떤 때는 중간에 사망하기도 하고 맨 앞에 서지 못할 수도 있습니다. 어떤 때는 여성의 난자가 정자와 접촉해도 신체가 건강하지 못해 소용이 없을 수 있습니다. 게다가 정자와 난자가 결합해도 사람이 되지 못할 수 있습니다. 영혼이 추가로 들어서지 않으면 임신이 될 수 없습니다.

저는 항상 이 문제에 대해 이야기하곤 하는데 어떤 사람이 편지로 물었습니다. 요즘은 정자를 가져다가 혹은 세포를 떼어 내어 시험관 속에서 복제 인간을 만드는데, 역시 중음신이 여기에 참여해야 인간이 되느냐고요. 만약 중음신이 없다면 식물성 동물이 되어 감각은 있어도 생각이 없는 존재가 되고 맙니다. 그래서 부처님께서 남정여혈을 말씀하셨습니다. 정자와 난자가 한데 모인 데다 중음신이 더해지면 이것을 세 연(緣)이 화합했다고 하며, 이렇게 되어야만 비로소 사람의 몸으로 변할 수 있습니다.

사람의 몸은 왜 여자로 변할까요? 왜 남자로 변할까요? 왜 키 큰 사람으로 변하고 키 작은 사람으로 변할까요? 왜 병약한 몸으로 변할까요? 왜 어떤 사람은 오래 살고 어떤 사람은 단명할까요? 왜 다른 사람은 운이 저렇게 좋은데 나는 이처럼 고달플까요? 왜 다른 사람은 부귀와 공명을 누리는데 나는 평생 이렇게 가난할까요? 석가모니 부처님께서는 대단히 상세하게 말씀하셨습니다. 일반인이 본다면 마치 종교적 마취처럼 보이겠지만 진정한 과학자라면 한번 보면 식은땀이 흐를 겁니다. 그처럼 과학적이기 때문입니다. 이것이 바로 생명의 내원입니다.

풍과 바람, 기와 공기

방금 우리는 『황제내경』의 기맥을 연구하면서 먼저 칠이니 팔이니 하는데서 시작해 아직 그 내부까지는 언급하지 못했습니다. 인도의 『아주 깊고 내밀한 뜻의 근본 찬가』란 책에서 말한 것은 우리의 『황제내경』보다 훨씬 상세합니다. 아쉽게도 당·송 이후 중의학계의 유명한 금원사대가(金元四大家)[2]나 강남(江南)의 서령태(徐靈胎)[3], 엽천사(葉天士)[4], 그리고 복건성의

---

2 중국 금(金)·원(元) 시대에는 수많은 의학의 유파가 생겨나 학술상 백가쟁명의 시대가 펼쳐졌다. 이 중 가장 대표적인 인물로 유완소(劉完素), 장종정(張從正), 이동원(李東垣), 주진형(朱震亨)을 드는데, 이들을 '금원사대가'라 부른다. 이들의 등장 배경으로는 장기간에 걸친 전쟁과 전염병의 유행 그리고 송대에 이르러 발전한 혁신적 의학 이론을 들 수 있다.

3 이름은 대춘(大椿), 자가 영태로서 만년의 호는 회계노인(洄溪老人)이다. 어렸을 때부터 유학을 배웠으며 제자백가에 대해서도 밝았다. 서른 살 무렵 병이 잦은 아내를 위해 의학에 전념하게 되었는데, 성취가 빨라 역대 의서(醫書)에 두루 통달했으며 아무리 중병이라도 그가 치료하면 나았다고 한다. 의학에 관한 저서도 여러 종 저술했는데, 이후 이들을 모아 『서씨의학전서육종(徐氏醫學全書六種)』으로 발간되었다.

4 청대 의학자로 이름은 계(桂), 자가 천사(天士)이다. 대대로 의학을 하는 집안에 태어나 어릴 때부터 의학에 몰두했다. 부친에게 의학을 배웠으나 부친이 사망하자 그 문하생에게 배운다. 열여덟 살 때까지 배운 스승이 열일곱 명이나 되었다. 그는 특히 온병(溫病)에 밝아 의학사에서 온병학파(溫病學派)의 창시자라 불린다. 그의 대표적 저술로는 『온열론(溫熱論)』이 있는데, 지금에 이르기까지도 임상에 활용되는 중요한 서적이다.

진수원(陳修園)[5] 등을 포함해 모두가 여기에 대해서는 탐색해 보지 못했습니다. 더욱이 현대의 우리는 서양 의학 및 해부학과 결합하여 여기까지 부딪치고 시도해 보지도 못했으니 참으로 안타까운 일입니다.

저는 의학을 배우는 여러 젊은 학생들이 뜻을 세우기를 희망합니다. 의학을 배우는 것은 의사가 되기 위함이 아닙니다. 이전에 우리는 이처럼 의학의 이치를 배우는 사람을 의사 중의 의사라고 생각했습니다. 생명의 원리를 연구하기 때문입니다. 과거 의학원에는 독일이든 영국이든 모두 의학의 이치를 배우는 학과가 있었습니다. 그런데 지금은 의학의 이치를 배우려는 사람은 아무도 없습니다. 요즘은 의학을 배우는 목적이 돈 버는 것을 배우는 데 있기 때문입니다. 여러분 모두가 그렇지는 않겠지만 저는 이런 모습을 보면 참으로 두렵습니다. 의학을 배우는 사람은 진정으로 보살심을 지녀야 합니다. 세상을 구제하고 사람을 구하는 정신입니다. 그리고 가난을 두려워하지 않고 어려움을 두려워하지 않아야 합니다. 이렇게 하는 것이 진정으로 생명과학을 연구하는 것이요, 진정으로 의학을 배우는 것입니다.

좋습니다. 이제 다시 부처님 말씀으로 돌아갑시다. 부처님은 태아가 세연(緣)과 만나 조화를 이룰 때 비로소 태를 이루며 그 후 칠 일에 한 번 변화한다고 했습니다. 이때 생겨나는 맥은 우리 현대인이 신경이라 부르기

---

5 청대 의학자로 이름은 염조(念祖), 자는 수원(修園)이다. 어려서부터 유학 경전을 공부하면서 한편으로 의학을 공부했는데, 일찍이 천주(泉州)의 명의 채명장(蔡茗莊)으로부터 의학을 배웠다. 1792년 과거에 합격해 예성(隸省)의 관리가 되었는데, 관리로 있을 때 자신의 처방약으로 수재(水災) 후 만연한 전염병으로부터 백성들을 구하기도 했다. 말년인 1819년에는 병으로 은퇴해 숭산(嵩山)의 정산초당(井山草堂)에서 후학을 길렀는데, 이곳에서 많은 제자들이 배출되었다.

좋아하지만 신경은 아닙니다. 불가나 도가에서는 기맥이 신경이 아니라 기(氣)가 흘러가는 길로서, 한 줄기 기의 회로라고 말합니다. 후에 중국어로 번역하면서 육(肉) 자 변의 '선(腺)'으로 번역해 사용했지만 여전히 억지스러운 데가 있습니다.

신경은 신경(神經) 계통이요, 맥은 선로(腺路) 계통입니다. 그뿐 아니라 이 선로의 맥은 마치 중의에서 말하는 풍(風)이 바람이 아닌 것과 같습니다. 이것을 도가에서는 기(氣, 炁)라 합니다. 하지만 이것을 공기의 기라 착각해서는 안 됩니다! 이것은 에너지로서 생명의 에너지입니다. 『황제내경』에서는 이것을 풍(風)이라 합니다.

『황제내경』 후반부에는 풍을 언급하면서 "풍선행이삭변(風善行而數變)"이라고 했습니다. 풍은 움직이기를 잘 하며 자주 변화한다는 것입니다. 풍은 아주 빠르게 움직이지만 부는 바람 같은 것이 아닙니다! 이것은 일종의 에너지를 비유한 것입니다. 또 『황제내경』에서는 '사풍(邪風)'이라고도 하는데, 풍이라 하면 모두 불 수 없는 것일까요? 반드시 그렇지는 않습니다. 우리 몸의 안팎에 모두 풍이 있습니다. 소위 사풍이란 우리 몸이 필요로 하지 않는데도 침입해 들어오는 바람을 말합니다. 사실 바람에는 정사(正邪)가 없습니다! 마치 어제 저녁 『장자』에서 말했던 손가락이 하나 많거나 하나 적은 것과 같아 정사(正邪)를 분간하기 어렵습니다. 우리 생명에서 존재할 필요가 없는 것은 모두 사(邪)라 할 수 있습니다. 이 개념을 먼저 뚜렷이 알아야 합니다.

중맥, 중추 신경의 맥

태아가 생장하는 첫 칠 일에는 맥이 생겨나지만 결코 맥의 생성을 위주로 하지는 않습니다. 제 말의 논리는 아주 뚜렷합니다. 제가 지금 말씀드리는 맥은 첫 칠 일간 생겨나는 중추 신경의 맥입니다. 그렇다면 부처님이 말씀하시는 맥이란 어떤 것일까요? 중추 신경 역시 해부할 수 있습니다. 우리의 척추는 하나하나의 골절이 이어져 있는데 그 사이로 속이 빈 공간이 있습니다. 척추 속을 해부해 보면 세 층으로 나누어집니다. 딱딱한 뼈속에 연골이 있고 연골 속에 액체가 들어 있으며 액체 속에 다시 비어 있는 데가 있습니다. 이것이 바로 맥입니다. 그러므로 맥은 기(氣)와 물과 한데 결합되어 있습니다.

그렇다면 우리 인체에는 어떨까요? 모든 인체의 칠십 퍼센트는 수분이요 액체입니다. 『역경』의 팔괘로 말하자면 풍(風)과 수(水)가 결합된 것을 환(渙)괘라 합니다. 흩어진다는 뜻이지요. 그래서 첫날에 일어나는 것이 이와 같습니다. 이 중맥의 발생은 맥이 위주입니다. 우리는 마침 『장자』를 연구했는데, 저는 이미 『장자』의 내편 일곱 편을 모두 강의했습니다. 그리고 그 중 포정해우(庖丁解牛)를 말씀드리면서 "연독이위경(緣督以爲經)"에 대해 언급했는데, 중추 신경을 기초로 삼는 것이었습니다. 척추 뼈를 위주로 하는 것이 독맥인데, 일체의 생명은 모두 여기서부터 먼저 발전합니다.

예를 들어 우리의 신경은 척추를 중심으로 해서 좌우로 교차합니다. 과거에는 이렇게 교차하는 것으로 알고 있었지만 양자역학의 변화와 마찬가지로 하나의 변화 형태입니다. 그리고 또 하나의 변화 형태는 신경에 있습니다. 이 때문에 밀종에서는 '만다라'라고 하는 수많은 도안을 그리는

데, 범어(梵語) 만다라를 번역한 것이 바로 도량(道場)입니다. 토템의 표기라 하지만 어쨌든 이건 도안입니다. 어떤 것은 삼각형이요 어떤 것은 사각형입니다. 예를 들면 우리 생명의 관계는 도처가 삼각형입니다. 여러분의 몸에 한번 그려 보십시오. 삼각형이 아주 많습니다. 우리 두 눈에서 내려오는 것도 이처럼 삼각형이며 곳곳이 삼각형입니다. 모든 삼각을 하나로 합치면 네모난 모양이 되는데 모든 네모가 원으로 변하면 이렇게 하나의 신체가 형성됩니다. 여러분이 그리는 그림은 한 줄기 선을 이렇게 교차해도 역시 하나의 도안이 됩니다. 밀종의 수많은 그림들은 아주 아름답습니다. 선생님! 제가 티베트에서 산 만다라 하나 보내 드리겠습니다. 저는 좋다고 했습니다. 만다라는 과학적인 도안인데도 우리는 이것을 종교적인 것으로 숭배합니다.[6]

중맥이 생겨나는 것은 첫 칠 일간입니다. 이후 칠 일에 한 번씩 변화가 생기며 칠 일에 한 번 기(氣)가 전환됩니다. 말을 바꾸면 생명의 에너지가 변화합니다. 입태로부터 출생에 이르기까지 서른여덟 번의 칠 일 중, 칠 일마다의 변화는 하나의 기화(氣化)입니다. 에너지가 변화하며 명칭도 모두 다릅니다. 인도에서는 『황제내경』에서 말하는 것과 달리 모든 변화마다 몇 개의 맥이 생겨나는지를 아주 상세히 말합니다. 예를 들어 인체 맥의 회로가 발꿈치에서부터 정수리에 이르기까지 배꼽을 중심으로 흩어져 있다고 합니다. 소략하게 말하면 이렇습니다.

그러므로 밀종의 많은 불상 도안은 아주 과학적으로 그려진 것으로 미

---

6 이 부분은 뜻이 잘 통하지 않는 곳이 몇 군데 있는데, 아마도 강의를 기록하는 과정이나 검토 단계에서 누락된 것으로 보인다.

신이 아닙니다. 왜 과학적인 것이 종교적 미신으로 변했을까요? 공자는
『역경』에서 "성인은 신도로써 가르침을 편다〔聖人以神道設敎〕"라고 했습
니다. 사실 종교라는 것이 존재하는 것이 아니라 사람이 종교를 만듭니다.
그래서 선종에서는 이렇게 말합니다. "마는 마음으로부터 만들어지고 요
는 사람으로부터 일어난다〔魔由心造, 妖由人興〕"라고요. 무엇을 마(魔)라
할까요? 무엇이 귀(鬼)일까요? 모두 유심(唯心)입니다. 누가 만들까요?
사람이 만듭니다. 사당을 짓고 거기에 나무를 깎아 만든 것이 보살이요 토
지신입니다만 여러분이 믿지 않으면 문제가 생깁니다. 사실 어디로부터
온 것일까요? 심물일원입니다. 과학적인 것입니다. 그들이 그린 그림도
바로 이런 것입니다.

　배꼽에서 가슴에 이르기까지 그림 속 불상을 한번 보십시오. 중국에서
빚어 놓은 불상을 보면 배가 불룩한 불상이 앉아 있습니다. 그런데 이건
진짜 불상이 아닙니다. 티베트의 불상이 진짜입니다. 남녀를 불문하고 가
슴과 허리 그리고 엉덩이 둘레가 비슷해지는데, 공부가 완성되면 반드시
이렇게 됩니다. 이것은 기맥과 관련이 있습니다. 배꼽으로부터 여기 심장
에 이르기까지는 조금 전 중의의 연구에서 말씀드렸지만, 풍대(風大)의 기
(氣)는 여기에서는 하행기(下行氣)이지 상행기(上行氣)가 아닙니다. 노인
들에게 변비가 생겼을 때 약을 잘못 쓰면 설사를 심하게 하다가 하행기의
배설이 끝나면서 곧 사망할 수 있습니다. 죽기 전 항문이 열리면 하원(下
元)의 원기가 텅 비게 되어 하행기가 사라지니, 이 때문에 사망하게 되는
것입니다.

신체 속의 맥륜

방금 인도의 기맥 이론에 대해 살펴보았는데 이것은 의학의 근본이기도 합니다. 배꼽 아래의 이 부분을 중국어로 번역해 '변화륜(變化輪)' 또는 '제륜(臍輪)'이라 했습니다. 위로 향하는 예순네 개의 맥과 아래로 향하는 여덟 줄기의 심맥(心脈)이 마치 두 개의 우산처럼 뒤덮고 있습니다. 우리 인간은 모두 아래로부터 생겨납니다. 이것은 생명의 특징입니다. 불교를 연구해 보면 우리 이 욕계의 생명은 대부분 아래로부터 생겨남을 알 수 있습니다. 하지만 욕계 속에서도 보다 높은 층은 여자로부터 태어나지 않고 남자로부터 태어나며, 그것도 남자의 머리로부터 태어납니다. 그러므로 제가 만약 그곳에서 태어난다면 여자로 태어나길 원할 겁니다. 남자가 되면 아이를 낳아야 하기 때문이지요. 하지만 임신이 필요한 것은 아닙니다. 생각이 움직이기만 하면 곧 생겨납니다. 여기에 대해서는 더 이상 언급하지 않겠습니다. 관련된 것이 너무 많기 때문입니다.

의학으로 말하자면 길을 가는 중년인을 한번 보면 허리 아래에 모두 문제가 있는데, 거의 임박한 것입니다. 말을 바꾸면 사망이 시작되는 조짐이 나타나고 있습니다. 그러니 양생(養生)에 특별히 주의해야 합니다. 중의의 영양학(營養學)은 "사상과 오행이 모두 토에 의존한다〔四象五行皆藉土〕"라는 주장을 근거로 하는데, 비장과 위장이 바로 오행 중의 토입니다. 금나라, 원나라, 송나라에 이르면 소위 북방의 금원 의학 사대가(四大家)가 등장하는데, 이 중 어떤 사람은 비장과 위장에 주의할 것을 주장합니다. 사상과 오행은 『역경』으로부터 나온 것입니다. "모두 토에 의존한다"라는 말은 토와 관련이 있다는 것으로, 먼저 비장과 위장부터 잘 돌봐야 한다는 것입니다.

또 한 구절, "구궁과 팔괘가 임을 떠나지 않는다〔九宮八卦不離王〕"라는 것은 바로 이 신수(腎水)에 의지하는 것입니다. 이렇게 말하면 여러분은 여기 콩팥 부분을 생각하지만 그렇지 않습니다. 신수는 먼저 뇌를 보충합니다. 그러므로 신장을 보완하는 것은 뇌를 보완하는 것과 같습니다. 콩팥과도 관련되어 있지만 단지 콩팥만으로는 쓸모가 없습니다. 이건 제가 이해한 이치입니다. 맞는지 틀린지는 여러분이 연구해 보십시오. 제가 의학을 전공한 사람이 아니어서 틀려도 책임질 수는 없습니다. 지금 인도 불교의 기맥과 의학을 소개하고 있는데, 아랫부분의 변화륜에 대해 지금까지 언급했습니다.

배꼽에서 위로 올라와 명치의 오목한 부분 아래 바로 여기가 '심륜(心輪)'입니다. 심륜을 달리 '법륜(法輪)'이라고도 합니다. 우리처럼 나이가 많아지면 등이 구부러지고 허리가 비뚤어지며 명치 이 부분이 부풀어 오릅니다. 이건 생리 부분을 말하는 것입니다. 영혼이 변화하는 정신 부분에 대해서는 아직 소개하지 않았습니다.

이 심륜의 맥은 크게는 단 여덟 줄기입니다. 그러므로 우리가 심장을 해부해 보면 실제로 대략 여덟 개의 이파리로 되어 있는데, 마치 연꽃과도 같습니다. 더 이상 자세히 말하지 않겠습니다. 엄격히 말해 죽은 사람을 해부해 분석한 이 심륜은 심장이 아닙니다. 우리가 '유심(唯心)'이라 말하는 심(心) 역시 심장을 가리키는 것이 아닙니다. 심장은 모든 혈(血)과 기(氣)를 공급하는 중심입니다.

심륜의 여덟 이파리를 법륜이라 합니다. 심륜이 열리면 대단히 유쾌하고 청량해 심경도 아주 넓어집니다. 어떤 사람은 생각이 지극히 사소한 것에 쏠리는데 이는 심맥이 막혀서입니다. 그러므로 선종에서 대철대오했다는 것은 영웅의 기백처럼 대단한 것으로, 심륜이 확대되면서 열린 것입니다. 이 층의 보개(寶蓋)[7]를 법륜이라 하는데, 이는 불교적 명칭으로 정서나 생각 그리고 건강 방면에서 아주 중요합니다. 이것이 법륜의 층입니다.

후륜, 생사의 관

다시 위로 올라가면 무엇일까요? 심륜 위를 '후륜(喉輪)'이라 합니다. 후

---

7 『유마경(維摩經)』「불국품(佛國品)」에 나오는 보옥(寶玉)으로 꾸며 놓은 화려한 일산(日傘)으로 일반적으로 천개(天蓋)라 부르기도 한다. 이파리 모양의 여덟 개 조직이 심장의 상층부를 덮고 있어서 보개라 표현했다. 이 부분을 특히 법륜(法輪)이라 부르는데 심장의 제일 상층부이다. 그 아래로는 주륜(咒輪)이라 불리는 중정(中庭)이 있고, 주륜 아래는 연대(蓮臺)라 불리는 윤대(輪臺)가 있다.

륜은 기관지와 식도를 포괄한 것으로 아주 중요합니다. 여기에 대략 열여섯 줄기의 맥이 마치 거꾸로 된 우산처럼 위로 얼굴을 향해 달립니다. 여기 결후(結喉) 부분이 생사관입니다. 젊은 의학도 여러분들이 보셨는지 모르겠습니다. 저는 의사가 아닙니다만 친구들이 많아서 어떤 친구는 죽음에 임박해 버티기 힘들 때 저를 보자고 합니다. 일반적으로 도를 닦는 사람은 환자를 가까이 하려 하지 않습니다. 병의 기운이 닥치면 아주 견디기 어렵기 때문입니다. 하지만 저같이 이런 사람을 예전에 잘 알고 지내던 각별한 친구들이 죽기 직전에 늘 보고 싶어 했습니다. 예를 들면 엊그제만 해도 북경에 사는 의사가 죽어 간다고 부인 되는 분이 전화를 했습니다.

부인 말에 따르면 그는 병원에 누워 있는데 거의 가망이 없으며, 아무 생각도 못하면서도 그저 상해 남 선생님만 모셔 오라고 했다는 것입니다. 제가 그 부인께, 얼른 나가서 안궁우황환(安宮牛黃丸)을 사다 먹여 보라고 했습니다. 차마 이미 늦었다는 말을 할 수가 없었지요. 이게 엊그제 일이었습니다. 제가 말하고자 하는 것은 심륜이 열리지 않으면 심경이 울적하거나 마음을 졸이는 일이 많다는 것입니다. 심륜이 닫혀 버리면 아주 골치 아픕니다.

여기 후륜(喉輪)에 이르면 더욱 엄중합니다. 후륜은 생사의 관(關)으로, 여기에는 위로 향하는 열여섯 개의 맥이 있습니다. 여기 목 부분을 도가는 해부—해부라기보다는 추측이지만—에 근거해 십이중루(十二重樓)라 부릅니다. 그래서 어느 때에 이르러 정좌가 잘 되면 달콤한 진액이 흘러내리는데, 이것을 일러 옥액경장(玉液瓊漿)이라 하며 이로부터 반로환동(返老還童)이 가능합니다. 이제는 서양의 의사도 자신이 고요할 때 흘러내리는 침에 약간 달콤한 맛이 있다는 것을 알고 있는데, 도가에서는 이것을 감로

(甘露)라 부릅니다. 감로가 늘 흘러내리는 사람은 건강할 뿐 아니라 소화불량의 병폐가 사라집니다. 도가의 십이중루를 밀종에서는 후륜이라 합니다. 만약 후륜이 열린 사람이라면 모든 번뇌가 사라져 마음이 매우 맑고 상쾌합니다. 그러므로 정좌를 하고 정(定)을 닦는 사람이라면 여기 기맥을 반드시 열어야 하며 남자들에게 더욱 중요합니다. 의사들이 어떤 약을 쓰면 되는지에 대해서는 다시 연구해 봅시다.

신체 내부를 깨끗이 하다

이곳을 여는 것이 대단히 중요하기에 인도의 요가 수행자들은 목구멍을 씻고 위를 씻는데, 우리도 모두 시도해 보았습니다. 인도의 요가를 통해 건강과 장수를 구하려는 사람이라면 먼저 위를 씻는 방법을 알아야 합니다. 이만치 긴 베 조각을, 깨끗한 것이어야 하고 소독을 해도 좋습니다만, 삼키는 겁니다. 아주 무식한 방법으로 집어삼킨 후 끌어내는 것입니다. 이렇게 하면 심한 악취가 납니다. 우리의 위장과 목구멍 아래 식도는 하수구보다 더 심한 악취가 납니다. 요가를 배우는 사람이라면 하루나 이틀에 한 번 위를 씻어 장이나 위에 더러운 것이 없게 해야 합니다. 이것이 인도에서는 일종의 의학입니다.

또 코를 씻는 방법도 있는데 저도 씻어 본 적이 있습니다. 이소미(李素美)가 많은 돈을 들여 인도에서 요가 고수를 모셔다가 강의를 했는데, 여러분도 배우긴 했지만 해 보지는 않았을 겁니다. 매일 아침 일찍 일어나 따뜻한 소금물 한 컵을 마신 뒤 다시 코 세척용 주전자를 들고 코를 씻는데, 왼쪽과 오른쪽의 영향이 다릅니다. 우리 때는 이렇게 하지 않고 깨끗한 물을 코로 들이켰습니다. 어휴! 이렇게 하다 보니 머리가 엄청 아팠습니다. 코로 잔뜩 들이킨 뒤 입으로 다시 뱉었습니다. 몇 차례 해 보니 습관이 되어 더 이상 아프지도 않고 자극도 없었습니다. 머릿속이 몹시 더러워 요가를 배우는 사람들은 모두가 이런 식으로 깨끗이 하려 합니다.

우리는 이렇게 해 오지 않았기에 아주 이상하게 들릴 겁니다. 사실 코를 씻는 것 외에도 머릿속도 씻고 일곱 구멍도 모두 씻어야 비로소 건강해집니다. 여기에다 대소변을 보는 곳까지 합쳐 매일 구규(九竅)를 깨끗이 씻어야 합니다. 요가를 수련하는 사람이라면 이렇게 해야 합니다. 요가를 고대 불교에서는 '상응(相應)'이라 번역했습니다. 지금 말로 하면 '감응(感應)'입니다. 우리는 공기나 자연과 서로 감응합니다. 마치 절에 가면 보살 앞에다 "구하면 반드시 응한다[有求必應]"라고 써 붙여 놓은 것과 같이 서로 교감하며 연결됩니다. 이것이 건강을 증진시키는 방법입니다. 여기에 다시 신체를 단련시키는 자세를 더하고 호흡법을 결합합니다.

위로 향하는 후륜의 이 열여섯 맥이 머리에 이르면 아주 까다롭고 복잡합니다. 방금 소개했듯이 이 후륜을 '수용륜(受用輪)'이라고도 하는데 바로 생명의 향수(享受)를 말합니다. 우리는 많은 곳에서 생각이 서로 통하지 않으며 혹은 자폐증이나 우울증에 시달리는 사람도 있습니다. 하지만 실제로 가장 중요한 것은, 여러분 의사들이 연구해야 할 것이지만 먹은 음식이 내려가는 식도관이 청결하지 못한 겁니다. 만약 식도관이 깨끗해지면 자폐증이나 우울증이 말끔히 사라집니다.

식도관이란 어떤 것일까요? 저는 늘 유리컵에 비유하곤 합니다. 유리컵에 우유를 담아 마시고 나면 허옇게 자국이 남는데 여러 번 씻지 않고서는 유리컵이 깨끗해지지 않습니다. 우리의 식도관이나 아래의 장도 마치 우유를 마시고 난 뒤의 유리컵처럼 더럽습니다. 그래서 요가를 수련하는 사람은 여기를 깨끗이 씻습니다.

이런 건강법은 의학과도 관련이 있습니다! 제가 이렇게 여러분께 보고합니다만 보고로 치면 여러분이 저보다 한 수 위입니다! 저는 한 수 아래인데도 여러분께 보고를 하는 겁니다. 이렇게 말할 수 있겠습니다. 한번은 어떤 학생이 저더러, "선생님 저한테 건의 좀 해 보세요!"라고 했는데, 참으로 교양이 없어 보일 겁니다. 제가 그 학생한테 말했지요. "자네한테 건의를 하라니, 내가 자네 부하인가? 나한테 명령하는 건가?" 그 학생은 그게 아니라고 했습니다. 지금의 젊은이들은 모두가 이런 식으로 말하니 참으로 교양이 없지요. 아버지에게 말하면서도, "가르쳐 줘요! 훈계해 줘요!" 이런 식으로 말해야 옳다는 것입니다. 지금처럼 이렇게 교양이 없으니 말을 아무렇게나 해대는 것입니다.

이제 다시 돌아가서 여러분께 건의합니다. 이건 아주 중요합니다. 식도나 위는 약을 사용해 깨끗이 할 수도 있고 기공으로 깨끗이 할 수도 있습니다. 모두 그 나름의 방법이 있습니다.

정륜이 통하면 지혜가 열린다

위로 '정륜(頂輪)'에 이르면 까다롭습니다. 정륜의 서른두 개 지맥(支脈)은 모두 대략을 말씀드리는 겁니다! 앞에서 이미 언급했습니다만 여러분은 주의해야 합니다! 신체 전체에는 칠만 개 이상의 지맥이 있습니다. 이

제까지 대략적인 것만 이야기한 것입니다. 정륜의 맥을 '대락륜(大樂輪)'이라 합니다. 그런데 왜 '륜(輪)' 자를 썼을까요? 이 글자는 산스크리트어를 번역한 것인데 티베트에서도 이렇게 번역합니다. 소위 '륜'이라는 것은 '이 한 부분' '이 부위'를 가리키는 것으로 이 한 바퀴의 범위와 같습니다. 만약 이 맥이 통하면 바깥 세계와 서로 소통할 수 있어 지혜가 열립니다. 그러므로 우울하거나 생각이 통하지 않는 사람은 뇌에 문제가 생긴 것이거나 혹은 뇌 신경이 통하지 않는 것으로, 이 서른두 맥이 통하고 나면 영원히 그리고 대단히 즐겁습니다.

　이 네 부위에 대한 보고를 마쳤습니다. 제륜, 심륜, 후륜, 정륜 이 네 륜은 뚜렷이 드러나는 내분비선입니다. 소위 삼맥칠륜 중에는 이 외에도 미간륜(眉間輪), 범혈륜(梵穴輪), 해저륜(海底輪)이 있습니다. 이 세 부위는 내분비선이 뚜렷하지 못해 밀종에서는 삼맥사륜 설이 있습니다. '미간륜(眉間輪)'은 양미간 사이에 있는데 개인의 생각과 정신을 살필 수 있습니다. 한번 비유를 들어 설명해 보겠습니다. 가령 제 미간의 여기가 약간 밝게 보인다면 그 때문에 여러분보다 조금 더 통쾌합니다. 여러분 자세히 자신을 한번 살펴보십시오. 미간륜인 여기에, 연극에서 장원급제를 한 사람이나 재상 또는 백면서생의 경우 여기에 붉은 점을 붙이는데, 바로 미간륜인 이곳입니다.

천인과 소통하는 범혈륜

　머리 꼭대기에서 손가락 네 개 굵기 정도 떨어진 곳은 아주 중요한데,

이곳을 '범혈륜(梵穴輪)'이라 부릅니다. 이것이 열리면 천인(天人)과 서로 소통할 수 있습니다. 광학(光學) 연구에 따르면 우리의 신체 역시 빛을 내뿜습니다. 물리적 측면에서 말하면 만물은 모두 방사(放射)를 합니다. 우리의 생명 역시 방사를 하면서 다른 사람에게 영향을 미치며, 다른 사람 역시 우리에게 영향을 미칩니다. 우리가 방사하는 빛은 이제 기계로 측정할 수 있습니다. 제가 여송도(呂松濤) 선생에게 만약 이 기계를 찾거든 바로 사 오라고 했습니다. 그러면 우리가 뿜는 빛을 측정해 볼 수 있을 것입니다.

우리의 빛은 마치 불화 속의 불상과도 같습니다. 우리가 여기 서 있다면 양팔을 옆으로 죽 벌려 이것을 지름으로 원을 그린 것만큼 큽니다. 만약 여러분의 신체에 문제가 있거나 생각이 바르지 못하다면 나타나는 빛은 달라집니다. 이것은 현대 의학과 과학의 발명입니다. 여기 『황제내경』에서도 언급되고 있긴 하지만 이처럼 뚜렷하지는 못합니다. 인도의 의학은 생명의 내원에 대해 말하면서 기맥을 말하는데, 입태로부터 여기에 이르기까지 기맥을 말하는 것이 아주 뚜렷합니다. 그러므로 범혈륜의 빛은 어떤 생각을 하느냐 하는 것과 관련이 있습니다. 어떤 사람이 늘 머리를 떨어뜨리고 생각을 한다면 흔히 말하듯이 "머리를 늘어뜨리고 의기소침"한 것으로 이미 거의 끝난 것입니다.

중국에서는 젊은이들의 뛰어난 기백을, 그들의 신기(神氣)를 한 마디로 형용하곤 했습니다. 예를 들면 선종에는 "머리 들어 하늘 바깥을 바라보니 누가 나와 같을 수 있겠는가[擧頭天外看, 誰與我一般]"라는 구절이 있습니다. 바로 그의 맥이 열린 것입니다. 당연한 이야기지만 지금 여러분은 참으로 불쌍합니다. 책이라고 읽고는 있지만 기운이 헌앙(軒昻)하지 못합니다. 기운이 두꺼운 근시 안경에 갇혀 버렸습니다.

미안하지만 이것 역시 저의 경험입니다. 젊은이들은 정말 불쌍합니다. 저만큼 책을 많이 읽지 않았잖습니까? 저는 비록 복이 없어서 젊었을 때 조그만 촛불 아래에서 그렇게 많은 책을 읽었건만 여러분처럼 근시가 되지 않았습니다. 그뿐 아니라 저는 여기 앉아 고개를 돌릴 필요도 없습니다. 양쪽에서 오는 사람을 모두 볼 수 있으니까요. 안경을 끼고 있는 여러분은 그저 앞만 보일 겁니다. 바로 생명과학과 관련되는 부분입니다. 그러므로 이런 것들은 모두 스스로 단련시켜 내어야 합니다. 어떤 사람은 약물을 사용할 겁니다. 고명한 의사라면 약물로 되돌릴 수 있습니다. 아니 되돌려 놓지 않으면 안 됩니다. 이상 범혈륜에 대해 말씀드렸습니다.

'해저륜(海底輪)'은 항문과 생식 기관 중간의 삼각 지대에 있습니다. 집 안에 아기가 있다면 아기 다리를 벌리고 여기 삼각 지대를 한번 살펴보십시오. 여기를 회음이라 합니다. 밀종이나 도가를 배우는 이들은 기맥을 말하면서 여기를 해저라 부릅니다. 이것은 하나의 맥륜으로, 이 맥과 후천의 생명의 내원은 밀접한 관련이 있습니다. 이상이 바로 삼맥칠륜으로, 이 신체의 기맥입니다.

『황제내경』에서 말하는 풍

방금 말씀드린 인도 의학은 바로 불교에서 말하는 의학이기도 합니다. 이상에서 말씀드린 것이 맥륜의 외형인데 그렇다면 기(氣)는 어떨까요? 조금 전에 제가 언급했지만 기(氣)라는 것은 바로 풍(風)으로, 이것을 풍대

(風大)라 합니다.『황제내경』에서 말하는 풍(風)은 일반적으로 말하는 풍(風) 즉 외부의 바람을 말하는 것이 아닙니다. 이건 기호입니다. 그러므로 불교에서는 "사대가 모두 공(四大皆空)"이라고 합니다. 지수화풍(地水火風)을 사대(四大)라 하는데, 여기서 '대(大)'란 큰 부류 또는 큰 무더기를 가리키는 것으로 이 때문에 사대라 부릅니다. 그러나 실제로는 오대(五大)로서 바로 지수화풍공(地水火風空)이 그것입니다.

이 '공(空)'은 이념상의 공이 아니라 유형의 공입니다. 예를 들어 우리는 여기에 아무 걸리적거리는 게 없는 것을 보고 공(空)이라 하는데, 이것은 물리적 공입니다. 공은 아무것도 없다는 것이 아닙니다. 지수화풍공의 오대는 생명이 구비한 것을 말합니다. 그러므로 '풍대' 역시 하나의 기호입니다. 도가나 중국 의학에서는 이것을 기(氣)라 하는데 풍대란 바로 기를 말합니다. 공기 역시 풍대이며, 우리 신체 내부에서 생명을 유지시키는 가장 중요한 것이 풍대입니다. 기가 없으면 곧 죽고 맙니다. 하지만 사대 즉 지수화풍은 평형을 유지해야 합니다.

그러므로『황제내경』에 나오는 '풍(風)' 자를 보면서 옷을 단단히 입고 모자를 쓴다면 "바람이 잘 파고들어 자주 변화하지(風善行而數變)" 않을 것이라 생각해서는 안 됩니다. 풍은 어지럽게 파고듭니다. '행(行)'이란 뚫고 들어가는 것으로 거기에 따로 공간이 필요하지 않습니다. 공기로 말해 봅시다. 우리가 건물을 짓고 나서 벽을 세워 바람이 들어오지 못하게 했다고 합시다. 그렇게 하면 시멘트 벽 속에 풍이 없을까요? 당연히 있습니다. 마찬가지로 투과할 겁니다. 그러므로 우리는 기(氣)와 풍(風)의 이런 성질을 알고 있어야 합니다.

풍은 신체 속에서 다시 '오행기(五行氣)'로 나누어집니다. 상행기(上行

氣)는 위로 향하는데 이는 자연스러운 현상으로 아래로 향할 수 없습니다. 상행기가 아래로 향하려 해도 그렇게 되지 않습니다. 이들은 서로 노선이 다르며 괘도가 다릅니다. 하행기(下行氣) 역시 위로 향할 수 없습니다. 왼쪽에는 좌행기(左行氣)가 있고 오른쪽에는 우행기(右行氣)가 있습니다. 이것이 인도의 분류법입니다. 우리는 좌우를 음양으로 나누는데 중간의 허리둘레 일대를 '대맥(帶脈)'이라 부릅니다. 그러므로 기경팔맥과 허리둘레 가운데의 중행기를 모두 통하게 해야 합니다. 그러지 못하면 생리와 생명이 평형을 이루지 못합니다. 오행기가 이렇다면 여전히 화대(火大)의 수행법과 배합되어야 합니다.[8] 이는 생명의 형태를 말하는 것으로, 인도 의학을 소개하는 것이자 불교 의학을 소개하는 것이기도 합니다. 이 과제는 아직 다 말씀드리지 못했습니다만 다음에 다시 보충하도록 합시다.

생명은 업이 만들어 낸 인과

다시 돌아가서 말하면 생명이란 참으로 쉬운 것이 아닙니다. 태아가 된 후 어떤 사람은 업보에 따라 출생하지 못하고 배 속에서 죽고 맙니다. 업보(業報)란 무엇일까요? 여러분 전생의 모든 생각과 행위가 누적된 성과를 '업(業)'이라 부릅니다. 이 때문에 부처님께서는 하나의 생명을 얻기가

---

8 화대는 사대(四大, 地大·水大·火大·風大)의 하나로 그 특이한 상(相)은 뜨겁거나 차가운 '온도'로 나타난다. 따라서 화대의 수행법은 인체를 내관해 뜨겁고 차가운 부분을 감지해 이를 신체 전반으로 확대시키는 방법이다. 구체적으로 하단전의 열기가 독맥으로 올라가 정수리 부분에서 차갑게 변해 임맥을 따라 내려오는 소주천 과정을 의식하는 것도 화대의 한 방법이다.

대단히 어렵다고 말씀하셨습니다. 어떤 사람은 유산을 하기도 하고 혹은 태아가 배 속에서 죽기도 합니다. 혹은 아홉 달 만에 나오다가 죽기도 하고 태어나자 마자 죽기도 하며 혹은 백일이 되기 전에 죽기도 합니다. 여러분은 의학을 이해하고 음양 팔괘를 알고 있겠지만 이 사람이 여섯 살에 행경(行庚)[9]을 할지 여덟 살에 행경을 할지, 몇 살 이후에야 비로소 사람이 되었다고 할지 파악하기가 참으로 어렵습니다. 업보란 것은 바로 이런 이치입니다.

생명은 업보에서 옵니다. 그래서 하나의 생명은 완전히 유전에 의한 것만은 아닙니다. 중국 속담에 "한 어미에게서 난 아홉 자식이라도 아홉 모두 다르다"라는 말이 있습니다. 우리 친구들 중에는 어머니가 십 수 명의 자식을 낳았지만 형제자매의 개성이 모두 다른 경우가 많습니다. 제가 대만에 있을 때 병동(屏東)[10]에 사는 어떤 할머니가 계셨는데 신체가 무척 건강해 열네 명의 자식을 낳았습니다. 대만사범대학에서 강의할 때는 두 사람이 결혼을 하는데 주례를 선 적이 있었습니다. 여학생은 국문학 전공이었고 남학생은 교육학 전공이었는데 모두 좋은 학생이었습니다. 제가 그 여학생에게 아이 낳는 것이 두렵지 않느냐고 물었더니, 그 여학생이 저더러 그렇게 말씀하시니 제가 여덟 명을 낳아 보여 드리겠다고 했습니다. 후에 과연 예닐곱 명을 낳았습니다. 그 여학생은 아이 낳는 것이 즐거운 일이라 여겼습니다. 사람은 생각하는 것이 이처럼 다릅니다.

---

9 후천의 지혜가 열리는 시기로 어린아이가 비로소 기억하기 시작하는 때이다. 예를 들어 일곱 살 때 주위 사물을 또렷이 인식할 수 있었다면 일곱 살 때 행경을 시작한 것이다.

10 대만의 가장 남쪽에 위치한 현(縣)이다.

태어나면서 형제자매의 생김새는 모두 다릅니다. 처지도 다르고 운명도 다르며 건강도 달라 어느 하나 같은 것이 없습니다. 누가 이렇게 한 걸까요? 하느님이라도 있는 걸까요? 염라대왕이 그렇게 한 걸까요? 진정한 불교는 여러분에게 미신에 빠지지 말라고 합니다. 일체유심조입니다. 모두 자신이 만든 것입니다. 생명의 주인은 바로 자기 자신입니다. 생명의 인과가 만들어 낸 인과응보이지요.

그러므로 진정한 불교는 인과응보를 말합니다. 이것은 미신이 아니라 아주 과학적인 이야기입니다. 여러분이 어제 다른 사람을 욕했다면 설사 당시 그 사람이 여러분 앞에서 웃고 있었더라도 속으로는 원한을 품고 앞으로 기회가 생기면 반드시 에누리 없이 갚아 주리라 생각했을 것입니다. 이것이 바로 인과입니다. 이것을 달리 업이라고도 합니다. 그런 까닭에 마(魔)는 마음에서 만들어지고 요괴는 사람으로부터 일어난다고 하는 것입니다. 인과응보는 바로 이렇게 해서 생겨납니다.

신체 안팎에 존재하는 신

진정한 생명은 『황제내경』에서 말한 것과 같습니다. 생명은 영혼이 있어 입태를 하는데 이것이 바로 우리의 생각으로 이를 '신(神)'이라 부릅니다. 이 신은 형체도 모습도 없는 것으로 오늘날 의학에서는 그저 뇌라고 하지만 사실은 뇌가 아닙니다. 불교의 관점으로 본다면 우리의 뇌는 신체의 일부일 뿐입니다. 불교에서 말하는 안이비설(眼耳鼻舌)은 모두 머리에 있습니다. 그렇다면 '신(身)'은 무엇일까요? 뇌로부터 모든 모공에 이르기까지가 다 신(身)에 속합니다. 신(神)은 신지 의식(神志意識)으로서 뇌 속에 있지 않습니다. 신지 의식은 뇌의 작용을 거쳐 신체의 내부와 외부 모든 곳에 존재합니다. 보다 큰 범위에 이르러서는 말하기가 아주 어렵습니다. 하지만 앞에서 제가 말했듯이 빛의 이치가 이런 원이라면 의식 역시 이런 원의 범위 속에 있습니다. 그러므로 사람에게는 어떤 때 영감이 떠오르는데, 이 영감은 아주 오묘하게도 갑자기 떠오르지만 보이지는 않습니다.

하나의 생명을 이루기 위해서는 신(神)과 기(氣)가 아주 중요합니다. 도교에서는 정·기·신을 말합니다만 '정(精)'이 무엇일까요? 조금 전에 이미 말했습니다만 잘못 알아서는 안 됩니다. 전신의 세포와 에너지가 모두 정(精)으로, 기(氣)와 신(神)과 하나가 되어야 합니다. 그런 뒤에 『황제내경』을 연구한다면 어떻게 기맥에 대처해야 하는지를 알게 되어 병의 상태를 정확히 파악해 약을 쓸 것입니다. 이런 의사라면 아주 고명한 수법을 갖추게 될 것입니다.

두 번째 강의

4월 22일

우리의 이번 강의 제목은 과학기술대학 주(朱) 총장님이 정해 준 것으로 바로 '생명과학과 『황제내경』'입니다. 이 주제는 정말 잘 파악해 두어야 합니다. 저는 의사도 아니요 과학자도 아니며 그렇다고 철학자도 아닙니다. 아무것도 아닌 그저 고서를 읽어 온 완고하고 보수적인 늙은이일 뿐입니다. 지금은 나이가 들었지만 여전히 고서를 갖고 놀기 좋아하는 늙은 개구쟁이입니다. 농담이 아닙니다. 그저 여러분이 분명히 생각할 수 있도록 하기 위한 것입니다. 하지만 저는 내친김에 여러분으로 하여금 중국의 고유문화와 그 속에 있는 생명과학과 관련된 문제를 생각해 보도록 안내하고자 합니다.

삼현의 학문과 『황제내경』

일반적으로 서양 의학이나 과학을 배운 자는 『황제내경』에 대해 근본적으로 탐탁지 않게 여깁니다. 의과 대학에서도 그저 소략하게 언급하고 지나갈 뿐입니다. 젊은 의학도 여러분들은 아마도 이 책을 제대로 공부하지 못했으리라 생각됩니다. 하지만 『황제내경』은 중국 문화에서 가장 중요한 서적입니다.

다음으로 의학을 배운 사람이 아마도 더 주의를 기울이지 않는 책이 바로 『난경(難經)』일 겁니다. 여러분이 『난경』을 훑어보며 미신적인 내용으로 가득하다고 느끼거나, 혹은 거기에 사이비 과학이라는 이름을 멋대로 덧붙일지도 모릅니다. 하지만 이는 잘못된 생각입니다.

앞에서 우리는 『황제내경』의 제1편 「상고천진론」을 살펴보았는데, 그것은 다름 아닌 생명의 내원에 관한 것으로 여기서부터 아주 많은 문제가 도출됩니다. 유명한 의사이자 교수이기도 한 분이 물었습니다. 「상고천진론」의 관점이 신선이 되고자 수행하는 도가의 책으로부터 나온 것이 아니냐고요. 저는 아니라고 했습니다. 문화 발전의 역사에 따르면 먼저 『황제내경』이 있었고 도가 서적은 그 이후에 나온 것이기 때문입니다. 이런 공부와 학문은 현재 일본에서 대단히 유행하고 있는데 그들은 이것을 내관(內觀)의 학문이라 부릅니다. 일본인 중에는 이것이 일본의 것이라 생각하는 일파도 있습니다. 중국에는 이런 것이 없었다는 것입니다. 저는 웃고 말았습니다. 내관은 중국 도가의 옛 명칭으로 달리 내시(內視)라고도 불렀습니다. 『황제내경』을 읽어 가다 보면 서서히 알 수 있을 겁니다.

중의(中醫) 속에는 생명과학과 관련된 비교적 읽기 어려운 책이 몇 권 있습니다. 『황제내경』은 그래도 좀 낫지만 제일 어려운 것이 『난경』인데, 여러분이 『역경』을 이해하지 못하고 있기 때문입니다. 당연한 이야기이지만 『역경』과 『난경』은 모두 비교적 어려운 책입니다. 더욱이 지금 여러분처럼 젊은 사람이라면 확실히 아주 읽기 어려운 책일 겁니다. 그러므로 저는 여러분에게 주의를 환기시키고 있는 것입니다. 만약 주의를 기울인다면, 거기다 인도 불교에서 말하는 생명과학을 다시 아우를 수 있다면 중국은 이십일 세기 자신의 생명과학을 창출해 낼 것입니다.

여러분은 '과학'이라는 말을 듣고 지레 겁을 먹어서는 안 됩니다. 특히 지금 과학을 배우는 사람은 흔히 옛것이라면 모두 사이비며 가짜라 생각합니다. 이것은 근본적으로 잘못되었습니다. 과학에는 진위(眞僞)가 있지 않습니다. 달리 말하면 과학은 모두 몽상에서 출발한 것으로 그 자체가 본래 가짜입니다. 그러니 고대의 것은 가짜요 현대의 것은 진실이라는 논의는 논리적으로 성립되지 않습니다. 이것이 첫 번째입니다.

두 번째는 앞에서 「상고천진론」의 여러 문제를 말씀드렸고 방금 역사와 문화의 오천 년 변화에 대해 말씀드렸는데, 다음으로 이야기할 것은 『황제내경』이 중국의 삼현(三玄)의 학문과 대부분 연관되어 있다는 점입니다. 삼현의 학문은 중국의 문화와 사상에서 대단히 중요합니다.

무엇을 삼현의 학문이라 할까요? 바로 『역경』, 『노자』, 『장자』를 말합니다. 이들 서적은 인도 문화인 불교 경전과도 밀접한 관련이 있습니다. 예를 들어 우리는 불경을 번역하면서 많은 명사(名詞)를 이들 서적에서 빌려왔는데, 이 점은 특별한 주의가 필요합니다. 『역경』, 『노자』, 『장자』 외에도 특별히 중요한 것으로 음양오행학이 있는데 이는 제자백가 중의 한 학파인 소위 음양가로부터 나온 것입니다. 만약 음양의 학문을 이해하지 못

한다면 『황제내경』이나 『역경』은 이해할 수 없으니 당연한 일이지만 읽어
낼 방법이 없습니다.

　제가 지금 말씀드리는 내용은 모두 토막토막이어서 한 편의 문장도 되
지 못하고 서로 이어지지도 못합니다. 시간이 충분하지 않아 그저 요점만
제시하고 있을 뿐입니다.

어린시절 읽은 『황제내경』

　이제 다시 돌아가 말씀드리면 제가 『황제내경』을 읽었을 때는 불과 열세
살이었습니다. 저는 열세 살에 이미 글을 가르쳤는데 저희 집에서 소학교
를 운영하고 있었기 때문입니다. 저희 집에서는 제가 외국 문화를 익히도
록 일본에 유학했던 한 분을 모시고 소학교를 운영했습니다. 이 선생님은
제집에 기거하시면서 저를 가르치기도 했지만 실제로 선생님과 저 모두
아이들을 가르쳤습니다. 이렇게 해서 저도 그때 같이 교편을 잡았습니다.

　지나가는 길에 옛 이야기를 하나 하겠습니다. 당시 일본으로 파견한 유
학생들은 모두가 수재로 이미 이름이 나 있던 사람들입니다. 그런 유학생
들 중에도 세 명의 수재가 있었는데 공부를 정말 잘했지만 돌아와서는 아
무 쓸모없는 사람이 되어 버렸습니다. 후에 알게 된 일이지만 일본인은 중
국의 우수한 인재를 보면 방법을 강구해 쓸모없는 사람으로 만들었습니
다. 그래서인지 그 선생님도 우리에게 수업을 하는 도중 간질병처럼 몸을
뒤틀고 침도 질질 흘리면서 인사불성이 되었습니다. 제가 깜짝 놀라서 어
머니를 불렀습니다. 마침 아버님도 거기에 계셨는데 저보고 말했습니다.

"애야, 놀라지 마라. 조금 있으면 괜찮아질 거야!" 좀 나아져서 얼굴을 씻어 주었더니 선생님은 다시 강의를 시작했습니다.

그분은 채식을 하면서 불교를 공부했습니다. 돌아온 후 비록 쓸모없는 사람이 되고 말았지만 그분의 학문은 대단했습니다. 그분이 저를 가르칠 때 한쪽에는 『금강경』이 다른 한쪽에는 『황제내경』이 놓여 있었습니다. 저는 황제가 뭔지 호기심이 생겼습니다. '황제'라는 말이 애매하긴 했지만 아마도 국가를 영도하는 황제가 아닌가 생각했습니다. 그래서 그 책을 만지작거리며 말했습니다. "선생님, 이 책 좀 봐도 될까요?" 그렇게 제1편을 읽어 보았는데, 앞에서 언급한 십사 세에 천계(天癸)가 이른다고 하는 등의 내용이었습니다. 몹시 재미있어서 그때부터 『황제내경』과 의학을 접하기 시작했지요.

몰래 무공을 연마하다

저에게는 또 다른 선생님이 계셨습니다. 저는 어렸을 적부터 무공을 좋아해 공부방 문을 걸어 잠그고 선생도 없이 혼자서 연마했습니다. 몰래 사람을 시켜 상해에서 무술 책을 구입했는데 지금은 죄다 없어지고 말았습니다. 당시 무술 책에는 삽화가 있었습니다. 대략 이십 세기 초반의 옛날 책들은 정말 좋았습니다. 저는 이 층 공부방에서 삽화를 보면서 무공을 연마하며 협객이 되고자 했습니다. 하루는 책을 읽고 그림을 따라 훌쩍 뛰어올라, 마치 추녀와 담벼락을 나는 듯 내달리는 협객처럼 두 다리로 들보를 감쌌습니다. 그런데 갑자기 쿵 하는 소리와 함께 바닥으로 떨어지고 말았습니다. 아버지께서 아래층에서 그 소리를 듣고는 물었습니다. "무슨 일이냐?" 그러고는 올라오셔서 제가 바닥에 나뒹굴고 있는 모습을 보았습니다.

"어! 너 무공을 연마하고 있었느냐?" 그러고는 뒹굴고 있는 제 모습이 애처로웠는지 탄식을 하셨습니다. 저도 뭐라 말이 나오질 않아 그저 눈물만 찔끔거리고 있었습니다. 아버님은 의자를 끌어와 앉으시더니 기다렸습니다. 이것이 의학입니다. 연로한 사람이나 어린아이가 넘어졌을 때 심하게 울지 않거든 달려가 일으키지 마십시오. 부축을 해서도 안 됩니다. 쓰러졌을 때 곧바로 부축하면 신체의 손상을 입습니다. 주의하십시오! 여러분도 앞으로 부모가 될 테니 반드시 이런 상식을 알아 두셔야 합니다. 노인분들은 더더욱 주의해야 합니다. 걸려 넘어졌을 때 여러분이 등에다 업기라도 하면 죽을 수도 있습니다. 이것은 모두 의학적 이치입니다.

그래서 아버님은 당시 저를 부축하지도 않고 있다가 제가 움직이자 비로소 한 손을 내밀어 저를 당겼습니다. 아버님이 말씀하셨습니다. "네가 무공을 연마하려면 그렇게 해서는 안 돼! 책으로는 배울 수 없어!" 그런 뒤 아버님은 입고 계시던 장포를 벗고 보여 주셨습니다. 아! 원래 제 아버님은 무공이 아주 높은 분이었습니다. 아버님은 멋지게 시범을 보여 주셨지요. 하지만 중국의 교육은 "자식을 바꿔 가르치는" 방식이었습니다. 자식을 직접 가르치지 않고 친구에게 부탁해 가르쳤습니다. 자식을 바꾸어 가르치지 않으면 문제가 생길 수 있습니다. 그러니 부모는 아이를 너무 심하게 감시해서는 안 됩니다. 자식은 서로 바꾸어 교육해야 합니다.

그 뒤 아버님은 임씨 아저씨를 제 선생님으로 모셨는데 지역에서 이름난 의사였습니다. 임씨 아저씨는 다른 사람을 가르치지 않았기 때문에 그분의 무공이 그렇게 뛰어난지 몰랐습니다. 그분은 장포를 걸치고 약방을 드나드는 백면서생이었습니다. 그는 다른 사람을 가르치려 하지 않았지만 아버님이 찾으시니 어쩔 수 없이 밤에만 와서 저를 가르쳤습니다. 아버님은 이웃에 있는 아이들 네댓 명을 모아 저와 함께 무공을 연마하도록 했습니다.

무공을 버리고 의학을 배우다

임씨 아저씨가 말씀하셨습니다. "너 이거 배워 뭐하려고? 무공이 지금보다 높아져 봤자 총알 한 발이면 끝날 텐데. 신체를 단련하는 것도 나쁘진 않지만 제일 좋은 것은 의학을 배우는 거야!" 그리고는 저에게 젊은이가 뜻을 세움에 "뛰어난 재상이 아니면 뛰어난 의사가 되어야 한다"라는 범중엄(範仲淹)의 말을 들려주었습니다. 바로 범중엄이 젊었을 때 세운 뜻이었습니다. 세상을 다스리는 재상이 되지 않으면 의사가 되겠다는 것입니다. 문무를 겸비하는 것이나 명의가 되는 것은 그 공덕에서 다를 바 없습니다. 그래서 아버님도 말씀하셨습니다. "범중엄이 말한 '뛰어난 재상이 아니면 뛰어난 의사가 되어야 한다'는 말을 잘 새겨 봐. 네가 의서(醫書)를 공부하는 건 어떠냐?"

제가 이런 이야기를 하는 것은 몇 달 내내 『황제내경』을 읽었기 때문입니다. 이건 당시 나이가 어렸던 것과도 관련이 있습니다. 저는 의사가 되는 것이 정말 불쌍해 보였습니다. 명의가 되는 것은 더욱 불쌍했지요. 하루 종일 자기 시간도 없이 온갖 병자들을 돌봐야 하니까요. 그래서 저는 한평생 의서를 읽었지만 감히 의사가 되지 않았고, 한평생 붓글씨를 써 왔지만 감히 서예가가 되지 않았습니다. 서예가가 글을 아무리 잘 쓴다 한들 죽을 때쯤이면 집안에 가득 쌓여 있는 것이 다른 사람에게 써 줄 종이일 겁니다. 제가 생각할 때 글씨는 자신의 취미일 뿐입니다. 다른 사람이 즐기게 하는 것은 글 쓰는 노예가 되는 겁니다. 그래서 저는 글씨를 쓰지 않았습니다.

의술을 배우는 것 역시 그랬습니다. 하지만 선생님은 저를 들들 볶으며 약 이름을 외게 했습니다. 예를 들면 감초는 맛이 달다는 식으로 한 구절 한 구절 써 내려가게 했습니다. 그는 이렇게 끈질기게 가르치고는 열 몇 장에 적어서는 제가 자는 모기장 천장에 한 장을 붙여 일어나기 전에 보게 하고, 화장실에도 한 장, 거주하는 곳에도 한 장씩 붙여 볼 때마다 외게 했습니다. 당시에는 그저 시키는 대로 할 뿐 다른 방법이 없었습니다.

돌이켜 생각해 보면 이런 식의 공부와 암기는 아무 소용이 없습니다. 의료 기술자가 될 수는 있겠지만 의사가 된다는 보장이 없습니다. 그저 기술만 공부했기 때문입니다. 의학의 이치에 관해서는 간질 증세를 보이던 선생님에게 배웠는데, 그때 저는 『황제내경』이 완전히 의학의 이치에 대해 말하고 있다는 것을 알았습니다. 이번에 여러분과 한번 같이 생각해 봅시다. 여러분은 모두 대단한 의사들로 중의나 서양 의사들이며, 우리가 말하고 있는 것은 의학의 이치에 관한 학문으로 생명과학입니다. 이전에 강의가 끝난 후 몇 분이 저에게 물었는데, 이제 다시 설명하고자 하니 한번 들어보고 연구해 보시길 바랍니다. 이 주제를 벗어나지는 않습니다.

갱년기 이후의 생명

「상고천진론」에서 생명의 내원을 말하다가 『황제내경』에 관한 이야기를 하게 되었습니다. 당시 저는 겨우 십 몇 세 정도로 이 계(癸) 자 문제에 대해 의심하고 있었습니다. 수십 세 이후에는, 지금은 아닙니다만 여자가 십사 세가 되면 첫 월경을 하게 되니 고대의 설법이 완전히 일치하지는 않는다 하더라도 적어도 구십팔 퍼센트는 정확하다고 느끼게 되었습니다. 그 뒤 사십구 세가 되면 월경이 끊어지니 현대 의학에서 말하는 갱년기입니다. 이는 연령의 변화에 따른 신체의 변화입니다.

여기에도 역시 문제는 있습니다. 한 학생이 이미 잘못 이해하고 있었습니다. 여자에게 사십구 세 이후 갱년기가 나타나지 않는다면 문제가 있다고 생각한 것입니다. 그건 그렇지 않습니다. 사람에게는 제2의 생명이 있고 제3의 생명이 있어 연속해 나아갑니다. 심지어 이런 것이 바로 동양의 생명과학이기도 합니다. 제가 늘 하는 말입니다만 서양에는 이런 것이 없습니다. 유럽이나 미국 전 세계 어디에도 없습니다. 서양에서는 그저 생명과 죽음이라는 두 과학을 말할 뿐입니다. 살아 있을 때는 한 명의 인간이지만 죽은 뒤 어느 날 하느님이 법정을 열어 영혼들을 면전에서 심판합니다. 좋은 영혼은 천당으로 올라가게 하고 나쁜 영혼은 지옥에 떨어지게 합니다. 서양의 종교는 바로 이 두 가지입니다. 중간이 없습니다. 전 세계가 모두 이런 식입니다.

중국의 문화와 철학에서도 생사를 알고 있었습니다. 하지만 도가에서는 이 중간에 영생이 있다고 생각했습니다. 서양의 하느님과 마찬가지로 영원히 살아가는 존재가 있다고 생각했습니다. 전 세계에서 중국의 문화에서만 생명이 장생불로할 수 있다고 여겼습니다. 한번 살펴보십시오. 단지 중국 문화에서만 지혜를 말하고 장생불로를 말합니다. 중국 문화는 참으로 위대해 하느님을 부정하고 염라대왕이 운명을 안배하는 것을 부정합니다. 운명은 완전히 자신이 만들어 가는 것입니다.

그러므로 앞에서 말한 바 있지만 여성은 사십구 세에 월경이 끊어져도 생명은 여전히 지속됩니다. 당연한 이야기지만 어떤 사람은, 제가 수십 년 접촉한 친구의 부인들이나 노인들은 육십 세가 되어도 월경이 끊어지지 않고 아이를 낳을 수 있었습니다. 제가 직접 만난 사람도 여럿 됩니다. 이런 사실들이 의학적으로 어떻게 설명되느냐고요? 이것은 제2의 생명으로 당연히 그 나름의 이치가 있습니다. 하지만 현재 우리는 아직 여기까지는 이야기하지 않았습니다.

게다가 남자는 팔로 계산하는데 『황제내경』 제1편은 이 문제를 논의하고 있습니다. 육십사 세가 될 수도 있고 오십육 세가 될 수도 있습니다만 이때가 바로 남자의 갱년기입니다. 갱년기에는 여기 어깨 부위가 굳어지는데 지금은 견주염(肩周炎)이니 무슨 병이니 하며 각종 명칭이 많습니다. 또 혈압이 높아지거나 혹은 낮아지는데 어떤 사람은 왜 이런 변화가 생기는지 묻기도 합니다.

음양의 이치와 역의 원리

방금 말씀드렸지만 이것은 과학의 문제입니다. 여러분은 반드시 음양을 알아야 하고 『역경』을 이해해야 합니다. 『역경』 이야기를 하려니 더욱 복잡한데 상수(象數)의 학문을 알아야 하기 때문입니다. 『역경』에는 이(理)·상(象)·수(數)의 세 부분이 있는데 실제로는 다섯 부분으로 구성되어 있습니다. 현재로서는 약간의 시간을 할애해 그 대략을 소개할 수밖에 없을 듯합니다.

'이(理)'는 완전히 철학적인 것으로, 이 부분은 아주 중요합니다. 『역경』은 우주와 천인(天人) 간의 원리를 말하는 것으로 철학이자 과학입니다. 두 번째로 '상(象)'은 일체의 현상을 말하는 것으로 우주 만물의 현상입니다. '수(數)'에는 최고의 수리학이 포함되어 있는데 이것은 일반적인 수학이 아닙니다. 의학을 배우는 데 비유하자면 현재 연구하고 있는 것은 의리학(醫理學)입니다. 소위 수리학이란 수학과 철학의 과학입니다. 『역경』의 이·상·수는 큰 줄거리로서 이 세 부분은 대단히 중요합니다.

그래서 권하는 바입니다만 저와 함께 불교나 『역경』을 연구하려는 젊은이라면 절대로 꾐에 넘어가서는 안 됩니다! 이 두 학문은 과학보다 더 어렵기 때문에 절대로 아무렇게나 불교나 『역경』을 배워서는 안 됩니다. 파고들다 보면 빠져나오지 못하고 한평생 거기에 매몰되고 맙니다. 그 맛이야 무궁하겠지만 일생이 잘못되고 말아 아무것도 남지 않습니다. 그래도 불법을 배우고 『역경』을 배우겠다면 가장 좋은 것은 반만 배우는 겁니다. 그렇게 해도 그 맛은 무궁합니다! 만약 다 통해야 한다면 누가 배우려 하겠습니까? 천하만사를 모두 안다면 무슨 재미가 있을까요? 그러니 이 두 학문은 여러분이 만나지 않는 것이 좋습니다.

여러분이 『역경』의 이·상·수 셋을 통달했다면 정말 대단한 것입니다. 『역경』에는 이미 과학과 철학, 종교와 수리가 모두 포함되어 있습니다. 여기에다 다시 '통(通)'과 '변(變)' 두 가지가 추가됩니다. 『역경』을 배우려면 학문이 통(通)해야 하며 일체가 모두 변화 속에 있다는 이치도 알아야 합니다. 모든 학문은 『역경』으로 귀결되니 이들을 모두 통(通)해야 하며 우주의 모든 생명 변화를 알아야 합니다. 이것이 바로 다섯 가지 원칙입니다.

『황제내경』은 여성이 십사 세에 이르면 월경이 시작된다는 것을 '천계(天癸)'라는 두 글자로 표현합니다. 그리고 남성은 십육 세가 되어야 비로소 한 사람의 남성으로 성장할 수 있습니다. 왜 '계(癸)' 자를 사용할까요? 이건 고대의 천문학입니다. 가장 복잡한 천문을 몇 개의 글자로 집약시켜 기호로 표현한 것입니다. 현재의 시각에서는 온통 미신으로 보일 수 있겠지만 그건 여러분이 제대로 알지 못하기 때문입니다. 실제로 이것은 과학적입니다. 최고의 과학적 결정체로서 대단히 복잡합니다. 과학의 발전이 극에 이르면 가장 단순해집니다. 그러므로 『역경』을 배우는 데는 세 가지 의미가 있습니다. '간역(簡易)'이라고 하는 것은 배워서 통하기가 결코 어렵지 않으며 대단히 간단하다는 것입니다. '교역(交易)'이라고 하는 것은 우주 만사가 모두 상호 연계되어 있으며 서로 교차되어 변화한다는 것입니다. 마지막 하나는 '불역(不易)'으로 본체는 움직이지 않는다는 것입니다. 움직이지 않으면서 만물의 변화에 응한다는 것입니다.

'불역(不易)'은 송대 역학자들이 덧붙인 것입니다. 원래는 변역(變易), 교역(交易), 간역(簡易)이었습니다. 이상으로 대략 소개를 했는데 여러분이 몇 가지 측면에서 문제가 생길 수 있기 때문입니다. 이칠과 이팔의 수리 변화에 대해서도 마찬가지입니다. 이 때문에 여러분에게 생명과학의 내원에 대한 연구를 소개한 것입니다. 문제는 우리의 『황제내경』 속에 아주 잘 설명되고 있습니다. 하지만 반드시 인도의 의리학(醫理學)과 결합해야 합니다. 이 때문에 앞에서 인도 의리학의 삼맥칠륜에 대해 언급한 것입니다. 이 부분은 대단히 복잡하며 중국의 맥(脈)의 수와 다르긴 하지만 서로 통하기도 합니다.

그러므로 학문을 연구하든 참선 수행을 통해 부처가 되려 하든, 만약 삼맥칠륜이나 인도의 요가 등에 대해 통달하지 않으면 쉽게 정신착란에 빠질 수도 있습니다. 이것은 종교도 아니요 미신도 아닌 대단히 위대한 과학입니다.

오늘 저는 앞에서 토론했던 문제를 종합해 설명하고자 하며 하나하나에 대해서는 답변하지 않으려 합니다. 예를 들면 제가 오늘 말씀드린 『역경』 팔괘의 도안이나, 또는 앞에서 언급한 「상고천진론」에서처럼 우리가 어머니 배 속으로부터 출생하는 것이 바로 괘상(卦象)의 도안으로 이것을 건괘(乾卦)라고 부릅니다. 이것을 중국어로 획괘(畫卦)라 합니다.

괘란 무엇인가

여러분 주의하십시오! 이 속에 대단히 깊은 학문이 있습니다. 여섯 획을 그은 것을 건괘라 하는데, 이것을 일러 팔괘를 그린다고 합니다. 수십 년간 연구를 해오는 과정에서 일찍이 어떤 사람이 갑골문에도 팔괘가 있는지 물었던 적이 있습니다. 갑골문은 비교적 초기의 것으로 위쪽에 점이 찍혀 있는데, 상고 시대에는 점을 찍어 괘를 표현했다고 저는 대답했습니다. 이 그림 즉 건괘는 하늘을 나타내며 생명의 본래 모습을 표현하기도 합니다. 방금 이(理)·상(象)·수(數)에 대해 말씀드렸습니다만, 소위 괘상(卦象)이라는 것은 실제로 도안으로 대표되는 것이며 그 밖의 어떤 문자도 없습니다. 더 복잡하게 말하지 않겠습니다. 이 건괘, 여기 있는 이 그림이 바로 괘상으로 여기에 여섯 효가 있습니다.

'효(爻)'란 무슨 뜻일까요? "효란 교류하는 것[爻者交也]"입니다. 음양이 교차하는 것이 바로 효입니다. 그래서 교통(交通)의 교(交) 자는 차(叉) 자 위에 육(六) 자가 보태진 것입니다. 바로 이렇게 해서 나온 것이 교(交)입니다. 육효(六爻)란 무엇일까요? 하나의 괘에서 윗부분 세 획을 외괘라 하며 이를 달리 상괘라고도 합니다. 그리고 아래 세 획을 하괘 또는 내괘라고도 합니다. 하나의 괘는 상하로 나뉘며 음양으로도 나뉩니다. 사람도 어머니 배 속에서 사람의 모습을 갖추지만 아직 성별이 정해지지 않았을 때는 건괘에 속합니다.

『역경』이란 아주 의미가 심장합니다. 이 괘, 이 현상은 여러분에게 천지만물이 반드시 변화한다는 것을 말해 줍니다. 여러분이 일을 처리하는 것과 같습니다. 가령 사업을 한다면 자본을 모아 회사를 설립할 텐데 이것이 건괘입니다. 회사를 설립한 이후는 이미 변화되어 있습니다. 사업을 시작하면서 일효가 움직이기 시작하는데, 양으로부터 음으로 변화해 획의 중간이 절단되면 괘상이 변화합니다. 외괘는 여전히 건(乾)으로서 생명의 본체입니다. 하지만 내괘 즉 하괘는 움직이기 시작해 양으로부터 음으로 변화하면 곧 손괘(☴)가 됩니다. 손(巽)은 바람으로 기운이 움직이는 것을 나타냅니다. 생명의 에너지가 움직이는 것, 이것을 '천풍구(天風姤)'괘(☴)라 부릅니다. 육십사괘는 이렇게 해서 나온 것입니다. 오늘은 여러분께 『역경』에 대해서는 설명드리지 않겠습니다. 대단히 까다롭고 복잡하기 때문입니다.

하지만 이 도안을 그리는 것으로 설명하고자 하는 것은 무엇일까요? 여전히 『황제내경』의 이칠은 십사, 이팔은 십육의 문제로 칠칠 사십구, 팔팔 육십사의 문제입니다. 그러므로 중국인들이 하는 많은 말들이 모두 『역경』에서 나온 것입니다. 예를 들어 이 친구 엉망진창(亂七八糟)이라고 할 때도 그렇습니다. 괘변이 가리키는 팔괘는, 어떤 일이 변화해 제7의 위치에 이른 것을 유혼괘(遊魂卦)라고 하며, 제8의 위치에 이른 것을 귀혼괘(歸魂卦)라 하는데, 이것이 바로 팔괘로써 말한 것입니다. 제7 유혼과 제8 귀혼으로 변하고 나면 다시 본래의 위치로 되돌아갑니다. 현재 사용하고 있는 것은 육효를 그리는 것으로 팔괘를 그리는 것이 아닙니다. 맨 앞의 두 괘는 천지를 대표하는 것으로 움직이지 않습니다. 단지 천지 내에서만 변화가 있을 뿐입니다. 이 때문에 단지 여섯 효만 변화하는 것입니다. 이것 역시 아주 이상한데요, 현재는 과학이 발전했습니다만 예를 들면 소리, 빛, 전기 등에 대해 어떤 규격도 존재하지 않으며 단지 화학의 도표만 있을 뿐입니다. 이것이 서양에서 온 새로운 과학입니다! 화학의 도표는 거의 육십사괘에 도달하고 있습니다만 기타는 모두 철저하지 못합니다. 지나가는 길에 한번 해 보는 말입니다.

생명의 괘변

방금 제1변에 대해 말씀드렸는데, 바로 여성의 생명에서 "이칠 십사 세에 천계가 이른다(二七天癸至)"라는 것입니다. 이로써 전체가 변화하기 시작했는데, 남성은 이팔 십육 세에 시작합니다. 여성은 칠칠 사십구 세가 되면 여섯 효가 모두 변화해 전부가 양효인 건괘 천(天)으로부터 이와 상대되는 음효로 변하고 마는데, 이를 곤괘(䷁)라고 합니다. 이렇게 말씀드리는 것이 무척 힘이 듭니다만 아마도 여러분이 듣기에도 힘이 들 것이라 생각됩니다. 제가 이미 여러 차례나 전환시켰기 때문입니다. 이건 여러분을 더욱 복잡하게 만드는 것 같아 별로 좋지 않다고 생각합니다.

건괘의 생명으로부터 방금 갱년기에까지 이르렀는데, 이 생명도 이렇게 끝나는 것일까요? 아니 끝나지 않습니다. 후천의 생명이 다시 올 수 있습니다. 그러므로 곤괘는 바로 후천입니다. 예를 들면 여성의 경우 갱년기 이후 비록 월경이 끊어졌다 해도 생명의 본능은 아직 존재합니다. 만약 방법을 취해 보양하고 조정한다면 곤괘의 음이 극에 달해 양이 생겨날 것이니 아래의 첫 효가 다시 변화합니다. 이렇게 변화하면 이 괘는 '지뢰복'괘(䷗)가 됩니다. 우리가 광복이니 회복이니 하는 말을 쓰는데, 이 말은 바로『역경』의 팔괘로부터 나온 것입니다. 생명은 다시 살아날 수 있습니다.

여러분은 반드시 도가 서적과 의학서를 보아야 합니다. 그 중 생명이 새롭게 생겨나는 대표적인 설법이 있는데, 시진(時辰)으로 표현한다면 바로 자시(子時)입니다. 동양에서는 하루를 십이시진으로 나누고, 일 년을 십이 개월로 나눕니다. 매일 매달에 모두 숫자가 있고 현상이 있습니다. 십이시진의 첫 번째가 자시(子時)입니다. 자, 축, 인, 묘, 진, 사, 오, 미 등은 여러분도 당연히 다 알고 계시겠지요? 만약 학교에서 가르치지 않는다면 집안에서 하는 말을 들어보셨을 것입니다.

양이 처음 움직이는 자시와 자월

자시(子時)는 첫 시진(時辰)으로 하루에는 십이시진이 있습니다. 바로 중국 고대의 우주 운행의 규칙입니다. 이 때문에 고문에서는 "이륙시중(二六時中)"이라는 성어가 늘 사용됩니다. 두 개의 육이 하루 주야(晝夜)를 대표한다는 말입니다. 한 시진은 현재의 두 시간과 같습니다. 지금은 시진으로 치면 오후 다섯 시부터 여섯 시까지인 유시(酉時)에 속합니다. 밤 열한 시 정각에서 시작해 다음 날 한 시까지를 자시라 부릅니다.

고대에는 하루가 자시에서부터 시작되었습니다. 우리는 늘 다른 사람에게 몇 살인지 묻습니다. 그리고 쥐띠인지 개띠인지 묻습니다. 이것은 현재 전 세계에 유행하고 있는데 외국인들도 이렇게 묻는 경우가 있습니다. 개띠니 말띠니 하는 것이 무형 중 전 세계로 확산되었습니다. 왜 십이시진이 동물로 대표될까요? 이것 역시 과학적입니다. 농담이 아닙니다. 자시가 양(陽)이기 때문에 따로는 쥐가 되는 것입니다.

송대(宋代)에 소강절(邵康節)이라 불리는 역학 대가가 있었습니다. 여러분들 중 점치는 데 관심이 많은 사람은 아마도 알 겁니다만 그는 무척 고명한 자로서 도가 인물이기도 하고 불교도 배웠습니다. 소강절은 자시에 대해 시를 하나 남겼습니다. 자시는 음양의 경계인데, 그는 자시를 "일양이 처음 움직이는 곳으로 만물이 생겨나지 않은 때〔一陽初動處, 萬物未生時〕"라고 했습니다. 그러므로 불법을 배우거나 도가 수련을 하는 사람이라면 수련이 일념불생(一念不生)의 양기가 이르는 단계가 되면, 이것이 바로 "일양이 처음 움직이는 곳으로 만물이 생겨나지 않은 때"입니다. 일 년 중 동지가 바로 자월(子月)로서 그는 시에서 이렇게 읊었습니다.

동지의 자시 절반에는	冬至子之半
천심이 움직이지 않으며	天心無改移
일양이 처음 움직이는 곳은	一陽初動處
만물이 생겨나지 않은 때로다	萬物未生時

"동지의 자시 절반에는[冬至子之半]", 일 년으로 말하자면 동지는 되돌아 장생이 시작되는 시점입니다. 동지가 되면 과거에는 새알 같은 것을 먹었는데 농촌에서는 이것을 아주 중시했습니다. 바로 양기가 시작되는 시점이기 때문입니다. "동지의 자시 절반에는 천심이 움직이지 않으며[冬至子之半, 天心無改移]", 이것은 본체론으로 움직이지 않습니다. "일양이 처음 움직이는 곳은 만물이 생겨나지 않은 때로다[一陽初動處, 萬物未生時]", 침구를 배우다 보면 거기에 자오류주(子午流注)의 방법이 있는데, 의학을 배운 분이라면 응당 알고 계실 겁니다. 자오류주란 천지간의 고정된 하나의 운동을 말합니다. 활자시(活子時)는 천지 운행의 법칙을 여러분 신체상에서 말한 것입니다. 그러므로 사람이 늙어 양기를 다 쓰고 나더라도 거듭 생명을 일으킬 수 있습니다. 이것이 생명을 보충하는 일종의 장생불로의 방법입니다.

생명의 활자시를 장악하다

앞에서 칠칠 사십구 세인 여성의 갱년기에 대해 언급했는데, 여기서 주의할 것은 갱 '명(命)'기가 아니라 갱 '년(年)'기라는 사실입니다. 여러분의 명

(命)은 아직 살아 있습니다. 연령이 변화의 시점에 직면해 있을 때 도가에서는 하나의 수양 방법을 고안해 내었는데, 이는 불교적 방법과 배합한 것입니다. 만약 진정으로 실행한다면 남성이든 여성이든 모두 반로환동(返老還童)할 수 있으며, 단지 백 세가 아니라 수천 세도 가능하다고 합니다. 들은 바에 의하면 이렇습니다. 이는 자기가 스스로 키우는 것이지 외부의 힘에 의존하는 것이 아닙니다. 약도 사용할 수 있지만 보통의 약은 아닙니다. 이런 이론은 『황제내경』속에서는 단지 현상만 제시하고 있습니다.

그러므로 『황제내경』을 읽으면서 융회관통하지 않는다면 더 이상 읽고 싶지 않을 것이며 무슨 이야기를 하는지도 알지 못할 것입니다. 만약 이해한 후라면 비로소 그 속에 생명과학이 포함되어 있음을 알 것입니다. 학문의 방대함은 언어로 비유하기 어렵습니다. 갱년기 이후에 만약 활자시를 이용해 심신을 수양한다면 반로환동할 수 있습니다.

불법을 배운 사람으로서 활자시를 말한다면, 수시로 무념에 이르며 수시로 한 생각 한 생각이 청정하고 원만하며 밝을 때 이것이 바로 "일양이 처음 움직이는 곳"입니다. 생명은 회복될 수 있고 반로환동하고 장생불로할 수 있습니다. 이것은 도가의 신선들이 제기한 웅장한, 대단히 웅장한 말로서 다른 나라의 문화에는 없습니다. 저의 이 이야기는 이 앞의 수업이 끝난 뒤 많은 사람들이 제기한 질문에 대한 대답인 셈인데, 내용을 집약해 간단히 답할 수밖에 없었습니다.

우리는 오후에 제1편 「상고천진론」에 대한 질문에 대답해 보았는데, 이는 생명과학과 연계된 것으로 다시 보충할 필요가 있습니다. 이 편에서는 먼저 생명의 수양 문제를 언급했는데, 그것은 이 편이 의약(醫藥) 분야에 속하기 때문입니다. 앞 강의에서는 여기에 대해 다 살펴보지 못하고 단지 생명의 성장이 남녀 각각 칠과 팔의 두 숫자로 계산된다는 것만 언급했을 뿐입니다.

  제1편에서는 인간에 대해 말했는데, 황제 자신으로 말하자면 그는 죽지 않았습니다. 역사에서는 그가 백 세까지 살다가 용을 타고 하늘로 올라갔다고 합니다. 이런 이야기는 신화같이 보이지만 우리가 고사(古史)를 읽는 일반적인 관점에서 본다면 황제는 불사의 신(神)을 대표합니다. 그리고 여기서 제시한 백 세는 인간이 백 세까지 살 수 있다는 표준 수명을 말한 것입니다.

간지와 오행의 의의

우리는 이 두 차례의 강의에서 단지 하나의 숫자 문제만 해결했습니다. 여성의 칠칠 사십구가 무엇이며 남성은 왜 칠을 사용하지 않고 팔을 사용하는지, 그리고 '천계(天癸)' 두 글자가 무엇인지에 대해 살펴보았습니다. 이것이 바로 중국 고대의 문화로서 과학적인 것입니다. 게다가 천간, 지지, 오행이 모두 중국 상고 시대의 과학인데도 현대인은 그것을 이해하지 못하여 경시합니다. 오늘날 마치 미신적인 것처럼 변하고 만 것은 정밀하고 아름다운 과학이 그저 점이나 풍수로 활용되고 있기 때문입니다. 그래서 사람들이 업신여기는 것입니다.

방금 지지의 열두 개 기호에 대해 언급했습니다. 자, 축, 인, 묘, 진, 사, 오, 미…, 아마 여러분 모두 알고 계실 겁니다. 천간은 열 개의 글자로, 오행으로 나누어지고 음양으로도 나누어집니다. 갑, 을, 병, 정, 무, 기, 경, 신, 임, 계가 그것인데 갑을(甲乙)은 목(木), 병정(丙丁)은 화(火), 무기(戊己)는 토(土), 경신(庚申)은 금(金), 임계(壬癸)는 수(水)가 됩니다.

왜 금, 목, 수, 화, 토라 불렀을까요? 이것 역시 기호입니다. 물리 세계의 견고한 것이나 광물질에 속하는 부류를 금(金)으로 대변했습니다. 그렇다면 목(木)은요? 생명은 단절될 수 없어서 영원히 그치지 않고 발전하니 이것이 목(木)에 속합니다. 여러분은 다음과 같은 백거이(白居易)의 고시(古詩)를 읽어 보셨을 겁니다.

우거진 들판의 풀들   離離原上草
한 해에 한 번 무성했다 시드나   一歲一枯榮

들불이 다 태우지 못해   野火燒不盡

봄바람에 다시 살아나도다   春風吹又生

  초목의 생명은 가을, 겨울 이후엔 사라지고 말지만 봄이 되면 다시 자라
납니다. 이것은 생명이 끊어지지 않고 계속되며 영원히 사망하지 않음을
나타냅니다. 단지 표현에서의 사망일 뿐이니 이 때문에 목(木)으로 대변
한 것입니다. 화(火)는 열에너지로서, 생명은 온기가 없고 열에너지가 없
으면 차가워져 사망하고 맙니다. 수(水)는 당연한 이야기지만 보다 더 중
요합니다. 예를 들면 이 지구의 칠십 퍼센트는 물입니다. 우리 육체의 생
명 역시 칠십 퍼센트가 물입니다. 이처럼 금, 목, 수, 화, 토는 그저 기호에
불과합니다.
  이것이 바로 우리의 상고 시대, 아마도 수천 혹은 일만 년 전의 상고가
아니라 이전 인류사에서 집약된 과학 기술의 정화가 전해 내려온 것일지
도 모릅니다. 십간의 '간(干)' 자는 번체자이자 간체자이기도 합니다. 간
(干) 자는 간우(幹擾)[11]의 뜻으로, 나무의 줄기를 이르는 수간(樹幹)의 간
(幹)이 아닙니다. 이 지구 바깥의 생명인 금, 목, 수, 화, 토에다 달과 태양
을 합쳐 고대 천문에서는 '칠정(七政)'이라 했는데 이것은 아주 중요합니
다. 태양과 달을 제외한 이 열 개가 바로 오행의 천간입니다. 오행은 지구
바깥의 오성(五星)인 금성, 목성, 수성, 화성, 토성으로 우리가 현재 알고
있는 것은 물리적인 현상입니다. 만물은 모두 방사하고 있으며 우리의 생
명 역시 방사하고 지구 역시 방사하고 있습니다. 이처럼 서로 방사하고 있

---

11 간우(幹擾)는 '간섭한다'는 뜻이다.

으므로 모두 서로 간섭하고 있습니다. 그러기에 천간(天干)이라 했습니다. 천문에서의 오성은 현재에도 모두 존재하는 것으로 피차가 모두 관련되어 있습니다.

지지(地支)는 그렇지 않습니다. 지지는 열두 개로서 자, 축, 인, 묘, 진, 사, 오, 미, 신, 유, 술, 해가 그것입니다. 이 지(支) 자에는 앞에 목(木) 방(旁)을 붙여서는 안 됩니다. 지(支) 자는 '지지한다' 또는 '지탱한다'는 뜻입니다. 천간은 이처럼 간섭하나 지지는 스스로 방사를 지탱합니다. 지지는 태양과 달의 방사와 관련이 있습니다. 그러므로 『황제내경』을 배우거나 중의(中醫)를 배우는 자라면 뚜렷이 알아야 합니다. 특히 중의의 침구 원리를 배우고자 한다면 더욱더 뚜렷이 해야 합니다. 방금 침구에서 자오류주의 방법에 대해 언급했는데, 활자시를 활용하려면 인체 내부의 활동이 우주나 태양의 법칙과 하나임을 알아야 합니다. 다시 말하면 이들은 동일한 원리에 따라 움직이는데 이 점을 반드시 알아야 합니다.

이 지지의 음양과 오행의 성질은 천간과 상호 결합하고 또 영향을 끼칩니다. 천간 즉 외부 행성의 방사가 지구에 영향을 미치는 것은 마치 외계의 일체가 우리 몸에 영향을 미치는 것이나 다를 바 없습니다. 우리 몸 자체의 방사도 다른 사람이나 바깥으로 서로 관련되고 영향을 미칩니다. 지지의 금, 목, 수, 화, 토의 속성 또한 알아 두어야 합니다. 여러분이 중의의 생명과학을 공부하고자 한다면 가장 좋은 방법은 기억해 두어 이해할 수 있게 하는 것입니다. 더욱이 젊은 사람이라면 암기해 둘 수 있으니 이유를 따질 필요가 없습니다. 먼저 암기해 두면 자연히 알게 됩니다.

해자(亥子)는 수(水), 인묘(寅卯)는 목(木), 사오(巳午)는 화(火), 신유(申酉)는 금(金)입니다. 그렇다면 중간에 있는 네 가지는요? 진술축미(辰戌丑

未) 네 가지는 토(土)에 속합니다. 이것이 십이지(十二支)의 오행입니다. 지나가는 길에 해 보는 소리입니다만 여러분이 배워 두면 필요할 데가 있을 것입니다. 제가 말씀드리는 것도 아마 쓰이는 데가 있을 것입니다. 이는 우리 선조들을 대신해 다소 겸허하게 말씀드리는 것입니다(모두 웃음). 저는 절대적으로 유용하다고 생각합니다.

열두 개의 띠

제가 방금 언급했습니다만 중국 고유의 이 십이지지는 동물로 대표되는 열두 개의 띠[十二生肖]로도 불리는데, 여기 계신 분들은 대부분 알고 있을 겁니다. 이 '초(肖)' 자는 소(小) 자 아래 월(月) 자가 붙어 있습니다. 지금의 간체자는 정말 어이없는 글자입니다. 성(姓)으로 사용되는 소(蕭) 자도 초(肖) 자로 바꾸어 놓았습니다. 고대에는 아들이 아버지한테 편지를 쓸 때 자칭 불초자식(不肖子息)이라 했습니다. 우리가 얼굴 사진을 한 장 찍는다면 우리는 이것을 초상이라 부릅니다. 이 초(肖) 자는 닮았느냐 닮지 않았느냐 하는 뜻입니다. 그러므로 아들이 아버지한테 편지를 쓰면서 불초자식이라 하는 것은 아버지 어머니에 비해 자신이 못 하다는 뜻입니다. 자식의 겸사인 셈이지요. 지금은 바람이 쐬아 하고 부는 '소(蕭)' 자도 초(肖) 자로 변해 버렸으니 참으로 기괴한 문화입니다!

간체자는 아주 이상합니다. 우리가 먹는 국수를 얼굴 '면(面)' 자로 사용하니 자기 얼굴을 먹는 것이 아니겠습니까? '국수 먹지 않겠다[不要面]'는 말이 '파렴치하다[不要臉]'는 말로 변해 버리고 맙니다(모두 웃음). 이 간체자는 참으로 사람을 웃지도 울지도 못하게 합니다.

열두 개 띠는 연대를 대표하기도 합니다. 해마다 하나의 동물로 대신합니다. 자세히 말씀드릴 시간이 없지만 이것은 고대의 천문과 관련되어 있습니다. 중동의 아랍이나 인도의 천문 역시 모두 상통합니다. 간단히 말씀드리면 이것 역시 음양으로부터 나누어져 나왔습니다. 자(子)는 쥐로서 양(陽)에 속합니다. 축(丑)은 소로서 음에 속합니다. 인(寅)은 호랑이, 묘(卯)는 토끼, 진(辰)은 용, 사(巳)는 뱀, 오(午)는 말, 미(未)는 양, 신(申)은 원숭이, 유(酉)는 닭, 술(戌)은 개, 해(亥)는 돼지입니다. 자(子)는 양, 축(丑)은 음, 이어서 양이 하나 음이 하나, 모두 육음 육양이 됩니다. 이건 우리가 살펴보는 생명과학과는 그다지 큰 관련은 없습니다만 지나가는 길에 언급하고 넘어갑니다.

학문은 '박고통금' 해야 한다

다시 돌아가서 오행의 이치를 알아봅시다. 금, 목, 수, 화, 토를 왜 오행(五行)이라 할까요? 여기서 '행(行)' 자에 주의해야 합니다. 행이란 동력입니다. 우주 만물은 영원히 돌면서 움직입니다. 잠시라도 멈추지 않으니 멈추면 곧 사망합니다. 그러므로 생명은 영원히 살아 있으니 이것이 바로 동력의 원천입니다. 이것이 오행입니다.

이것을 이해하고서 다시 「상고천진론」을 읽어 봅시다. 아직까지도 여전히 이 편에 머물고 있는 것은 이 속에 그만큼 많은 문제가 있기 때문입니다. 황제가 묻습니다. 사람이 태어나면 왜 늙고 약해집니까? 대답은 이렇습니다. 사람이 태어나면, 여성으로 말하는 것이 더 뚜렷합니다만, 십삼사 세가 되면 처음으로 월경이 생기며, 칠칠 사십구 세가 되면 월경이 그칩니다. 그런 뒤에 다시 생명이 이어질까요, 이어지지 않을까요? 이어집니다. 본래의 생명은 사십구 세나 오십 세에 끝나는 것이 아닙니다. 생명은 연속되지만 형태를 한 번 바꾼 것에 불과합니다.

황제가 다시 묻습니다. 과거에는 사람이 기본적으로 백 세를 살았습니다. 우리도 현재엔 대체로 문제가 없다고 하지만 사실 거의 모두 문제가 있습니다. 다시 묻습니다. 칠팔십 세가 된 사람도 아이를 낳을 수 있는지요? 이런 질문에 낳을 수 있다고 대답합니다. 하지만 이렇게 낳은 아이는 수명이 칠팔십 세를 넘을 수 없다고 합니다. 이 문제는 여기서 더 이상 언급하지 않겠습니다. 현재의 과학 연구에 따르면 반드시 그렇지만은 않기 때문입니다. 반드시 그렇지만은 않다고 해서 우리의 이 상고 문화가 과학이 아니라는 말은 아닙니다. 단지 그것이 통례(通例)가 아니며 우연일 뿐이라는 것입니다. 옛사람들이 말한 것 중 더욱 재미있고 더욱 미신적인 것으로는 팔구십 세 남자와 오륙십 세 여자 사이에서 아이가 태어나면 햇빛이 비치는 데 서 있어도 그림자가 생기지 않는다는 이야기가 있습니다. 이런 이야기는 아주 많습니다.

왜 사람이 수십 세가 되면 머리가 세고 이가 흔들릴까요? 특히 여러분의 눈은 쉽게 근시가 되고 맙니다. 이 편에서는 먼저 생명의 내원에 대해 말합니다. 여러분, 원문을 읽어 보셨나요? 이 편에는 '신기쇠갈(腎氣衰竭)' 즉 신기의 쇠퇴와 고갈이라는 부분이 있습니다. 우리 신체에서 허리 양쪽에 있는 것을 신장이라 하는데 바로 신장의 기운이 속하는 부분입니다. 신장의 기운이 쇠퇴하고 고갈되는 바람에 생명의 에너지가 강하지 못하고 머리가 희어지며 이가 흔들거리고 사람이 늙는 것입니다. 이것이 이 편에서 말하는 내용입니다. 아주 큰 문제를 드러내고 있습니다.

우리가 고서를 읽고서 다시 오늘날의 과학 발전을 바라볼 때에는, 지혜가 있는 사람이라면 마땅히 고서에 대해 더욱 심각하게 이해해야 하는데도 우리는 반대로 자신의 문화가 낡은 것이라 여깁니다. 우리는 모두 황제의 자손으로 조상에게 참으로 미안해해야 합니다. 우리는 너무도 어리석어 조상이 남긴 책조차 읽어 내질 못합니다. 반성하고 연구해야 할 대목입니다. 이런 말씀을 드려 미안하지만 사람을 나무라고자 하는 것이 아닙니다. 단지 네 글자 즉 "어중심장(語重心長)" 하자는 것입니다. 다시 말해 의미심장하니 말을 아주 엄중히 하자는 것으로, 우리 민족의 지혜와 학문적 수양을 드높이자는 것입니다.

주의하십시오! 고금에 모두 통해야 합니다. 그러므로 학문을 한다는 것은 단지 네 글자, 즉 여러분이 의학을 공부하든 기술을 공부하든 바로 "박고통금(博古通今)" 해야 합니다. 고대의 것을 알 뿐 아니라 현대의 것도 알고 거기다 미래의 것도 알아야 합니다. 이렇게 해야만 비로소 학문을 한다고 할 수 있습니다.

신장과 뇌의 연관

지금 우리가 신장의 문제를 제기했지만 만약 의학을 배우는 보통 사람이 이 편을 읽으면 곧바로 심(心), 간(肝), 비(脾), 폐(肺), 신(腎)을 떠올릴 것입니다. 하지만 이것은 완전히 잘못된 이해입니다. 예를 들어 어떤 약이 신장을 보(補)한다고 한다면 사실은 바로 뇌를 보하는 것이나 마찬가지입니다. 신장과 뇌는 연계되어 있습니다. 의학을 배울 때는 특별히 주의해야 합니다! 단지 신장을 보한다고만 생각하면 이는 정말 웃음거리가 됩니다. 지금은 아주 뚜렷해졌습니다만 어떤 사람의 신장이 망가지면 신장투석을 하거나 혹은 다른 신장으로 바꾸어 주면 됩니다. 홍콩에 잘 아는 여자 분이 있었는데, 이름은 갑자기 잘 기억나지 않습니다만 딸이 신장에 문제가 생겨 자기 것을 하나 떼어 주었다고 합니다. 저는 그분더러 정말 위대하다고 했지요. 제 자식이 신장에 문제가 생겨 저더러 떼어 주라고 했다면 저는 아마 그렇게 하지 못했을 겁니다.

그러므로 이 '신장' 부분을 읽으면서 허리의 문제라 생각한다면, 그리고 이런 식으로 중국 의학 서적 특히 『황제내경』을 읽어 나간다면 완전히 잘못 이해하게 됩니다. 그림자조차 잡을 수 없을 겁니다. 이 때문에 방금 제가 한의학에서 신장을 보한다는 것은 뇌를 보하는 것이기도 하다고 했습니다.

『황제내경』에서 말하는 신기(腎氣)는, 이 부분은 더욱 중요합니다만, 호르몬을 말하는 것으로 중국에서는 내분비로 번역합니다. 내분비에는 종류가 많습니다. 뇌하수체나 임파선의 내분비가 있고, 복부 상부의 청춘선이 있고 아래로 부신이 있으며, 거기서 남녀의 생식기로 이어집니다. 서양 의학에서도 내분비를 대단히 중시하는데 이는 같은 계통입니다. 내분비는 중의(中醫)에서 삼초(三焦)와 관련이 있습니다. 제 말이 그저 여러분께 도움이 되었으면 하고 바랄 뿐입니다. 저는 의사가 아닙니다. 여러분이 잘못 듣고 다른 사람에게 해를 끼친다 해도 저는 책임을 질 수 없습니다(모두 웃음).

삼초는 인간에게 아주 중요합니다. 이것은 기(氣)와 수(水)가 오르락내리락하는 통로입니다. 생명의 가장 중요한 근원은 첫째가 신장입니다. 허리 부분이 아니지만 역시 허리 부분이기도 한데, 이 부분은 생명이 유래하는 최초의 중요 위치를 포괄합니다. 후에 『난경』에서는 허리 부분을 좌우로 나누어 좌는 신장, 우는 명문(命門)이라 했습니다. 그래서 중의에서는 맥을 짚으면서 왼손에서 심장·간·신장을, 오른손에서 폐·비장·명문 등을 살핍니다. 이들이 어디서 나왔는지 연구해 볼 가치가 있습니다.

황제의 질문이 생명의 근원에 이르렀습니다. 사람은 장생불로할 수 있고 최소 백 세는 살 수 있는데 왜 노쇠해질까요, 왜 사망할까요? 첫 문제에 대해 이 편에서 대답하고 있습니다. 문장이 아주 간단해 우리는 더 이상 깊은 연구를 하지 않고 대충 지나가 버립니다. 제가 만난 젊은 대부(大夫)들은, 의사를 고대에는 대부라 했는데, 황제를 모시는 의사였습니다.

제가 젊었을 때는 의사라면 중의든 서의든 모두 대부라는 존칭을 붙였습니다. 현재는 사람들이 모두 의사라고 합니다. 기술사나 의사, 변호사, 회계사 등으로 부르는 것은 직업을 가리키는 말로 높임말이 아닙니다. 이밖에도 바깥으로 돌며 개점을 하지 않은 의사가 있었는데, 보따리를 짊어지고 도처에서 약을 파는 사람을 우리는 주방랑중(走方郎中)[12]이라 불렀습니다. 낭중(郎中) 역시 관직 이름입니다. 대부보다는 한 단계 낮은 직위지

---

12 주방(走方)은 세상을 떠돌아다닌다는 뜻이니 '주방랑중'은 '떠돌이 의사'를 뜻한다. 낭중(郎中)은 원래 고대 남방에서 의사를 일컫던 칭호로 송대(宋代)에 그렇게 부르기 시작했다. 송 이전에 의사를 부르던 칭호는 복잡했는데, 일반적으로 전문 분야를 앞에다 붙여 식의(食醫), 질의(疾醫), 금창의(金瘡醫) 등으로 불렀다. 송대부터 남방에서는 의사를 낭중이라 불렸고, 북방에서는 대부(大夫)라 불렀다.

만 역시 존칭입니다. 지나가는 길에 의학과 관련 있는 지식인 듯해 소개해
드립니다.

무엇이 신기인가

다시 말해 봅시다. 왜 신기(腎氣)가 그렇게 중요할까요? 다시 돌아가 말
하자면 오행과 관련이 있는데 바로 아까 제가 말씀드리기 시작했던 것입
니다. 그러니 이렇게 설명해 가다 보면 병 또한 자신이 치료할 수 있다는
것을 알 수 있습니다. 그다음에 다시 변화되어 도가의 신선학이 됩니다.
신선학은 우리의 생명 속에 약이 있다고 생각합니다. 외부에서 살 필요 없
이 모두 자신이 가지고 있습니다. 그저 쓸 줄 모르고 있을 뿐입니다. 바로
본래의 몸이 구비한 고급의 세 종류 약으로, 정(精)·기(氣)·신(神)이 그것
입니다. 만약 스스로를 알기만 한다면 수명이나 건강은 자신이 장악할 수
있습니다. 세상에 있는 유형의 약은 모두 쓸모없습니다. 장생불로를 원한
다면 그저 이 세 가지 고급의 약인 정·기·신이 있을 뿐입니다.

제가 인용한 이 내용은 소위 신기(腎氣) 즉 정기(精氣)를 말한 것입니다.
일반적으로 '정(精)'이라고 하면 남녀 간의 성행위 때 배설되는 것이라 여
기지만, 그건 단지 정의 일부일 뿐 전체가 아닙니다. 도가나 의학의 고서
에서 말하는 정(精)이란 바로 우리 전신의 세포인데 이것 역시 신기(腎氣)
입니다.

왜 이렇게 말할까요? 상고 시대에는 인간의 생명이 천지 우주와 일체라
여겼기 때문입니다. 이 때문에 도가에서는 인간의 신체가 작은 천지이며

소우주라 말했습니다. 우리가 어려서 의학서를 배울 때는, 예를 들면 기관지에서 식도, 소장, 대장에 이르는 과정을 중국의 황하와도 같다고 여겼습니다. 방광에서 요도를 거쳐 소변으로 나오는 이 계통은 중국의 장강과 같다고 여겼습니다. 그리고 우리의 머리는 중국의 서북 지형과 같다고 생각했고 두 다리는 광동, 복건 지역과도 같다고 여겼습니다. 바로 우리의 신체가 소우주이며, 전체 우주가 사람의 신체와 같다는 것을 설명해 주는 대목입니다.

이 문제는 대단히 방대합니다. 생명과학을 연구하는 데 있어 이런 이야기는 공연히 하는 쓸데없는 말이 아닙니다. 많은 학문이 모두 이것과 연계되어 있습니다. 학문을 하려는 젊은 사람이라면 이후 새로운 길로 발전해 나아가야 합니다. 동서를 융합하고 과학과 우주와 문화를 연계시켜야 합니다. 그러지 못하면 실없는 소리가 되고 말아 중국 문화가 아무것도 아닌 게 되어 버립니다.

신기(腎氣)에 대해서는 우리 머릿속에 아마도 하나의 답을 갖고 있을 것인데, 이제 다시 중국 문화의 오행적 천체론, 우주의 생성과 관련된 것으로 되돌아왔습니다. 이 우주는 궁극적으로 어떻게 시작되었을까요? 과거 희랍이나 인도 그리고 중국의 철학자나 과학자들은 모두 이 문제에 대해 쟁론을 벌였습니다. 이 우주가 시작될 초기에는 수(水)였다고 생각했습니다. 희랍의 한 파는 이것이 물질적인 수(水)라 여겼습니다. 당연한 일이지만 희랍의 어떤 철학자들은 그것이 잘못되었다고 생각했습니다. 인도의 어떤 파에서도 우주의 시작은 수(水)이며 수화(水火)는 같은 곳에서 나왔다고 생각했습니다. 이것이 상고 시대 생명과 천체에 관련된 연구요 이론입니다.

인도에서는 우리의 오행과 마찬가지로 지수화풍공이 동시에 생겼다고 여겼습니다. 이것은 물리적 세계를 말한 것으로 정신적 세계를 뜻한 것이 아닙니다. 생각이나 정신은 또 다른 이치이기 때문입니다. 중국에서는 물질세계를 형성하는 첫 번째 요소가 바로 수(水)라 생각했는데 이것을 음양오행이라 부릅니다. 이 역시 아주 방대한 문제입니다.

이들을 배우는 가장 좋은 방법은 외우는 것입니다. 하지만 우리가 어렸을 때는 이러한 책을 배우면서 외울 생각을 못했습니다. 너무도 이치에 닿지 않았기 때문입니다. 더욱이 저같이 문학을 좋아하는 경우 문학 같지 않은 이런 구절을 외우는 것은 아주 고통스러웠습니다. 예를 들어 중국에서 말하는 음양오행은, "천일생수 지육성지(天一生水, 地六成之)"처럼 모두가 숫자놀음이었습니다! "지이생화 천칠성지(地二生火, 天七成之), 천삼생목 지팔성지(天三生木, 地八成之), 지사생금 천구성지(地四生金, 天九成之)", 이런 식이었습니다.

그렇다면 어떻게 결합될까요? 동그라미 하나를 그리거나 혹은 사각의 칸을 그려 결합했는데, 고인들이 말하는 결합은 바로 이 공식으로 다른 또 하나의 공식, 바로 십이지지와 결합하는 것이었습니다. 일, 육은 해(亥), 자(子)로서 수(水)에 속하며 삼, 팔은 인(寅), 묘(卯)로서 목(木)에 속한다는 것입니다. 조금 전에 읽었던 것도 바로 이렇게 결합한 것입니다. 이, 칠은 사(巳), 오(午)로서 화(火)에 속합니다. 바로 이런 결합을 모두 기억해야만 합니다.

결합이 설명하는 것은 무엇일까요? 해(亥), 자(子)는 일, 육으로 수(水)입니다. 왜 "천일생수(天一生水)"라 할까요? 현재는 점이나 풍수에 사용할 뿐이며 여러분도 우연히 접해 보았을 겁니다. 이를 지키지 않는 일반인들은 깊이 들어가지도 않고 대충대충 다룰 뿐입니다. 하지만 그렇게 해서는 제대로 할 수가 없지요.

우주 생명의 기원, 수

이 우주는 허공 속에서 본래 공(空)이었습니다. 이 지구도 없었습니다. 지구의 생명이 형성된 것은 한 줄기 운동 에너지가 움직이기 시작하면서 부터인데, 이 운동 작용을 인도에서는 '풍(風)'이라 합니다. 중국에서는 이 것을 '기(氣)'라고 했지요. 사실 중국에서는 풍(風)과 기(氣)를 모두 사용하고 있습니다. 풍과 기라는 말을 듣고서 정말 풍과 기가 있다고 생각해서는 안 됩니다. 사실 이것은 에너지입니다. 허공 속의 이 생명 에너지가 홀연 움직여서 지구의 물리적인 것을 형성하는데 그 첫 번째가 수(水)입니다. 이 수(水)는 인간의 신체로 말하자면 신장에 속합니다. 『황제내경』에서 말하는 천계(天癸)는 계수(癸水)에 속하는 것으로 생명의 근원과 관련이 있습니다.

방금 제가 어지럽게 인용한 것을 다시 한데 합쳐 놓으면, 상고 시대의 음양가나 천문가들이 말한 오행이나 간지가 음양과 결합되어 신체 내부에서도 동일한 원리로 작용한다는 것을 뚜렷이 알게 될 겁니다. 이 「상고천진론」에서 말하는 천계(天癸)나 신기(腎氣)도 이 이치로부터 나온 것입니다.

그러므로 생명의 근원을 보완하려 한다면 수행이 필요합니다. 도가의 신선학은 반드시 의학의 이치를 알아야만 합니다만 이런 서적을 여러분은 본 적이 없을 겁니다. 한(漢)나라에서 제일 먼저 신선의 전기를 쓴 사람은 유향(劉向)인데 저명한 역사가이자 문학가입니다. 사실 사마천의『사기』도 신선이 있음을 인정하고 있습니다. 하지만 사마천은 신선을 언급하면서 단지 몇 구절만 말해 놓았을 뿐입니다. 본격적으로 다루기가 무척 어려웠기 때문입니다.『사기』에는 고대의 신선에 대해, "여러 신선의 무리들은 그 모습이 수척했다[列仙之儒, 其形淸癯]"라고 기록하고 있습니다. 신선들이 모두 파리했다는 것입니다. 사마천이 신선을 실제로 보았는지는 알 수 없습니다. 중국인이 그린 팔선(八仙)을 보면 한나라 종리(鍾離)만이 배가 나오고 뚱뚱합니다.

사마천은 '열선지주(列仙之儒)'를 썼고 후에 유향은『열선전(列仙傳)』을 썼는데, 이는 중국 도가 신선의 전부를 기록한 것입니다. 근거가 있는지 없는지는 알 수 없습니다. 만약 여러분이 이런 책을 읽다 보면 정신 이상이 생길지도 모릅니다. 하지만 저는 그렇게 많이 읽었어도 정신에 문제가 생기지 않았으며 아직까지 검사를 받아본 적도 없습니다. 저는 이들 고서를 믿습니다. 혹 진실이 아니라 해도 그 공과(功過)는 칠 대 삼 정도 즉 삼십 퍼센트는 다소 과장되었지만 생명 철학에 관해 말한 칠십 퍼센트는 진실입니다. 그러고 보니 천계(天癸)와 관련된 강의를 마친 후 문제를 제기한 사람이 있었습니다만 이제야 비로소 답을 하게 되었습니다.

이 천계(天癸)에 관해 저는 지금 대담한 가설을 제시합니다만 그것이 바로 내분비 문제에 속한다는 것입니다. 내분비는 삼초와 마찬가지로 아주 중요합니다. 그러므로 신선이 되고자 한다면, 여성이 힘써 수행해 반로환동이나 장생불로에 이르고자 한다면 반드시 사십구 세 갱년기 이전에 수행을 완성해야 합니다. 수행을 완성하고 나면 부모에게서 물려받은 모습보다 더 아름다워집니다. 그러므로 고인들은 신선 수련을 대번에 착수해 속히 닦으려 했으며 길어지는 것을 두려워했습니다.

남성은 어떨까요? 오륙십 세가 넘은 후 수련해 건강과 장수를 유지하려 한다면 아마도 너무 늦을 겁니다. 너무 늦다고 할 수 있지만 너무 늦지 않다고도 할 수 있습니다. 나이의 한계를 넘어서 수련하고자 한다면 너무 늦다고 두려워할 필요는 없습니다. 노력을 두 배로 한다면 마찬가지로 이룰 수 있습니다. 여러분의 결심에 달려 있습니다.

이것이 중국 문화에 있는 생명에 관한 일종의 과학 이론입니다. 결코 이들을 사이비 과학이라 매도해서는 안 됩니다. 적어도 여러분이 한 번은 들어 두는 것이 좋습니다.

황제가 광성자에게 도를 묻다

앞에서 신선의 생명학을 이야기했는데, 생명과학과 관련된 것이 생각나 잠시 이 부분을 추가해 말씀드리고자 합니다. 역시 황제 이야기입니다. 역사에서 황제는 죽지 않고 용을 타고 하늘로 올라갔다고 합니다.『장자』외편 속에 「재유(在宥)」편이 있는데, 유(宥)란 속박에서 벗어난 것을 말합니다. 예를 들어 자기가 잘못을 저지른 경우 친구에게 편지를 쓸 때 마지막에 "오형견유(吾兄見宥)"란 말을 덧붙이는데, 네가 용서해 주기를 바란다는 뜻입니다. 그래서 불교에서는 이 유(宥) 자를 해탈이라 부릅니다. 해탈하고 부처가 되는 것입니다. 현재 중국 문화에는 불교에서 온 글자들이 더러 있습니다. 자유롭게 된다는 것은 감옥으로부터 벗어나와 하늘에 오른다는 것입니다.

젊은 학생 여러분에게 미안한 말입니다만 여러분을 돕기 위해 구절을 끊어 두었습니다. 이전에 책을 읽을 때는 구두점이 없었습니다. 스스로 구절을 끊지 않으면 읽을 수가 없었기에 자기가 머리를 써야 했습니다. 현재는 여러분에게 구두점을 찍어 주고 발음까지 붙여 두었으니 여러분이 더는 머리 쓸 일이 없어졌습니다. 이 때문에 생각도 사라지긴 했지만요.

황제가 생명의 이치를 묻는 것에 대해 『장자』 「재유」 편에서는 이렇게 말합니다.

> 황제가 천자가 된 지 십구 년에 명령이 천하에 행해졌다. 광성자가 공동산 꼭대기에 있다는 말을 듣고 그를 알현하러 갔다.
>
> 黃帝立爲天子十九年, 令行天下. 聞廣成子在於空同之上, 故往見之.
>
> 외편 제11편 「재유」

"황제입위천자십구년(黃帝立爲天子十九年), 영행천하(令行天下)", 황제가 천자가 된 지 십구 년에 명령이 천하에 행해졌다는 말입니다. 이는 정치가 아주 성공적이어서 명령이 통해 온 천하가 통일되었다는 것을 말합니다.

"문광성자재어공동지상(聞廣成子在於空同之上), 고왕견지(故往見之)", 고인(古人)들의 원문에 사용된 '공동(空同)'이란 글자는 오늘날 감숙성의 공동산(崆峒山)을 말합니다. 거기에 광성자(廣成子)라 불리는 신선이 있다는 말을 듣고 황제가 그를 알현하러 갔다는 뜻입니다.

젊은이들은 광성자에 대해 들은 적이 있는지 모르겠지만 우리는 어렸을 때 그에 대해 아주 익숙했습니다. 소설 『봉신방(封神榜)』을 읽었기 때문입니다. 광성자의 손안에 번천인(翻天印)이 있었는데 그가 이 보패를 내보이기만 하면 천지가 온통 뒤집혔습니다. 대단한 신통력을 지니고 있었지요. 사실 황제의 스승은 매우 많아 그 중에 여자 분도 몇 있었습니다. 황제는 수련에 성공해 백 세에 승천했는데 이는 사부 광성자의 지도를 받은 것입니다. 광성자는 『열선전(列仙傳)』 속의 인물입니다. 달리 말해 여러분이 이름을 보고서, 마치 불경에서 이 보살 저 보살의 이름만 보아도 벌써 그 내용이 떠오르는 것과 같습니다.

무엇을 '광성자(廣成子)'라 할까요? 통하지 못하는 것이 없다는 뜻입니다. 그의 학문은 모든 것에 큰 성취를 이루었습니다. 이 때문에 광성자라 하는 것이지요. 수도를 하는 사람이라면 자기 성이 무엇이든, 이 씨든 왕 씨든 그런 건 필요 없이 그저 '광성(廣成)'이라는 이름으로 대신하면 됩니다. 다시 말하면 광성자란 중국 문화에서 가장 큰 성취를 이루어 통하지 못한 것이 없는 사람을 대표합니다. 황제는 광성자가 공동산에 있다는 말을 듣고는 "고왕견지(故往見之)", 그를 알현하러 갔습니다. 황제가 그를 만나보고 말했습니다.

제가 듣기로 선생님이 성스러운 도에 통달했다 하오니 감히 지극한 도의 정수를 묻고자 합니다. 저는 천하의 정수를 취해 오곡을 도움으로써 백성을 기르고자 합니다. 저는 또 음양을 관리해 여러 생명으로 하여금 따르도록 하려 하는데, 어찌하면 좋을까요? 광성자가 말하였다. 그대가 묻고자 하는 것은 사물의 질이요, 관리하고자 하는 것은 사물의 찌꺼기라오.[13] 그대가 천하를 다스리면서부터 구름이 모이기를 기다리지 않고 비가 내리고, 초목이 누렇게 되기를 기다리지 않고 떨어지며, 해와 달의 빛이 갈수록 황폐해지는 것이라오. 그대처럼 다른 사람의 마음을 사려고 안달인 사람에게 어찌 지극한 도를 말할 수 있겠소.

我聞吾子達於聖道, 敢問至道之精. 吾欲取天下之精, 以佐五穀, 以養民人. 吾
又欲官陰陽以遂群生, 爲之奈何? 廣成子曰, 而所欲問者, 物之質也. 而所欲
官者, 物之殘也. 自而治天下, 雲氣不待族而雨, 草木不待黃而落, 日月之光,
益以荒矣. 而佞人之心翦翦者, 又奚足以語至道.

외편 제11편 「재유」

이것은 황제가 광성자를 방문한 대목으로 여러분이 고문을 읽는 데 도
움이 되도록 구두점을 찍어 놓은 것입니다. 그가 말합니다. 제가 듣기에
정치 철학의 최고의 이치, 천하를 통치하는 최고의 이치가 있다는데 "감
문지도지정(敢問至道之精)", 감히 그 지극한 도의 정수를 묻습니다. 저희
가 어릴 때는 선생님이나 상관에게 질의를 할 때 "감히 묻습니다"라고 말
했습니다. 예를 들어 제가 여송도(呂松濤) 사장을 만나면 마치 감히 묻지
않는 듯해도 사실은 감히 묻고 있는 겁니다. 이는 겸사(謙辭)입니다.

그가 말합니다. 제 목적은 "취천하지정(取天下之精)", 천하의 정화를 취
하려는 것입니다. 이는 과학적인 것입니다. 다시 말해 과학 기술을 이용하
여 "이좌오곡(以佐五穀)", 오곡을 돕겠다는 것으로 농업 발전을 포괄합니
다. 그렇게 해서 "이양민인(以養民人)", 백성을 기르겠다는 것입니다. 백성
을 위함이지요. "오우욕관음양이수군생(吾又欲官陰陽以遂群生)", 저는 또
음양을 관리해 여러 생명으로 하여금 따르도록 하려 한다고 했는데 바로

---

13 동양에서는 서양의 '정신-물질'과 유사한 개념으로 '신(神)-형(形)'이란 용어를 사용했는데, 이
용어를 다시 구체화시키면 '신기(神氣)-형질(形質)'이 된다. 광성자가 나무란 이유는 황제가 묻
는 것이 겨우 형질의 단계에 머물러 있었기 때문이다. 광성자가 일러 주고 싶었던 것은 도(道)
로서 말하자면 신기(神氣) 영역에 속한다.

천문, 우주, 물리로써 지구의 생명을 돕는 것입니다. 이것이 바로 자신이 광성자를 만나러 온 두 가지 목적이라고 했습니다. "위지내하(爲之奈何)", 어떻게 하면 좋을지 가르침을 청한다는 말입니다.

황제와 광성자의 대화

광성자가 듣고는 "이소욕문자(而所欲問者), 물지질야(物之質也)"라고 했습니다. 황제 그대가 묻고자 하는 것은 물질 방면의 세속적 일이라는 것입니다. "이소욕관자(而所欲官者), 물지잔야(物之殘也)", 그대가 관리하고자 하는 것은 사물의 찌꺼기라는 말입니다. 즉 관리하고자 하는 이 모두는 정치적인 것으로 생명의 찌꺼기에 속하니 뭐 그리 대단할 것이 있겠느냐는 뜻입니다.

"자이치천하(自而治天下), 운기부대족이우(雲氣不待族而雨)", 광성자가 말하기를, 그대가 천하를 다스리면서부터 구름이 모이기를 기다리지 않고 비가 내리기를 바란다고 했습니다. 즉 그대가 이런 식으로 하는 것은 구름도 없이 비가 내리기를 희망하는 것과 같다오 하는 뜻입니다. "초목부대황이락(草木不待黃而落)", 초목이 누렇게 되기를 기다리지 않고 떨어진다는 말로 나뭇잎이 누렇게 되기도 전에 떨어진다는 것입니다. "일월지광(日月之光), 익이황의(益以荒矣)", 해와 달의 빛이 갈수록 황폐해진다는 뜻입니다. 그대가 이런 식으로 해 나간다면, 즉 국가와 천하를 정치적 방법으로 관리해 나간다면 자원이나 태양, 달까지도 모두 엉망이 될 것이라는 말입니다. "이영인지심전전자(而佞人之心翦翦者), 우해족이어지도(又奚

足以語至道)", 그대처럼 다른 사람의 마음을 사려고 안달인 사람에게 어찌 지극한 도를 말할 수 있겠느냐고 했습니다. '영인(佞人)'은 좋지 못한 사람으로 심리적으로 정상이 아닌 사람입니다. 이런 사람에게 어찌 세상을 살아가는 큰 이치를 말할 수 있겠느냐는 것입니다.

황제가 광성자를 만나고 나서 한 차례 욕을 얻어먹었습니다. 비록 "나가! 썩 꺼져 버려!" 하고 말하지는 않았지만 아주 험한 꾸지람을 들었던 것입니다.

황제가 물러나와 천하를 버리고 특별한 방을 만들어 백모를 깔고 석 달 동안 한가히 지낸 다음 다시 그를 찾았다. 광성자는 머리를 남쪽으로 두고 누워 있었다. 황제가 무릎으로 다가가 두 번 절하고 머리를 조아린 채 물었다. 선생께서는 지극한 도에 통달했다고 하니 몸을 다스리는 법을 말씀해 주십시오. 어떻게 하면 영원히 살 수 있습니까? 광성자가 일어나 말했다. 훌륭한 질문이오. 지극한 도에 대해 말해보리다. 지극한 도의 정수는 깊고 까마득하며 그 극치는 어둡고 고요하다오. 보는 것도 듣는 것도 없이 정신을 고요히 간직하면 육체가 자연 올바르게 될 것이오. 반드시 고요하고 맑아야 하며 육체를 수고롭게 하지 않고 정신을 요동치지 않게 해야 오래 살 것이오. 눈으로 보는 것도 귀로 듣는 것도 없으며, 마음으로 아는 것이 없어 정신이 자기 몸만을 지켜야 오래살 수 있다오. 안으로 삼가고 바깥을 닫으시오. 아는 것이 많으면 재난이 된다오. 나는 당신을 저 밝은 태양 위에 이르게 하여 저 지극한 음의 근원에 도달하게 하리다. 하늘과 땅은 각기 맡은 직능이 있고 음과 양은 서로 다른 작용이 있다오. 나는 그 도를 지키며 그 조화 속에 살고 있다오. 그래서 천이백 년 동안 수행해 왔어도 육체가 전혀 쇠하지 않고 있다오. 황제가 머리를 조아려 두 번 절하고 말했다. 참으로 하늘과 같은 말씀입니다!

黃帝退, 捐天下, 築特室, 席白茅, 間居三月, 復往邀之. 廣成子南首而臥 黃
帝順下風膝行而進, 再拜稽首 而問曰, 聞吾子達於至道, 敢問治身奈何而可以
長久? 廣成子蹶然而起, 曰, 善哉問乎! 來, 吾語女至道. 至道之精, 窈窈冥
冥, 至道之極, 昏昏默默 無視無聽, 抱神以靜, 形將自正 必靜必淸, 無勞女
形, 無搖女精, 乃可以長生 目無所見, 耳無所聞, 心無所知, 女神將守形. 目
無所見, 耳無所聞, 心無所知, 女神將守形 愼女內, 閉女外, 多知爲敗 至彼至
陽之原也 爲女入於窈冥之門矣, 至彼至陰之原也天地有官, 陰陽有藏, 愼守女
身, 物將自壯 我守其一, 以處其和 故我修身千二百歲矣, 吾形未常衰 黃帝再
拜稽首曰 廣成子之謂天矣!

외편 제11편 「재유」

"황제퇴(黃帝退), 연천하(捐天下), 축특실(築特室), 석백모(席白茅), 간거
삼월(間居三月), 복왕요지(復往邀之)." "황제퇴(黃帝退)", 황제가 한 차례 질
책을 받고 나서 물러났습니다. "연천하(捐天下)", 그리고 나서 황제 노릇
도 하지 않고 정치에 관여하지도 않았습니다. '연(捐)'이란 내버리는 것입
니다. "축특실(築特室)", 특별히 집을 지었는데 "석백모(席白茅)", 바닥은
모두 풀을 깔았습니다. 그곳에서 스스로 석 달간 폐관을 하며 자신의 생각
을 반성하고 깨끗이 한 뒤 다시 광성자를 찾았습니다.

"광성자남수이와(廣成子南首而臥)", 광성자는 머리를 남쪽으로 하고 다
리를 북쪽으로 향하게 누워 잠을 자고 있었습니다. 남두칠성이 삶을 관장
하고 북두칠성이 죽음을 관장하기에 그의 머리는 남쪽을 향하고 다리는
북쪽을 향했습니다. 황제가 감히 그를 부르지 못했으니 대단히 공경스러

운 태도였습니다.

"황제순하풍슬행이진(黃帝順下風膝行而進), 재배계수(再拜稽首)." 바로 고대의 교육에 대해 말하고 있는 대목으로 사도(師道)의 존엄을 이야기하고 있습니다. 이는 지금의 학교와는 다릅니다. 요즘 학생들은 선생을 만나면 "선생님 질문이 있습니다!" 하고는 검지를 요렇게 해서 가리킵니다. 예의라고는 전혀 없지요! 이런 일들은 요즘 학생들에게 다반사이니 우리는 그저 이렇게 말할 뿐입니다. "그러지 말게! 그건 다른 사람을 비방하는 짓이야." 하지만 학생들은 무슨 말인지 알지 못합니다. "황제순하풍(黃帝順下風)", 그가 잠자는 곳 뒤로부터 "슬행이진(膝行而進)", 꿇어앉은 채 무릎으로 한 걸음 한 걸음 다가가서는 "재배계수(再拜稽首)", 머리를 조아려 절을 합니다.

"이문왈(而問曰), 문오자달어지도(聞吾子達於至道), 감문치신내하이가이장구(敢問治身奈何而可以長久)?" 지난번에 질책을 받고 욕을 얻어먹었기에 이번에는 달리 물어봅니다. 고대에는 '자(子)' 자가 존칭이었습니다. 공자니 노자니 하는 호칭도 그런 것입니다. 그가 말했습니다. 제가 듣기론 선생님께서 이미 득도하셨다고 합니다. 저는 이제 천하나 정치적 일에 관해서는 묻지 않겠습니다. 오늘 제가 묻고자 하는 것은 "치신내하이가이장구(治身奈何而可以長久)", 이 육체의 생명이 어떻게 하면 오랫동안 살아갈 수 있느냐 하는 것입니다.

"광성자궐연이기(廣成子蹶然而起), 왈(曰), 선재문호(善哉問乎)!" 불경에서 말하는 '선재(善哉)'는 여기 이 중국의 고서에서 배운 것입니다. 광성자가 듣고서는, 본래 침상에서 누워 자고 있었지만 아주 기뻐하며 대번에 일어나 앉았습니다. "선재(善哉)", 좋아! 좋은 질문이오. 그렇다면 이제 그대에게 대답해 주리다 하고 말했습니다.

"내(來), 오어여지도(吾語女至道)." 자, 이제 그대에게 지극한 도를 말해 주겠다는 것입니다. 여기서 '여(女)' 자는 '너 여(汝)' 자와 같습니다. 고문에서 '너 여(汝)' 자는 삼수변이 필요 없습니다. 광성자가 황제에게 여자 이야기를 한다고 생각해서는 안 됩니다. 그건 잘못 해석한 것입니다.

신선의 경계에 들어선 사람

"지도지정(至道之精), 요요명명(窈窈冥冥), 지도지극(至道之極), 혼혼묵묵(昏昏默默)." 광성자는 수도의 경계에 대해 말합니다. 불가니 도가니 정좌니 기타 어떤 방법이든 기본적으로 공부가 하나의 경계에 도달해야 하는데, 바로 생각이 어지럽지 않은 있는 듯 없는 듯한 경계입니다. "요요명명(窈窈冥冥)"이란 매우 형용하기 힘든 상태로 눈이나 귀 등의 육근이나 신체를 모두 사용하지 않는 것입니다. 그렇다고 닫아 두는 것이 아니라 자연스럽게 청정합니다. "지도지극(至道之極), 혼혼묵묵(昏昏默默)", 정신이 얼떨떨한 것이 아니라 마치 자는 것처럼 아무것도 생각하지 않습니다. 저는 지금 마음 내키는 대로 말하고 있습니다. 득도한 것이 아니라 그저 중국어 문장을 말하고 있을 뿐입니다. "혼혼묵묵", 현대인이 정좌를 배워도 이 정도에는 이르러야 합니다. 이것이 첫마디였는데 하나의 현상을 말하고 있습니다. 바로 증득(證得)해 들어간 최초의 현상입니다.

"무시무청(無視無聽), 포신이정(抱神以靜), 형장자정(形將自正)." 어떤 방법도 사용하지 않습니다. "무시무청(無視無聽)", 눈으로 바깥을 보지 않으며 그렇다고 내부를 보거나 내시(內視)를 하지도 않습니다. 귀 또한 소리를 듣지 않고 그저 하나의 신(神) 즉 자신의 영혼을 지킬 뿐입니다. 그렇다면 '신(神)'이란 무엇일까요? 이는 뇌와 관련된 것으로 청정해야 하는 것입니다. "포신이정(抱神以靜)", 바로 신(神)을 지키는 것입니다. 기(氣)를 관장하는 것도 신체를 관장하는 것도 아닙니다. "형장자정(形將自正)", 자신의 신체가 서서히 건강해집니다. 신체가 바르게 변한다는 것이 아니라 신체 전체가 바뀐다는 것입니다. 지금 우리가 말하는 것은 기질 전체의 변화입니다.

"필정필청(必靜必淸), 무로여형(無勞女形), 무요여정(無搖女精), 내가이장생(乃可以長生)." 중점은 이렇습니다. "필정필청(必靜必淸)", 언제든 스스로 청정하고 아주 평안해야 하며 바깥의 사물이나 환경에 휩쓸려서는 안 됩니다. 마음은 반드시 청정해 아무런 생각도 사려도 없어야 하며 "무로여형(無勞女形)", 과도한 노동도 해서는 안 됩니다. 중점은 "무요여정(無搖女精)"에 있습니다. 여기서 '정(精)'이란 남녀 관계의 정이 아니라 전체 생명의 형체입니다. 어떤 주해에는, 역시 다른 도서(道書)에서 인용된 것으로 『장자』에 나오는 이야기는 아닙니다만, 이런 말이 있는데 아주 중요합니다. "정동호중(情動乎中), 필요기정(必搖其精)", 감정이 일단 일어나면 여러분의 정(精)도 이미 흔들린 것입니다. 마치 타 놓은 우유가 혼탁한 것과 같습니다. "무로여형(無勞女形), 무요여정(無搖女精)" 한다면 "내가이장생(乃可以長生)", 오래 살 수 있습니다.

"목무소견(目無所見), 이무소문(耳無所聞), 심무소지(心無所知), 여신장수형(女神將守形)." 눈으로 바깥을 보지 않고 귀로 바깥의 소리를 듣지 않으며 마음속에 아무것도 아는 게 없다는 것입니다. 이는 바로 일체의 생각이 평온해져야 함을 말합니다. 바로 이때 "여신장수형(女神將守形)", 자신의 영혼 즉 신(神)이 스스로의 형체를 지킵니다. 우리가 평상시 온종일 바쁘다면 그 영혼의 신(神)도 바깥으로 흩어져 방사되고 맙니다. 이럴 때 신(神)을 돌이켜 수행한다면 생명의 기질이 변화해 장생할 수 있습니다.

"신여내(愼女內), 폐여외(閉女外), 다지위패(多知爲敗)." "신여내(愼女內)", 내면의 생각이 고요합니다. "폐여외(閉女外)", 가능한 한 바깥의 사물에 속거나 동요되지 않아야 합니다. "다지위패(多知爲敗)", 생각이 많고 지식이 많을수록 번뇌와 고통도 커져 생명이 소진되고 맙니다. 광성자는 말합니다. 만약 그렇게 한다면 "아위여수어대명지상의(我爲女遂於大明之上矣)", 그대는 태양을 벗어나 일월 바깥의 천체의 물질을 초월할 것이라고 말합니다.

"지피지양지원야(至彼至陽之原也)." 완전한 순양(純陽)의 몸체에 이르러 음(陰)이 없게 될 것이라는 말입니다. 우리가 중국 당대(唐代)의 유명한 신선을 여순양(呂順陽)이라 부르는 것도 바로 "지극한 양의 근원〔至陽之原〕"이라는 뜻입니다.

"위여입어요명지문의(爲女入於窈冥之門矣), 지피지음지원야(至彼至陰之原也)." 어떤 때 우리 같은 보통 사람도 부처님의 입정을 배우면서 아무것도 모르고 온통 그윽하고 아득하며 텅 빈 듯한 지극한 음(陰)의 경계를 말하곤 합니다.

"천지유관(天地有官), 음양유장(陰陽有藏), 신수여신(愼守女身), 물장자장(物將自壯)." 그는 말합니다. "천지유관(天地有官)", 천지에는 오직 하나의 법칙이 있어서 이 우주의 음양을 관리하고 있으니, 오직 하나의 물리법칙이 움직이고 있을 따름이라는 것입니다. "음양유장(陰陽有藏)", 명암(明

暗)과 음양(陰陽)을 대표하여 보이는 것과 보이지 않는 두 측면에도 모두 규범이 있다는 말입니다. "신수여신(愼守女身), 물장자장(物將自壯)." 그대의 신체와 신체 내부를 보호한다면 생명은 영원히 스스로 건강한 청춘을 유지할 수 있을 것이라는 뜻입니다.

"아수기일(我守其一), 이처기화(以處其和)." 내 도로써 그대에게 말하는 바가 이것이니, 마음을 텅 비워 이렇게 도를 닦는다면 바로 그런 곳에 있을 것이라고 합니다.

"고아수신천이백세의(故我修身千二百歲矣), 오형미상쇠(吾形未常衰)." 황제가 광성자를 알현했을 때 그는 이미 천이백 세였는데, 그는 자신이 아직도 노쇠하지 않고 이렇게 천이백 년을 살아가고 있다고 했습니다. 이것이 『신선전(神仙傳)』에서 말하고 있는 광성자의 모습입니다.[14]

황제의 깨달음과 도를 얻은 진인의 삶

"황제재배계수왈(黃帝再拜稽首曰)", 황제는 다시 머리를 조아려 절하고 말했습니다. "광성자지위천의(廣成子之謂天矣)", 광성자야말로 하늘과 같다고 하겠습니다.

장자의 이 대목은 오후에 말했던 『황제내경』을 보충한 것입니다. 백 세를 산다느니, 심지어 이보다 더 오래 산다느니 하는 것의 중점은 바로 이 '신기(腎氣)'의 문제입니다. 신기의 작용을 설명한다면 바로 이와 같다고

---

14 『장자』 외편에 등장하는 광성자에 대한 내용은 『신선전』의 내용과 거의 일치한다.

할 수 있습니다.

「상고천진론」의 원문은 꽤나 긴데 여러분은 한번 보거나 연구한 적이 있는지요? 저의 이 몇 마디 말에 대해 대답할 사람이 있는지요? 문제가 없습니까? 제1편에서 말하고 있는 것에다 다시 광성자가 말한 것을 인용해 확대시켜 보았습니다. 이제 다시 『황제내경』 권1 제1편 「상고천진론」을 보도록 합시다.

황제가 말했다. 제가 듣기론 상고에 진인이 있어 천지를 장악하고, 음양을 파악해 정기를 호흡하며, 홀로 우뚝 서 신을 지키니 모양이 언제나 한결같다고 합니다. 이 때문에 수명이 천지와 함께 해 시작도 끝도 없으니 그 도에서 생겨난 것이라 합니다. 중고 시대에는 지인이 있어 순박한 덕으로 도를 온전히 하고, 음양과 사시에 조화되고, 세속을 떠나 정을 쌓아 신을 온전히 하며, 천지 사이에서 노닐며, 보고 듣는 것이 미치지 않는 곳이 없는데, 이는 그 수명이 더해져 강하게 된 것으로 역시 진인에 속합니다.

黃帝曰, 余聞上古有眞人者, 提挈天地, 把握陰陽, 呼吸精氣, 獨立守神, 肌肉若一. 故能壽敝天地, 無有終時, 此其道生. 中古之時, 有至人者, 淳德全道, 和於陰陽, 調於四時, 去世離俗, 積精全神, 遊行天地之間, 視聽八遠之外, 此蓋益其壽命而强者也, 亦歸於眞人.

『소문』 제1편 「상고천진론」 제4장

이것은 황제가 제기한 생명과 관련된 문제입니다. "여문상고유진인자(余聞上古有眞人者)", 제가 듣기론 상고 시대에 진인이 있었다고 합니다.

여기서 '진인(眞人)'이란 수양을 거친 사람으로 중국에서는 이들을 진인이라 부릅니다. 말하자면 득도한 신선입니다. 이 명칭으로 볼 때 도를 얻지 못한 우리는 모두 가짜 사람입니다. 고대의 신선과 진인은 능력이 대단해 "제설천지(提挈天地)", 천지 전체를 손으로 거머쥔다고 합니다. "파악음양(把握陰陽), 호흡정기(呼吸精氣)", 음양을 잘 파악하고 천지의 모든 정기(精氣)를 호흡합니다. "독립수신(獨立守神)", 그의 마음은 영원히 전일(專一)하며 생각도 전일해 초연히 홀로 섭니다.

'수신(守神)', 자신의 생명 최초의 작용을 신(神)이라 합니다. 우리는 보통 영혼이라 말하지만 이것으로 신(神)을 다 표현하기에는 부족합니다. 영혼은 신(神)의 어두운 면으로 눈에 보이지 않는 이면을 말합니다. 신(神)이야말로 진정으로 생명 음양의 기(氣)를 모두 표현합니다. "기육약일(肌肉若一)", 그러므로 이것은 노쇠하지 않습니다. 그는 말합니다. 이런 까닭에 고인들은 이 공부, 이 수양을 했다는 것입니다. "수폐천지(壽敝天地)", 여기서 '폐(敝)' 자는 비교할 비(比) 자와 같아 수명이 천지에 비교할 수 있다는 것입니다. "무유종시(無有終時)", 끝남과 그만둠이 없습니다. 달리 말하면 천지가 무너질 때에야 비로소 그의 생명도 끝납니다. 천지는 무너질 수 없으니 그도 영원히 존재합니다. "차기도생(此其道生)", 이 때문에 도가에서는 이것을 '도(道)'라고 부르는데 바로 우주의 작용입니다.

세속에 살지만 심리적 동요가 없는 삶

"중고지시(中古之時)", 여기서 말하는 중고(中古)는 현대 역사학에서 말하는 개념이 아닙니다. 황제는 지금으로부터 사천여 년 전 사람이니 그가 말하는 상고(上古), 중고(中古)는 지금으로부터 수만 년도 더 이전을 가리킵니다. "유지인자(有至人者)." '지인(至人)'은 '진인'에 비해 한 단계 떨어집니다만 "순덕전도(淳德全道)", 도덕이 대단히 뛰어납니다. 그의 행위 일체는 "화어음양(和於陰陽)", 음양에 합치하고 "조어사시(調於四時)", 천지의 음양인 춘하추동과 잘 어울립니다. 이 문제는 아주 중대합니다. 공자도 『역경』에서 이 일을 언급해 천지 음양의 조화가 "사시에 어울린다[調於四時]"라고 했습니다. "거세리속(去世離俗)", 출가인은 세속을 떠나 "적정전신(積精全神)", 정(精)을 쌓고 신(神)을 온전히 하여 오로지 수행만 합니다. "유행천지지간(遊行天地之間)", 수행하여 성공한 이후에는 신통력이 생겨 온 우주 속에서 마음대로 활동합니다. 비행기 표를 살 필요도 없고 우주선을 탈 필요도 없습니다. "시청팔원지외(視聽八遠之外)", 시공간의 제한이 없습니다. 천안통(天眼通), 천이통(天耳通)이 있어 일체를 보고 듣고 할 수 있습니다. 이런 사람을 '지인(至人)'이라 합니다. "차개익기수명이강자야(此蓋益其壽命而强者也)", 이는 도를 닦고 신체를 단련해서 된 것이지만 "역귀어진인(亦歸於眞人)", 이 역시 진인이라 할 수 있습니다.

그다음으로 성인이 있어 천지의 조화로움 속에 거처하고, 팔풍의 이치에 따라 세속 사이에서 기욕을 적절히 조절하며, 성내는 마음이 없다고 합니다. 세속을 떠나려 하지 않으나 세속의 복장을 걸치고 속에 자신을 드러내려 하지 않고, 바깥으로 일에 얽매이지도 않으며 안으로 마음에 걱정이 없어, 편안하고 즐겁게 살아가며 스스로 얻은 것을 공으로 삼으니, 형체가 손상되지 않고 정신이 흐트러지지 않아 역시 백 세까지 살 수 있다고 합니다.

其次有聖人者, 處天地之和, 從八風之理, 適嗜欲於世俗之間, 无恚嗔之
心, 行不欲離於世, 被服章, 舉不欲觀於俗, 外不勞形於事, 內無思想之
患, 以恬愉爲務, 以自得爲功, 形體不敝, 精神不散, 亦可以百數.

『소문』제1편「상고천진론」제4장

이는 황제가 제시한 문제입니다. "기차유성인자(其次有聖人者)", 다음으
로는 바로 유가에서 말하는 '성인(聖人)'입니다. "처천지지화(處天地之
和)", 도를 닦지 않고 수행을 하지 않으면서 자연 사이에서 생활합니다.
"종팔풍지리(從八風之理)", 하지만 팔풍(八風)의 이치에 따라 차갑고 따뜻
한 날씨의 조절에 조심하고, 위생과 개인의 신체 환경에 주의하며 몸을 편
안히 해 건강을 잘 돌봅니다. "적기욕어세속지간(適嗜欲於世俗之間)", 보
통 사람과 마찬가지로 술을 마시고 음식을 먹고 고기를 먹으며 기호(嗜好)
도 즐깁니다. 달리 말하면 보통 사람과 마찬가지로 담배도 피우고 술도 마
십니다!(모두 웃음) 하지만 조건이 있습니다. 심리적으로 원수가 없고 성질
을 부리지 않으며 노여움이 없습니다. "무에진지심(无恚嗔之心)", 성내거
나 원망하는 심리가 전혀 없는 것입니다. 불교에서 말하는 바로 '자비심'
이 있는 사람, 다른 사람을 사랑하는 사람입니다. "행불욕리어세(行不欲離
於世), 피복장(被服章)", 그러므로 출가도 하지 않고 보통 사람과 같은 옷
을 입고 같은 음식을 먹습니다. "거불욕관어속(舉不欲觀於俗)", 하지만 그
의 행위는 좀 다른 데가 있습니다. 사회의 일반인과는 달리 목숨을 걸고
돈을 벌거나 출세하려 하지 않습니다. 그는 이런 것들로부터 모두 물러섭
니다. "외불로형어사(外不勞形於事)", 밖으로는 일에 몸을 수고롭게 하지

않고 되도록이면 생활을 담박하고 청정하게 합니다. "내무사상지환(內無思想之患)", 비단 원한이나 원망이 없을 뿐 아니라 그의 생각이 대단히 평온하고 전일(專一)합니다. "이념유위무(以恬愉爲務)", 날마다 즐겁고 인생이 낙관적입니다.

낙관적이고 담박한 인생

이야기가 낙관적 인생에 이르렀는데 이는 대단히 중요합니다. 저도 늘 말합니다만 어떡해야 좋을지 모르겠습니다. 우리 황인종에겐 특이한 점이 있는데 중국 사람이 특히 그렇습니다. 중국인은 모두가 빚을 독촉하는 듯한 표정을 지으며 태도 또한 썩 보기가 좋지 않습니다. 제가 미국에 있을 때 미국 친구 한 명이 물었습니다. "남 선생님, 중국 사람도 웃을 줄 아나요?" 그가 물은 뜻을 저는 압니다. 제가 말했습니다. "미안하지만 중국인도 당연히 웃을 줄 압니다! 우리 중국 사람은 외관상으론 마치 원한을 품은 얼굴이지만 그건 우리 교육이 당신들과 다르기 때문이라오." 미국에서는 길에서 사람을 만나기라도 하면 모두가 '헬로우!' 하며 인사합니다. 그 사람을 알든 알지 못하든 얼굴 근육을 쫙 폅니다!(모두 웃음) 이것이 미국의 교육입니다.

중국의 교육은 이와 다르다고 제가 말했습니다. 어린아이가 길에서 사람을 만나 만약 '여보세요' 하고 부른다면 아버지가 말할 겁니다. "뭔 짓이야! 누군지 알지도 모르면서 왜 불러!"(모두 웃음) 중국의 황인종들은 이런 식으로 교육을 받아왔지요. 확실히 그렇습니다. 중국인은 사람을 보고도 전혀 웃는 표정을 짓지 않습니다. "편안하고 기쁜〔恬愉〕" 얼굴이 없습니다. 낙관적인 표정이 아니지요. 더욱이 은행에서라면, 지금의 은행은 좀 좋아졌습니다만, 과거 은행 창구 여직원들이나 우체국에서 우표를 파는 여성들에게 돈이라도 건네려 하면 그 태도가 얼마나 냉랭했는지 모릅니다. 아주 밉살스러웠지요.

여기서 말한 "편안하고 기쁜〔恬愉〕" 것을 불교에서는 "자(慈), 비(悲), 희(喜), 사(舍)"라 말합니다. 여기서 '희(喜)'는 무척 어렵습니다. 하지만 단지 한 번 웃기만 해도 얼굴의 모든 근육이 퍼지며 뇌 신경도 곧바로 이완됩니다. 그러므로 웃는 것을 가르치는 것은 무척 일리가 있습니다. 여러분 모두에게 필요합니다. "이자득위공(以自得爲功)", 자유자재의 생활입니다. "형체불폐(形體不敝), 정신불산(精神不散), 역가이백수(亦可以百數)." 이런 수양이 있다면 신체가 노쇠하지 않고 정신이 흩어지지 않으며 병이 있어도 저절로 낫습니다. 그리고 잠 못 자는 것을 두려워할 필요가 없습니다. 잠을 자든 자지 않든 일체가 담박하고 유쾌하며 낙관적이라면 바로 좋아질 것입니다. 이렇다면 백 세도 거뜬히 살 수 있다고 그는 말합니다.

『황제내경』의 이 편은 모두 인생의 수양, 철학적 수양에 대해 말한 것으로 최고의 인생철학입니다. 그러므로 인생의 가치나 수양이 모두 이 의학 속에 있다고 말하는 것입니다. 우리는 이 책을 의학서로만 보지만 사실은 일체의 것이 모두 이 속에 포함되어 있습니다.

천지 자연의 법칙을 따르면

그다음으로 현인이 있어 천지의 법칙을 따르고, 마치 해와 달처럼 성신과 함께 자리잡습니다. 거꾸로 음양을 쫓아 사시를 분별해 상고 시대로부터 도와 하나가 되니 역시 수명을 더해 끝까지 살 수 있다고 합니다.

其次有賢人者, 法則天地, 象似日月, 辯列星辰, 逆從陰陽, 分別四時,
將從上古, 合同於道, 亦可使益壽而有極時.

『소문』제1편 「상고천진론」 제4장

"기차유현인자(其次有賢人者)", 그다음으로 성인(聖人)에 비해 한 단계 낮은 '현인(賢人)'이 있는데 역시 도덕과 수양을 갖춘 사람입니다. "법칙천지(法則天地)", 그는 천지를 본받습니다. 밤을 낮으로 삼고 낮을 밤으로 삼는 우리처럼 그렇게 어지럽지 않습니다. 과거 시골에는 전등이 없어서 어두워지면 자고 날이 밝으면 일어났으니 바로 "법칙천지"였습니다. "상사일월(象似日月)", 그의 생활은 해와 달과 함께하니 주야가 분명합니다. "변열성신(辯列星辰), 역종음양(逆從陰陽), 분별사시(分別四時)." 그는 천문의 이십사절기를 잘 알고, 춘하추동에 어떻게 입고 어떻게 먹어야 하는지 모두 잘 알아 대비합니다. "장종상고(將從上古), 합동어도(合同於道)", 상고 시대 사람과 부합하고 자연의 도와 부합하며 도를 닦은 진인과도 부합합니다. "역가사익수이유극시(亦可使益壽而有極時)", 이렇게 수양한 사람이라면 수명이 길어 자기 수명이 끝날 때까지 살아갑니다.

오늘 우리는 여기까지 해서 앞서 시작했던 「상고천진론」을 마무리짓겠습니다. 여기서 말하는 '천진(天眞)'이란 철학적 본체론을 말하는 것이 아니요 물리적 생명의 에너지 이론도 아닌, 자연법칙에 부합하는 생명의 규칙입니다. 그래서 제가 『황제내경』은 의술이 아니라 '의학의 이치에 관한 학문〔醫理學〕'이라 말했던 것입니다. 제1편으로부터 '생명의 과학'은 이렇게 시작됩니다.

다음부터는 골라서 강의할 것입니다. 제가 많은 자료를 드렸으니 그 중에서 뽑아 여러분과 함께 연구해 보겠습니다. 이 책을 이렇게 상세하게 강의하다 보면 일 년이 지나도 끝나지 않기 때문입니다. 그러니 여러분이 조금씩 스스로 연구해 가는 것이 좋습니다. 저는 의사가 아니어서 아직 모르는 의학 지식이 많습니다. 그러니 제 말에 현혹되어서는 안 됩니다.

세 번째 강의

5월 4일

『황제내경』의 연구에 관해 제가 다시 한 번 밝힙니다만 저는 의사도 아니요 의학을 알지도 못합니다. 하지만 저는 생명과학을 연구하기 좋아합니다. 『황제내경』이라는 이 대과학(大科學)을 연구하려는 분들이 많습니다. 중국에서도 과학 기술 방면의 전문가 교수가 몇 분이 있어서 과학 연구를 위해, 중국 문화를 위해 중의(中醫) 방면의 것을 연구하여 마음으로 얻은 바가 무척 많습니다.

어제 과학기술대학의 주 총장께서 아주 좋은 의견을 저에게 주셨습니다. 현재 서양의 뇌 과학에 대한 연구 중 의학 방면의 발전뿐 아니라 심리학이나 중국 문화와도 연관되는 자료가 아주 많다고 하셨습니다. 그래서 강의 전에 먼저 이것을 여러분께 설명해 드립니다.

『장자』역시 의학을 이야기하다

우리는 요 이틀 동안 『장자』에 관해서도 이야기했지만 실제로는 의학 수업이었습니다. 중의(中醫)는 전통문화 도가에서 나온 것으로, 『역경』이나 『도덕경』, 『장자』와 밀접한 관련이 있습니다. 『장자』속에는 허다한 것이 모두 의학입니다. 여기에 대해서는 조금 있다가 다시 말씀드리겠습니다. 바꾸어 말하면 『장자』는 마음을 치유하는 의학인데, 서양 의학이든 중의든 모두가 단지 신체를 치료하는 의학일 뿐입니다. 심(心)이란 어떤 것일까요? 생각이니 정서니 하는 이 심(心)은 대단히 치료하기 어렵습니다.

제가 미국에 있을 때 한 일본인이 그린 중국화를 보았는데 대단히 좋았습니다. 그 그림은 중국의 위대한 의사인 당나라 손사막(孫思邈)을 그렸습니다. 손사막은 신의(神醫)였는데 불교도 공부하고 도가도 공부했습니다. 후세 『신선전』에서도 그를 신선이라 했습니다. 의학을 배우는 사람이라면 모두 그의 이야기를 알고 있을 겁니다. 최근 중국에서 『약왕손사막(藥王孫思邈)』이라는 책이 발간되었는데, 이 책은 소설이기는 하나 그 속에 진짜도 들어 있으니 가볍게 여겨서는 안 됩니다. 저 같은 사람은 이런 책을 만나면 아주 자세히 들여다보면서 어떤 것이 옳고 어떤 것이 그른지 상세히 살핍니다.

저는 손사막의 그림을 보고서 느낀 점이 많아 대련 하나를 지었습니다. 첫 구절은 "유약능의용호병(有藥能醫龍虎病)"입니다. 용왕이 병이 생기자 그에게 치료를 부탁했으며, 호랑이가 병이 나자 역시 그에게 치료를 구했습니다. 이것은 역사적 의안(醫案) 속에 있는 이야기지만 지금 사람들은 믿지 못할 겁니다. 믿든 믿지 못하든 이것은 옛사람들이 이야기한 것입니다. 하지만 저는 이것을 믿습니다. 그래서 첫 구절은 그를 치켜세워 "유약능의용호병(有藥能醫龍虎病)"이라 했습니다. 다음 구절은 "무방가치중생치(無方可治衆生癡)"인데, 세상의 어떤 의사가 바보 같은 머리를 치료해 총명하게 만들 수 있겠습니까?

그러므로 제가 말한 노장(老莊)의 내용은 바로 의약입니다. 모든 사상병이나 정치병, 경제병 등 각종 병이 『장자』속에 대단히 많이 제시되어 있습니다. 단지 여러분이 어떻게 연구하느냐만 남았습니다. 석가모니 부처님의 불법이나 노장 및 『역경』은 모두 마음을 치료하는 약이요, 마음을 치유하는 방법입니다. 일반 의사는 신체의 병이나 치료하지 마음의 병을 치료하지는 못합니다.

예를 들면 불교에서는 우리 이 세계를 '사바세계(婆婆世界)'라 부릅니다. 아마도 젊은 사람들도 불교를 연구하는 사람이라면 '사바(婆婆)'를 '사바(沙婆)'라 읽지 않고 '사바(梭婆)'라 읽는다는 것을 모두 알고 있을 겁니다.[15] 산스크리트어를 의역한 것이 '감인(堪忍)'이라는 두 글자입니다. 고대의 중문 번역의 뜻은 참아 낼 수 있다는 것입니다. 이것은 무엇을 말하는 것일까요? 우리 이 세계에서의 삶이 모두 고통 속에 있다는 것을 말합니다. 하지만 중생은 이를 알지 못해 모두 고통을 쾌락으로 여기게끔 습관화되어 있습니다. 석가모니 부처님께서는 인류 중생의 고통을 참아 내는 능력이 무척 대단하다고 찬탄했습니다. 이 때문에 감인(堪忍)이라고 말씀하신 것입니다.

하지만 일반 불경에서는 이 글자를 사용하기 꺼리는데, 그 뜻이 산스크

---

15 한국어로는 같은 발음이나 중국어 발음이 다르다. 전자는 'shā'로 후자는 'suō'로 읽는다.

리트어의 '사바(娑婆)' 즉 고통 세계를 개괄할 수 없다고 여기기 때문입니다. 어느 과학자분이 어제 그가 깨달은 바를 말해 주었습니다. 예를 들면 불교의 육도윤회(천, 인, 아수라, 지옥, 아귀, 축생)가 모두 인간 속에 있다는 것입니다. 우리 몸과 마음의 느낌을 통해 육도윤회를 알 수 있다는 것이지요. 이는 대단히 정확한 생각으로 선종 대선사들이 생각했던 것이기도 합니다. 그는 단번에 깨달은 것입니다.

마음의 병을 치료하기가 가장 어렵다

사실 우리는 신체적으로 매일의 감각이 육도(六道) 중에 있습니다. 고열이 오를 때는 참으로 뜨거운 불 지옥이요, 한기가 들 때는 바로 얼음 지옥입니다. 제가 대만에 있을 때 환자 한 명을 큰 정신병원에 소개한 적이 있는데, 그 병원의 담당 의사가 바로 제가 잘 아는 친구였기 때문입니다. 그는 환자를 가두어야 하고, 감옥에 가두듯 두 손에 수갑을 채워야 한다고 미안해했습니다. 저는 담당 의사와 거기에 서 있었습니다. 이삼백 명의 정신병 환자들이 어떤 이들은 우리를 보고 웃고, 어떤 이들은 욕하고, 어떤 이들은 우리에게 인사를 하는 등 각양각색이었습니다. 제가 말했습니다. 여기 이곳에서는 누가 정상인이고 누가 환자인지 모르겠다고요.

그 담당 의사가 말했습니다. "정말 옳은 이야기입니다. 환자들 이야기 중 어떤 부분은 대단히 이치에 닿습니다. 그래서 우리가 그들을 묶고 가두고 하는 것이 완전히 잘못된 것 같기도 합니다." 제가 말했습니다. "이보시오. 내가 볼 때 당신도 별 차이가 없는 것 같소." 그 의사는 미국에 유학을 했던 사람으로 정신병의 권위자였습니다. 그가 말했습니다. "남 선생님, 조금도 틀리지 않았습니다. 어느 날 저한테 그런 날이 오면 선생님이 저 좀 구해 주십시오." 제가 말했습니다. "나 자신도 구하지 못하는데 어떻게 당신을 구할 수 있겠소!"

당시 그 의사가 미국 유학 시절의 경험을 이야기했습니다. 그는 미국 유학 시절 정신과로 배속되어 배우게 되었다고 했습니다. 그런데 학생들이 수업을 들으면서도 한편으로는 웃고 있었다고 합니다. 그래서 유학생들이 물어보았답니다. "그가 옳은 말만 하는데 우린 뭐가 어떻게 된 건지 잘 모르겠네요. 누가 환자인가요?" 그러자 미국 학생들이 말했습니다. "강단 위에서 말하는 저 사람이 환잡니다."(모두 웃음) 하지만 그 정신과 의사는 이 이야기를 하고 나서 오륙 년도 못 되어 정말로 자신이 정신병원에 들어가고 말았습니다.

그러므로 저는 여러분에게 말합니다. 진정으로 마음의 병을 치료할 수 있는 것은 불가와 도가 그리고 노장이라고요. 이것이 중국 문화의 최고봉입니다. 우리는 요 이틀 동안 『장자』에 대해 언급했지만 사실은 의학으로 마음의 병을 고치는 것이었습니다. 더욱이 대인관계나 처세를 배우는 사람이라면 공자의 『논어』보다도 더 엄중하다고 말할 수 있습니다. 여러분이 자세히 연구해 보시기 바랍니다. 특히 『장자』 속에는 많은 곳에서 의약 방면을 언급하고 있습니다. 도가 사상은, 이 형체를 갖춘 생명을 정말로 구하고자 한다면 단 세 종류의 약밖에 없다고 생각합니다.

다시 언급해 보면 "상약에는 세 종류가 있으니 신, 기, 정이 그것(上藥三品, 神與氣精)"입니다. 이들은 유물적인 것이 아닌가요? 정·기·신 세 가지는 모두 유물적인 것입니다. 하지만 그 근본은 유심적인 것입니다. 이 속에는 대단히 큰 문제가 들어 있습니다.

최고의 약 정·기·신

도가에서는 인간의 늙음을 약으로 고칠 수 있다고 생각합니다. 도가 태극권의 조사(祖師)인 신선 장삼풍(張三丰)[16]은 유명한 『무근수(無根樹)』라는 책을 썼는데, 이미 언급한 바 있지만 다시 한 번 이야기해 보겠습니다. 인간의 생명은 뿌리가 없어서 식물에게 뿌리가 있는 것과 같지 않습니다. 사람은 뿌리가 없어서 떠다니므로 이 때문에 '무근수(無根樹)'라 했습니다. 중간에 명구들이 아주 많은데 "인로원래유약의(人老原來有藥醫)", 노병(老病)은 약으로 치료할 수 있다고 합니다. 이 약은 외부의 약이 아니라 도가에서는 내단(內丹) 또는 천원단(天元丹)이라 하는데 바로 정·기·신입니다. 이 "상약삼품(上藥三品), 신여기정(神與氣精)"이라고 하는 것은 일반적인 초목이 아닙니다. 이는 『황제내경』을 이야기하면서 지나는 길에 말해 보는 것입니다. 이야기하다 보면 시간이 많이 허비되기 때문입니다.

저는 어떤 신선 의학서에서 말하는 "삼영팔석법공공(三英八石法空空)"이라는 구절을 아직도 기억하고 있습니다. '삼영 팔석(三英八石)'은 해석

---

16 장삼풍은 다양한 칭호로 불린다. 그의 이름으로는 통(通), 금(金), 전일(全一), 군보(君寶) 등이 있으며, 자(字)로는 현현(玄玄), 산봉(山峰), 삼봉(三峰) 등이 있고, 호(號)로는 곤양(昆陽) 또는 현현자(玄玄子)가 있다. 장삼풍은 일찍이 중산박릉(中山博陵)의 현령이 되었다가 후에 벼슬을 버리고 출가했으며, 종남산에서 화룡진인(火龍眞人)을 만나 단결(丹訣)을 전수받았다. 후에 무당산(武當山)으로 가서 수련했으며 오래지 않아 그곳을 떠나 어디로 갔는지 알지 못한다.

하지 않겠습니다. 모두가 광물질의 약입니다. 황금이나 수은, 유황, 비소와 같은 것으로 모두 독약인데 도가의 연단 과정에서 먹는 독약은 무척 많습니다. 저는 이 몇 가지 독약을 스스로 시험해 봤습니다. 비상도 먹어 봤고 황금도 먹어 봤으며 유황도 먹어 봤는데 아주 두려웠습니다. 먹고 죽는다면 죽어야지 하고 준비했습니다. 하지만 저도 교활한 데가 있어서 독약을 먹을 때마다 먼저 해독약을 곁에 두고 만일 중독이 되면 곧바로 해독약을 먹을 수 있게 했습니다. 그러니 연구를 더 분명히 할 수밖에요.

삼영 팔석이나 황금 같은 것은 결국은 돌인데, 중약(中藥)은 보통 운모나 석고 같은 것을 모두 사용합니다. "걸활하수초목중(乞活何須草木中)", 먹고사는 것이 어찌 초목에만 한정되겠느냐는 것입니다. 우리가 살고자 한다면 하필 초목에만 의지하겠습니까. 서양의 약에는 광물질이 아주 많으며 중국의 약에도 대단히 많습니다. "아자련심환련골(我自煉心還煉骨), 심두열혈비단홍(心頭熱血比丹紅)", 내 마음을 달궈 뼈를 단련하니 마음속 열정이 단(丹)보다 붉다라는 뜻입니다. 가장 치료하기 어려운 것이 자신의 생각과 마음입니다. 이 생각과 마음이란 것이 모두 노장의 책 속에 있습니다.

『장자』 속의 많은 편이 생명과학의 문제를 말하고 수양을 말하며 도를 배우는 데 대해 말합니다. 중국의 선종이나 밀종도 이를 넘어서지 못한다고 할 수 있습니다. 「달생(達生)」 편은 더욱 중요한데 참으로 생명의 관건을 다 알고 있습니다. 장차 시간이 날 때 천천히 읽어 보십시오. 가장 좋기로는 『황제내경』과 함께 연구하는 것입니다.

주 총장님이 어제 알려 주셨지만 현재 뇌와 뇌 신경에 대한 연구가 갈수록 발달하고 있다고 합니다. 이전에 중의를 연구할 때는 뇌의 중추 신경이 열두 쌍 있어서 바깥으로 퍼져 나간다고 했습니다. 마치 위성의 컴퓨터가 이십사절기와 어울리는 것과도 같습니다. 뇌의 중추 신경은 기맥과 관계가 있습니다. 기맥의 변화와 기후는 아주 관계가 깊습니다. 지금은 정좌를 통해 수양을 많이 한 사람이나 혹은 도를 닦으며 정좌를 한 사람은 그의 뇌 신경에 변화가 생긴다는 것을 알고 있으며 이것을 실험을 통해 증험할 수 있습니다. 하지만 현재의 과학 연구는 그저 증명만 하고 있을 뿐 생명의 본래 근원을 철저히 이해하고 있지 못합니다. 이 점을 여러분은 주의해야 합니다.

제가 이전에 사천에 있을 때 중의를 공부한 친구가 하나 있었는데 대단히 재미있었습니다. 우리는 늘 그를 비웃으면서도 동시에 감탄했습니다. 그는 정좌 공부를 하는 사람과 마주치기라도 하면 손을 잡고 더듬으며 오늘 정좌를 하지 않았네요, 오늘은 언제 한 차례 앉았네요 하며 모두 알아내었습니다. 그는 재간이 대단해 학생들이 모두 그를 피했습니다.

제가 가져온 『서약약품수책(西藥藥品手冊)』을 여기에다 두겠습니다. 전 세계의 서양 약에 관한 것으로 해마다 한 권씩 나옵니다. 대륙에도 있는지는 모르겠지만 대만에는 있어서 저는 매년 빠짐없이 한 권씩 갖고 있습니다. 저에게는 서양 의사 친구들이 많아 책이 나오면 곧바로 부쳐 주는데 아주 귀한 것들입니다. 저는 우리 여송도(呂松濤) 선생의 '녹곡(綠谷)'이라면 한 권으로 된 중의 약품 편람이 혹 있지 않을까 하는 생각이 들었습니다. 중국 약의 진화에 대해서는 외국인에게 배워야 하기에 제가 이 책을 가져와 여러분에게 보여 주려 합니다. 특히 지금 중의를 배우는 사람이라면 서양 의학에도 주의해야 합니다. 하지만 중의의 본업도 제대로 하지 못하면서 다시 서양 의학의 노선을 쫓아가다 보면 둘 다 이루지 못합니다.

이 점을 특히 주의해야 합니다.

의술은 의술이요 약은 약이다

이제 다시 생명과학인『황제내경』의 연구로 돌아갑시다. 최근에 듣기론 이 책이 학교에서 발췌되어 읽힌다고 하는데 여기에 대해 저는 반대합니다. 중국에서 과거 의학 서적을 배울 때는『황제내경』,『난경』,『상한론(傷寒論)』등을 숙독하지 않으면 안 되었습니다. 이들 책을 다 읽고 난 뒤 다시 처방전에 관한 것이나 어떻게 병을 치료하는지에 대한 책들을 읽었습니다. 우리는 지금 의학의 이치에 대해 말하고 있는데『황제내경』에는 처방을 말하지 않습니다. 약은 약일 뿐입니다. 시골에서는 아주 뛰어난 명의라도 그저 두 권의 책을 읽을 뿐인데, 이 사람들은 정말로 맨발의 의사들이었습니다. 한 권은『약성부(藥性賦)』요 다른 한 권은『뇌공포제(雷公炮制)』였습니다. 여러분은 이 책을 무시해서는 안 됩니다. 제가 어려서부터 본 많은 의사들은 모두 이 책을 조금 알고서 다시 기존의 처방을 한 번 외우면 바로 병을 치료할 수 있었습니다. 우리가 보고 있는『황제내경』은 의술의 이치를 말한 책인데, 의술은 의술이요 약은 약으로 서로 계통이 다릅니다.『황제내경』에서 황제가 묻는 것은 병의 이치이지만 뇌공(雷公)은 신농 시대 사람으로 그가 연구한 것은 약입니다. 그러므로 의술과 약은 서로 노선이 다릅니다.

진단(診斷)에 이르면 이건 또 다른 일입니다.『난경』은 진단 방면에 관련된 것으로 가장 읽기 어려운 책이기도 한데 반드시『역경』을 이해해야 합니다. 그리고 진단의 방법은 더욱 다릅니다. 이들은 모두 제가 잠시 생각해 본 것입니다. 저는 의사가 아니며 의약을 알지도 못합니다. 저는 지금껏 살아오면서 병이 들 경우, 작은 병은 약으로 해결하고 큰 병은 의사에게 치료를 받았습니다. 그러므로 제 말을 잘못 들어서는 안 됩니다. 저는 여러분들에게 단지 이 책을 읽는 방법을 가르칠 뿐입니다. 마치 국문을 연구하는 것과도 같습니다.

우리는 단지 『황제내경』의 「상고천진론」을 끝냈을 뿐입니다. 수도(修道)와 생명의 유래에 대해 말했지만 아직 상세히 설명하지는 않았습니다. 지금 어떤 사람이 팩스로 앞에서 언급했던 신장과 뇌의 관계에 대해 물어왔습니다. "천일생수(天一生水)"는 '신장'이며 '보신(補腎)'의 약은 대부분 '보뇌(補腦)'의 약이라 했는데, 그가 잘못 듣고 곧바로 신장과 뇌의 관계에 대해 물었습니다. 그는 이 문제를 몇 조목으로 나누어 물었습니다. 제가 읽어 보다가 "아이고 어머니"라는 말이 절로 나왔습니다. 어머니로는 부족해 "아이고 외할머니"라고 해야 할 정도입니다. 그의 질문에 답하려면 엄청 논의가 길어질 것입니다. 문제는 아주 간단한데 그가 말을 똑똑히 듣지 않아서입니다. 중국 의학에서 신장을 돕는 것은 뇌를 돕는 것과 관계가 있지만 신장이 뇌인 것은 아닙니다. 여러분이 『황제내경』을 다 읽어 보면 저에게 묻지 않아도 알게 됩니다.

'사기조신'의 신이란 무엇인가

제1편 「상고천진론」을 이제 막 마쳤는데 생명의 근원인 육체적 생명에

대한 내용이었습니다. 제2편은 「사기조신대론(四氣調神大論)」인데, 먼저 제목 즉 정·기·신의 이 '신(神)'에 주의해야 합니다. 신이란 무엇일까요? 연구해 볼 만한 것으로 이것은 뇌와 관계가 있습니다. 하지만 신(神)이 뇌인 것은 아닙니다.

또 어떤 사람은 말하기를, 불교나 밀종을 배운 사람들은 '정(精)'이 두 콩팥에서부터 앞의 여기까지이고, '기(氣)'는 가슴에서부터 목구멍에 이르는 이 부분이며, '신(神)'은 뇌 부분이라 말한다고 합니다. 정·기·신에 관한 이러한 설법은 현대 서양 의학의 뇌 과학 연구와도 비슷한 데가 있습니다. 하지만 정·기·신이 과연 이런 것일까요? 제 생각으로는 문제가 있습니다. 만약 이것이 정·기·신을 분류해 보기 위한 것이라면 괜찮지만 완전한 것은 결코 아닙니다.

제가 지금 말하고자 하는 것은 '사기조신(四氣調神)'의 '신(神)'입니다. 여러분이 박사 논문을 쓰고자 한다면 동서양 의학과 정신에 관련된 일체의 신, 예를 들면 서양 의학의 신경과 정신병, 심리병 들이 모두 신과 관련이 있습니다. 이 신은 도대체 어떤 것일까요? 확실히 엄중한 문제로 하나의 의문 부호입니다. 그럼 제2편 '사기조신'을 살펴보겠습니다. '사기조신'에서는 곧바로 일 년 사계절을 언급합니다.

봄철에는 어떻게 해야 어울릴까

봄철 삼 개월은 옛것이 새것으로 바뀌는 때라고 하는데, 천지가 함께 생겨나고 만물이 무럭무럭 자랍니다. 이때는 밤이 되면 누워 자고 아침에는 일찍 일

어나 큰 걸음으로 정원을 산책하며, 머리카락을 풀어 두어 정신이 살아나게
합니다. 살아 있는 것을 죽이지 말고 주되 빼앗지 말며 상을 내리되 벌을 주지
말아야 합니다. 이것이 춘기에 응하는 방법으로 양생의 도입니다. 여기에 어
긋나면 간을 상하게 되며, 여름이 되면 한기로 변하여 길러내는 역량이 줄어
듭니다.

春三月, 此謂發陳, 天地俱生, 萬物以榮. 夜臥早起, 廣步於庭, 被髮緩
形, 以使志生. 生而勿殺, 予而勿奪, 賞而勿罰. 此春氣之應, 養生之道
也. 逆之則傷肝, 夏爲寒變, 奉長者少.

『소문』 제2편 「사기조신대론」 제1장

"춘삼월(春三月), 차위발진(此謂發陳)", 첫 구절은 봄날인 삼월을 말하는
것이 아니며, 더욱이 양력도 아닌 음력입니다. 이것은 봄철의 삼 개월을
말합니다. 일 년에 사계절이 있으니 한 계절은 삼 개월입니다.

주의해야 합니다. 우리가 동방의 의학인 중의를 연구하면서는 반드시
인도의 의학도 알아야 합니다. 인도에는 일 년에 세 계절밖에 없어서 한
계절이 사 개월입니다. 하지만 그들의 의학적 이치는 우리와 별반 차이가
없으며 각자 장점이 있습니다. 티베트 의학에서 사용하고 있는 것이 바로
인도 의학의 원리입니다. 국가가 통일된 후 어떤 티베트 의사들이 중국 의
학의 이치를 덧붙였는데 이 점을 주의할 필요가 있습니다. "춘삼월(春三
月)", 이는 봄철 삼 개월을 말합니다. 의학에 근거해 말하자면 "발진(發
陳)", 옛것이 새것으로 바뀝니다. 낡고 오래된 것이 발산(發散)하면서 새로
운 것으로 변화하는데, 바로 생기(生起)가 나타나는 것을 말합니다.

"천지구생(天地俱生), 만물이영(萬物以榮)", 우리의 신체는 천지의 기후와 하나로 조화됩니다. 도가의 관점으로 말하자면 사람의 신체는 작은 천지로, 모든 천지가 하나의 몸에 지나지 않습니다. 과거 천문 과학이 인체와 결합하여 연구했던 관점이 바로 이것입니다. 봄은 생장의 계절로 만물이 무럭무럭 자라납니다. 아래에서는 그저 읽어 내려가면서 중점만 설명하겠습니다.

이야기가 양생에 이르렀으니 한 가지만 여러분께 말씀드리겠습니다. 『황제내경』에는 주요한 관점이 있는데 도가에서 말하듯이 생명에서 중요한 것은 양생(養生)과 보양(保養)이지 위생(衛生)이 아닙니다. 서양 문화에서는 위생을 말하지만 이는 소극적인 것입니다. 위(衛)는 보위(保衛)하는 것으로 방어입니다. 하지만 양생은 적극적으로 현재의 생명을 다시 배양하는 것, 스스로 배양하는 것입니다. 여기서 말하는 것은 양생이지 위생이 아닙니다. 하지만 어떻게 양생할까요? "만물이영(萬物以榮)" 다음에는 봄날에 어떻게 해야 마땅한지를 말합니다. 그저 우리가 지금 해내지 못하고 있을 뿐입니다.

"야와조기(夜臥早起), 광보어정(廣步於庭)", 아침에 일어나서 운동을 많이 합니다. 제가 참선을 배우는 많은 사람들에게 늘 하는 말입니다만, 특히 무공이나 선을 배우는 현대인들은 낮에 시간이 없어서 저녁에 공원 숲으로 가서 운동을 합니다. 저는 목숨을 걸지 말라고 합니다. 이건 무슨 말일까요? 밤이 되면 공원 숲에서 들이키는 것은 모두 이산화탄소입니다. 초목은 밤이 되면 이산화탄소를 내뿜고 아침이 되어서야 산소를 발산하기 때문입니다. 그런데도 저녁에 운동하러 가지 않으면 안 된다고 하니 정말 재미있습니다. 이 점은 알아 둘 필요가 있습니다.

"피발완형(被髮緩形), 이사지생(以使志生)." 옛사람들은 머리를 묶었지만 가장 좋은 것은 풀어 두어 자라도록 하는 것입니다. 사람도 동물과 마찬가지로 봄이 되면 털이 빠집니다. 가을에도 털이 빠지고요. 동물 역시 봄가을 두 계절에 털갈이를 합니다. 우리 몸도 마찬가지이지만 여러분이 주의를 하지 않습니다. 그러므로 이 시기에 "이사지생(以使志生)", 여러분의 의식과 정신이 돌아오도록 해야 합니다.

"생이물살(生而勿殺), 여이물탈(予而勿奪), 상이물벌(賞而勿罰)." "생이물살(生而勿殺)", 의학은 정치와도 관련이 있으니 살생을 하지 말아야 합니다. "여이물탈(予而勿奪), 상이물벌(賞而勿罰)", 살아 있는 것에 대해서는 단지 베풀어 줄 뿐 벌을 주거나 살생을 하지 말아야 합니다. 여러분들은 "추후산장(秋後算帳)"이라는 말을 모두 알고 있을 텐데 이게 맞는 말일까요? 왜 그럴까요? 중국의 이전 법령에서는 중죄를 지은 자에 대해 심각한 경우가 아니라면 그 자리에서 처리하지 않았습니다. 판결 후 반드시 가을이 되고 나서 처결했습니다. 바로 기후와 절기에 근거한 것으로 봄날에는 살생이 허용되지 않았기 때문입니다. "추후산장"이라는 말도 여기서 왔습니다. 가을이 되어야 죽일 만한 사람을 비로소 죽일 수 있었습니다. 과거 수천 년간 제왕은 정책적으로 봄날에 죽이지 말도록 했습니다.

그래서 옛사람들은 말했습니다. "권군막타삼춘조(勸君莫打三春鳥), 자재소중망모귀(子在巢中望母歸)." 봄날의 새는 잡지 못하게 하니, 새끼 새가 둥지에서 어미가 돌아오기를 기다리기 때문입니다! 중국 문화의 '천인합일(天人合一)'의 이치는 기후와도 연계되어 있었습니다.

"차춘기지응(此春氣之應), 양생지도야(養生之道也)." 이것이 봄날의 양생에 관한 것으로 그 상황이 이렇습니다.

간이 상하기 쉬운 봄

"역지즉상간(逆之則傷肝), 하위한변(夏爲寒變), 봉장자소(奉長者少)."고 문을 읽으려 해도, 한번 보십시오, 얼마나 뒤틀려 있는지! 도대체 무슨 말일까요? 사실 이것은 당시의 문자로서 아주 간명합니다. 언어를 문자로 바꾸어 그 뜻을 압축해 놓은 것일 뿐입니다. "역지즉상간(逆之則傷肝)", 봄철은 생장의 시기이기에 여러분의 머리카락도 풀어 주고 마음도 풀어 주며 뭐든 풀어 줍니다. 밤에는 약간 일찍 자고 아침에는 약간 일찍 일어납니다. 신체는 이렇게 보양하지만 심리 상태에 대해서는 아직 말하지 않았습니다.

만약 이런 생활을 위반하면 간에 문제가 생기기 쉽습니다. 봄날은 목(木)에 속하는데 목은 간을 주도합니다. 간에 문제가 생겼다고 하면 지금의 의학에서는 암이라도 생겼나 여기지만 사실은 간에 손상을 입은 것입니다. '간기(肝氣)'란 무엇일까요? 바로 중의가 서양 의학과 다른 점입니다. 서양 의학이 들어오면서 중의에 반대한 첫 번째 이유는, 중의가 간이 왼쪽에 있다느니 하는 엉뚱한 소리를 한다는 것이었습니다. 해부를 해 보면 간은 분명히 오른쪽에 있습니다. 저는 지금도 간이 왼쪽에 있다고 인정하는데 그것은 간기(肝氣)를 가리키는 것입니다. 신체의 신경이 교차하고 발동하는 곳이 왼쪽에 있는데, 이는 간기가 여전히 왼쪽에 있다는 것을 말합니다.

그래서 한의학에서는 심장, 간장, 신장의 맥이 좌측에 있고 폐장, 비장, 명문의 맥이 우측에 있다고 봅니다. 잘못된 것이 아니라 간기(肝氣)의 내원을 말하는 것입니다. 기맥은 모두 교차합니다. 상하가 교차하고 좌우가 교차하는데 그 네트워크가 이와 같습니다. 그러므로 봄날의 자연법칙을 거스르면 간에 문제가 생깁니다. 우리가 성질을 부리거나 우울하거나 내향적이거나 기가 죽거나 하는 것은 모두 간을 상했기 때문입니다. 그 뒤에는 심리 방면에 관한 것인데 『황제내경』은 모두 이런 식입니다. 그러니 심리와 생리를 함께 연구해야 합니다.

이제까지 봄철에 생기는 간의 문제를 말했습니다. 사실 기후는 모두 한 번은 춥고 한 번은 더운데, 봄철은 추운 데서부터 점차 따뜻해지며 화기(火氣)가 아주 강해지면 바로 여름이 됩니다. 그러므로 중국에서는 역사를 말하면서 오직 춘추(春秋)만 말했습니다. 춘추는 가장 좋은 계절로, 밤낮의 길이가 같으며 이십사절기 중 아무 옷을 입어도 되는 계절이기도 합니다. 온난한 봄날 뒤에는 열기가 높아지며 여름이 옵니다.

"하위한변(夏爲寒變)", 여름에 어떻게 차가워질 수 있을까요? 이것은 여름이 한랭함에 상대된다는 것을 말합니다. "봉장자소(奉長者少)", 생장의 시기는 짧아 봄이 되어서야 비로소 만물이 살아납니다. 곧이어 여름을 이야기합니다. 지금은 그저 요점만 제시합니다.

'사기조신(四氣調神)', 이는 바로 우리가 말하는 '천인합일(天人合一)'로서 생명과 기후 사이의 변화를 말합니다. 우리는 중의에서 '사풍(邪風)'이니 '사기(邪氣)'니 하는 것을 자주 접합니다. 그런데 이 '사(邪)'란 무엇일까요? 어떤 풍(風)이 사(邪)이고 어떤 풍이 정(正)일까요? 우리의 생명이 건강할 때 우리 몸의 그 기(氣)가 정(正)이며, 건강하지 못할 때 그 기(氣)가 바로 사(邪)입니다. 의학이 우리에게 말해 주는 것은 한기가 있으면 한기를 두려워한다는 것입니다. 몸속에 한기가 있으면 특히 냉기를 싫어하는데, 외부의 풍이 너무도 차갑게 느껴질 때 이것을 바로 사풍(邪風)이라고 부릅니다. 그러므로 정사(正邪)는 몸의 상태에 따라 나누어질 수 있습니다.

여름날엔 어떻게 해야 하나

여름 석 달을 번수라 하는데, 하늘과 땅의 기운이 교류해 만물이 꽃피고 열매를 맺습니다. 밤에는 자고 아침 일찍 일어나며, 햇볕을 피하고 노여움이 일어나지 않게 합니다. 꽃이 아름답게 피어나게 하며, 마치 사랑하는 것이 바깥에 있는 듯 기운을 빠져나가게 합니다. 이것이 여름철 기운에 응하는 것으로, 길러서 성장하게 하는 도입니다.

夏三月, 此謂蕃秀. 天地氣交, 萬物華實, 夜臥早起, 無厭於日, 使志無怒, 使華英成秀, 使氣得泄, 若所愛在外, 此夏氣之應, 養長之道也.

『소문』제2편 「사기조신대론」제1장

봄에 태어나서 여름에 자라니 이는 여름철 삼 개월을 말합니다. "번수(蕃秀)", 식물은 봄에 씨앗을 뿌리면 여름에 이르도록 줄곧 성장하는데, 이때가 가장 아름다운 시기입니다. 여름에는 "천지기교(天地氣交)", 천지의 기운이 서로 합쳐집니다. 고문에서는 이렇게 말합니다. 우리의 생명은 햇빛과 공기 그리고 물에 의존한다고요. 생명은 온난한 곳에서는 생장하다가 차가운 곳에서는 사망합니다. "만물화실(萬物華實)", 그러므로 여름철은 생장에 가장 중요한 시기로 만물이 번성해 아름답습니다. 이렇게 되면 밤에는 조금 일찍 자고 아침에는 조금 일찍 일어납니다. "무염어일(無厭於日)", '무염(無厭)'이 무슨 뜻일까요? 태양 아래에서 과도하게 활동하지 않고 햇볕을 약간 피하는 것입니다.

"사지무노(使志無怒)", 심리적 수양을 통해 성질을 적게 부립니다. '노(怒)'란 성질을 부리는 것입니다. 바꾸어 말하면 사람을 대하거나 일을 처리할 때 마음에서 관용을 베풀고 원한을 갖지 않는 것입니다. "사화영성수(使華英成秀)", 마치 대지의 만물이 무성하게 성장하는 것이나 같습니다. "사기득설(使氣得泄)", 여기에 문제가 있습니다. 여름철에 어찌 설기(泄氣)를 말할까요? 이것은『역경』에서 말하는 소식(消息)으로, 성장의 시기에 이미 사망이 시작되고 사망의 시기에 이미 성장이 시작됩니다. "사기득설"은 바로 소식입니다. 이 때문에 생명은 가장 아름다운 시기에 이르면 곧 끝나려고 합니다.

『장자』내편에서는 "방생방사(方生方死), 방사방생(方死方生)"이라고 했습니다. 어린아이는 태어나서 다음 날이 되면 이전보다 늙고, 세 살 아이는 한 살 아이보다 늙으며, 생과 사는 아주 빠르게 변화합니다. 이 때문에『장자』에서도 공자가 안회에게 말한 "교비비고(交臂非故)"가 인용됩니다. 생명의 이치, 일체의 이치는 대단히 무상합니다. 여러분과 제가 마주보고 달리면 여러분과 저의 두 팔이 중간에서 스치는 순간 이미 변화합니다. 그 순간 이미 지금의 여러분과 제가 아닌 것입니다.

그러므로 여름철에는 자신의 의지를 잘 길러 "무노(無怒)" 즉 음기가 발산될 수 있어야 합니다. "약소애재외(若所愛在外)", 이때는 사람의 생각과 정서가 모두 바깥으로 향하길 좋아하며 바깥으로 방사시키길 좋아합니다. "차하기지응(此夏氣之應), 양장지도야(養長之道也)", '사기조신(四氣調

神'이란 바로 이런 것을 말합니다. 어떻게 조절하는지를 말하는 것이 아니라 그저 밤에 잠자고 아침에 일찍 일어나며 성질을 부려 대서는 안 된다는 식의 '조신(調神)'의 이치를 말하는 것입니다. 의학을 말하는 것이 아니라 그저 양생을 말합니다. 하지만 여러분이 양생의 원칙을 이해하고서 환자를 대한다면 병의 원인을 곧바로 알아낼 수 있습니다.

병을 치료하면서 먼저 상을 본다

『황제내경』의 앞부분에서 망(望)·문(聞)·문(問)·절(切)에 대해 언급한 바 있습니다만, '망(望)'은 눈으로 보는 것으로 기색(氣色)을 살펴 아는 것입니다. 우리 얼굴에서 봄은 동방(왼쪽 광대뼈), 여름은 이마, 가을은 오른쪽 광대뼈, 겨울은 아래턱, 가운데는 코가 됩니다. 간은 봄에는 (왼쪽 뺨을 가리키며) 이 부분, 여름에는 심장, 가을은 폐, 겨울은 신장이 되며, 중간은 비위(脾胃)가 됩니다. 그래서 상(相)을 보는 법을 알아 두어야 한다고 말합니다.

어, 당신 코에 사마귀가 큰 게 하나 있네요! 그러면 그 사람에겐 치질이, 암치질이든 수치질이든 있을 수 있다고 판단합니다. 코 가운데는 비장과 위장이 관리하는 곳으로 토(土)에 속합니다. 그러므로 중의를 배운다면 먼저 이런 것들을 배워 알아야 합니다. 그리고 기(氣)는 기(氣)요 색(色)은 색(色)으로, 기색은 서로 다른 것입니다.

어떤 사람이 들어올 때 만약 여러분이 중의의 기색론을 배웠다면 한 번 보고는 그가 어디에 문제가 있는지 압니다. 그뿐 아니라 거기에는 운(運)

의 문제도 포함되어 있습니다. 만약 사업을 한다면, 얼굴에 온통 검은 기운이 있거나 혹은 여기에(오른쪽 광대뼈를 가리킴) 청색의 기운이 있다면 반드시 운이 좋지 않습니다. 비단 자본금을 까먹을 뿐 아니라 최소한 수중에 융통할 수 있는 돈이 없습니다. 더 심해지면 소송에 휘말리거나 감옥에 갑니다. 혹은 이와는 반대로 관직이 오르거나 돈을 벌기도 합니다.[17] 기색은 어떻게 볼까요? 내막을 말하자면 색(色)은 쉽게 볼 수 있지만 기(氣)는 여러분이 알아보지 못합니다.

중의를 배울 때는 안신(眼神)을 연마해야 합니다. 우리가 이전에 배울 때는 이렇게 했습니다. 사람이 자고 있고 아직 빛이 없을 때 촛불로 얼굴을 비춰 씻지 않은 상태에서 보았습니다. 이런 유의 학문도 누적된 것이 많습니다. 그러므로 중의를 배우려는 사람은 먼저 망(望)을 배워야 합니다. 눈으로 한 번 보고는 이미 반은 알아야 합니다. 진맥을 하는 것은 마지막으로 하는 일입니다. 제가 방금 방위와 기(氣)에 대해 말했는데, 저는 중의를 배우는 젊은이들에게 늘 중의의 기색 보는 법을 알려거든 경극(京劇)을 자주 보러 가라고 합니다. 경극에는 얼굴 분장법이 있습니다. 장비가 등장하면 여기는 검고 여기 이마는 하얀데, 하얀 것은 지혜가 있으나 성깔이 대단하다는 것을 말합니다. 장비는 틀림없이 간에 병이 있었을 겁니다. 그리고 술도 잘 마셨고요. 그러니 얼굴이 온통 까맣지요.

백면서생의 백색은 폐에 반드시 문제가 있지만 두뇌가 있고 생각도 있

---

17 기색은 홍(紅), 황(黃), 자(紫), 백(白), 적(赤), 흑(黑), 청(青)으로 대별되며 이 중 홍, 황, 자는 길하며 적, 백, 흑, 청은 흉한 것으로 본다. 아울러 기색론에서는 밝고 윤택한 것을 좋은 것으로, 어둡고 거친 것을 흉한 것으로 본다. 따라서 흉한 색이라 하더라도 밝거나 윤택한 것이면 흉한 것으로 보지 않는다.

습니다. 유비나 제갈량을 연기하는 자가 등장하면 얼굴 분장이 없고 화장을 하지 않아 보기에 아주 평범합니다. 장자가 말합니다. 보기에 평범한 자가 가장 고명하다고요. 여러분이 얼굴 분장을 이해하고 서서히 기색을 연구해 본다면 망(望)을 알 수 있습니다.

그렇다면 '문(聞)'은 무엇일까요? 환자가 말하는 소리를 듣고 표정을 보면서 병이 어디에 있는지 아는 것입니다. 이것을 알기 위해서는 공부를 하고 훈련을 거쳐야 합니다. 그런 뒤 어디가 아픈지 상태가 어떤지 언제 발병했는지 등을 묻습니다. 만약 여러분이 이해했다면 무공을 연마한 사람을 보면 그의 병에 특징적인 게 있음을 알 것입니다.

어떤 사람이 요추 이 부분이 갑자기 아프다고 말한다면 그의 직업을 알아야 합니다. 그가 말합니다. "저는 공사 현장에서 공사를 감독합니다." "어디에 부딪쳤나요?" "아니요, 그런 적 없습니다." "한번 생각해 보세요." "아, 있었습니다. 며칠 전에요." 그는 바로 그 혈도 부분을 부딪친 것입니다. 이것이 바로 '문(問)'입니다.

관상술의 기묘함

중의를 배우기는 정말 어렵습니다! 중의는 바로 정치가의 학문입니다. 정치가는 뭐든 알아야 합니다. 살피고(望) 듣고(聞) 물은(問) 뒤에야 비로소 맥을 짚습니다. 맥을 짚는 것은 최후의 일로 고명한 의사라면 먼저 상을 봅니다. 이전 항전 시기에 호북(湖北) 사천(四川)의 변경에서 시골 노인네 한 사람을 만난 적이 있는데, 그는 바닥에 쪼그리고 앉아 대껍질 작업을 하고 있었습니다. 여러분, 대껍질이 뭔지 아세요? 소쿠리를 짜는 그 대껍질입니다. 아마 여러분 중 젊은 사람은 모를 것입니다. 그는 그렇게 쪼그리고 앉아 소쿠리를 짜고 있었습니다. 듣기론 그 사람의 관상 실력은 일류라 했습니다. 제 친구가 하나 있었는데 그 친구도 그를 보고 나서 정말 신통하다고 했습니다.

항전 시 그 친구는 해군에 있었는데, 중국 선박이 모두 일본에 의해 양자강에 침몰되자 해군이 육군 속으로 편입되었습니다. 그는 해군 출신이어서 사람들이 깔봤습니다. 그가 이렇게 말했습니다. "육군 속에 있는 것이 마치 첩이 뒤로 물러서 있는 듯해 사람들이 우리를 상대도 하지 않았네. 우리는 정말 무료했는데 해군의 세 부대가 아무 할 일이 없었지. 그러다가 고명한 관상쟁이가 있다는 말을 듣고 산에 올라 그를 찾았네. 그는 쪼그리고 앉아 쳐다보지도 않고 손으로 여전히 작업을 하고 있었네.

첫 사람을 보더니 '정말 좋네요. 당신 아마 지금 계급이 소교(少校)일 겁니다' 하고는 바로 맞춰 버렸지. '당신 삼 년 뒤엔 문관으로 갈 거요. 군인이 될 수 없소.' 과연 그 친구는 삼 년 뒤 현장(縣長)이 되었네. 두 번째 사람을 보이자, '당신은 계급이 중교(中校)까지 오를 거요. 하지만 상교(上校)[18]는 못 될 거요.' 그러고는 내가 마지막으로 보았지. 그가 말했네. '당신은 상장군인 총사령관이 될 거요.'"

그 친구가 생각하길 '나는 북방인이오. 황포(黃埔) 출신도 아닌 해군 출신인 데다 절강인(浙江人)도 아닌데 어떻게 그런 기회가 있겠소' 했답니다. 그래서 듣고는 웃고 말았다고 합니다. 결과는 참으로 괴이했습니다.

---

18 소교(少校)는 소령을, 중교(中校)는 중령을, 상교(上校)는 중령과 대령 사이의 계급을 말한다.

한 사람은 정말 몇 년 후 현장이 되었고 다른 한 사람은 겨우 중교밖에 되지 못했습니다. 그가 말했습니다. "대만에 도착하고서 해군 총사령관이 되었는데 당시 계급이 이미 상장(上將)이었지. 그때 홀연 관상 보던 일이 생각났네. 그래서 국방부에 지시해서 그 해군 출신을 찾아보라 했더니 보고가 올라왔네. 계급이 뭐였겠어? 중교였네. 내가 해군 총사령관이 된 데다 상장이 되었으니 관상가의 말이 정확히 맞아떨어진 게지. 그가 아직 중교밖에 안 되어 나는 한사코 그를 상교로 끌어올리고자 했네." (모두 웃음)

결과는 어떻게 되었을까요? 그 친구가 많은 자료를 조사하고 공을 보고하면서, 이 사람은 마땅히 상교로 올려야 한다고 몇 차례 공문을 올렸지만 상부에서 허가를 하지 않았습니다. 마지막엔 화가 나서 말했다고 합니다. "내가 그래도 해군 총사령관인데 설사 나중에 지위가 더 올라간다 한들 뭣해. 상교 하나도 올리지 못하는데!" 그러고는 곧장 공문을 제일 높은 사람한테 보냈더니 결국 허락이 떨어졌다고 합니다. 그런데 상교로 발표가 나던 그날 그 중교 친구가 병원으로 실려 가 죽고 말았다고 합니다. (모두 웃음)

왜 이런 이야기를 할까요? 여러분은 의사로서, 특히 중의를 공부한 사람으로서 기계에 의존하지 말라는 것입니다! 두 눈이 바로 기계입니다!

방금 어지럽게 떠들었습니다만 저는 의사도 아니고 학자도 아니며 원래 말하는 것이 이렇게 어지럽습니다. 이 편의 제목이 「사기조신대론」이어서 '조신(調神)'에 대해 설명한 후 이어 기색(氣色)의 진단에 대해 설명했습니다. 사실 기색은 진단학에서도 대단히 중요한 것으로 변증학의 범위에 속합니다. 하지만 기색은 단지 얼굴만 보는 것이 아닙니다! 눈도 보아야 하고 신체의 전반적인 상황을 모두 파악해 내어야 합니다.

　이 밖에도 귀에는 이침(耳針)[19] 있고, 이혈(耳穴)[20]이 있습니다. 최근에 어떤 여자분이 저를 찾아왔는데 십 수 년간 수지침과 손금을 배운 사람으로 실력이 대단했습니다. 병을 진단하는 것은 그리 간단하지 않습니다. 표

---

19 침 치료법의 일종이다. 귓바퀴에 침을 놓아 신체의 질환을 치료하는 것이다.
20 인체의 어떤 부위에 병이 나면 귓바퀴에 반응이 오는데 이곳에 침을 놓아 치료한다. 이 지점을 통칭해 이혈이라 한다.

면상으로 볼 때는 세간의 보잘것없는 기술에 불과하지만 이 사소한 기술도 때로는 대단히 유용합니다.

홍콩에 침을 놓는 의사가 있는데 최근에 편지가 와서 무슨 서문을 좀 써달라 했습니다. 그는 설침(舌針)을 연구하고 있는데 혀에다 침을 놓아 많은 사람의 병을 고쳤습니다. 그러니 침구(針灸)와 혈도(穴道)에 대해서는 보아하니 중국 의학계가 나날이 발전하고 있는 듯한데, 역시 아주 기묘한 일로서 스스로의 지혜로써 개발하고 있습니다.

음양 사시의 영향

이제 이야기가 조신(調神)에 이르렀습니다. '사기조신(四氣調神)'이란 춘하추동이 오장에 미치는 영향을 말합니다. 이 제2편의 마지막 결론은 바로 기색의 문제입니다. 전편을 모두 설명하자면 오늘 저녁 두 시간으로는 부족합니다만 문제는 우리 중문 교재에 다 실려 있습니다.

'사기조신대론(四氣調神大論)'에서 이 '대(大)'자는 포괄하는 것이 아주 많다는 뜻이 아니라 그저 간략한 줄거리일 뿐이라는 말입니다. 다시 이 편의 마지막 단락을 보도록 합시다.

그러므로 음양과 사시는 만물의 처음과 끝이요 삶과 죽음의 근본이니, 이것을 거스르면 재해가 생기고 이것을 따르면 병이 생기지 않습니다. 이것을 일러 도를 얻었다고 합니다. 성인은 도를 행하지만 어리석은 자는 도를 숭상합니다.

故陰陽四時者, 萬物之終始也, 死生之本也, 逆之則災害生, 從之則苛疾
不起, 是謂得道. 道者聖人行之, 愚者佩之.

『소문』제2편「사기조신대론」제3장

이 음양 사시, 춘하추동, 일 년 사계절의 기후 변화는 실제로 두 가지,
즉 하나는 춥고 하나는 더운 것입니다. 이것을 알려면 천문을 이해하고 음
양을 이해해야 합니다. 일 년의 반은 음에 반은 양에 속하기 때문입니다.
우리는 동지에 일양이 생긴다는 것을 알고 있습니다. 음력을 말하는 것으
로 이것이 우리의 과학입니다. 이 과학이 어떠느니 하는 것을 떠나 우리가
옛 과학이라 말하지만 여러분은 그 옛 과학조차 이해하지 못합니다! 옛
과학을 이해하지도 못하면서 일거에 뒤엎어 버리고, 새로운 과학이 우연
히 뭔가를 발명했다거나 새로운 것을 발명했다고 떠들어 대는 것이야말
로 미신(迷信)이라 할 수 있습니다!

논리적으로 어떤 것을 뚜렷이 알지 못하고 어지럽게 말한다면 그것이
바로 미신입니다. 미신이라는 말은 정말 말하기 어렵지만, 제대로 알지 못
하고 어지럽게 판단하는 것이 바로 미신입니다.

그러므로 과학적인 이치로 말해 일 년을 음양으로 나눠 동지에 일양이
생기고 하지에 일음이 생긴다는 것은 앞에서 이미 언급했습니다. 제가 말
하는 현재의 과학에 대해서는 여러분이 이해했을 겁니다. 우리 이 건물은
지열을 활용하고 있는데 이는 최신 과학 기술로 지하로부터 따뜻한 열기
가 올라옵니다. 겨울이 되면 날씨가 몹시 추워 지구의 표면이 식는데, 이
때는 열에너지가 속으로 수축됩니다. 그래서 겨울의 우물물이나 태호(太

湖)의 물은 아래쪽이 따뜻합니다. 여름에는 어떨까요? 이 물은 시원합니다. 동지에 일양이 생기고 하지에 일음이 생기는 것, 이것이 지구의 물리적 이치입니다. 우리 신체는 겨울이 되면 전골을 먹으며 무엇이든 두려워하지 않습니다. 소화력이 아주 왕성합니다. 하지만 여름이 되면 그렇지 못한데 위가 차갑기 때문입니다. 이것이 바로 천지 음양의 이치입니다. 음양이란 부호로써 옛사람들의 과학을 집약시켜 놓은 것입니다. 자신이 알지 못한다고 음양을 어지러운 것으로 여겨서는 안 됩니다.

이십사절기의 이치

"고음양사시자(故陰陽四時者), 만물지종시야(萬物之終始也), 사생지본야(死生之本也)." 일 년 삼백육십 일은 십이 개월로 나누어지고, 일 개월은 삼십 일입니다. 다시 한 번 반복하면 오 일을 일 후(候)라 하고, 삼 후를 일 기(氣)라고 합니다. 그런데 일 년 칠십이후와 이십사절기는 모두 변화합니다. 중국의 이러한 과학은 의학과도 모두 통합니다. 계절의 변화 등에 통하고 난 뒤에야 비로소 그 속에 어떤 원리가 있다는 것을 알 수 있습니다. 일 년으로 말하자면 동지에 일양이 생기기 시작해 낮이 서서히 길어집니다. 하지가 되면 일음이 생겨나는데, 하지를 장지(長至)라고도 하며 낮이 짧아지기 시작합니다. 이런 이치를 천문과 합해야 합니다. 어떤 과학자들은 함부로 비판하며 무슨 천인합일이냐고 하지만 그 역시 제대로 알지 못하고 있는 겁니다. 무슨 대학자니 박사니 하는 것을 떠나 여러분의 학식이 거기에 이르지 못하면 함부로 입을 열어서는 안 됩니다. 그래야 사람들의 비웃음을 사지 않습니다. 그래서 하는 말입니다만 음양 사시가 인체에 미치는 영향은 대단히 중요합니다.

"역지즉재해생(逆之則災害生), 종지즉가질불기(從之則苛疾不起)." 이 원칙을 위반하면 병이 생기니 전 지구나 인류 그리고 신체 역시 마찬가지입니다. 이 사시의 변화에 순응하면 병이 생기지 않습니다. 생리와 의학적 이치로 말하자면 "시위득도(是謂得道)"입니다. 이 '도(道)'는 무슨 뜻일까요? 바로 그 원칙과 법칙을 지키는 것입니다. 도(道)란 길입니다. 인생의 대도(大道)로서 한 줄기 길입니다. 이 법칙에 따라 생활하면 여러분은 득도합니다.

그러므로 "도자성인행지(道者聖人行之), 우자패지(愚者佩之)"합니다. 이것이 중국의 도(道)의 문화로서, 여기서 말하는 도는 바로 하나의 대원칙이자 생명의 대법칙입니다.

먼저 병으로 나타나지 않은 것을 고치다

음양을 따르면 살고 거스르면 죽으며, 음양을 따르면 다스려지고 거스르면 혼란해집니다. 반순은 거스르는 것으로 이를 내격[21]이라 합니다. 이 때문에 성인은 병이 생긴 뒤에 다스리지 않고 병이 생기기 전에 다스리며, 어지러워진 후에 다스리지 않고 어지럽기 전에 다스린다고 하는데 바로 이것을 말합니다. 병이 생긴 후에 약을 쓰고 어지러워진 후에 다스리는 것은 비유하자면 목이 마르다고 우물을 파는 것이나 같고, 전쟁이 벌어진 뒤 병기를 만드는 것과 같으니 너무 늦은 것이 아니겠습니까.

從陰陽則生, 逆之則死, 從之則治, 逆之則亂, 反順爲逆, 是謂內格. 是
故聖人不治已病治未病, 不治已亂治未亂, 此之謂也. 夫病已成而後藥
之, 亂已成而後治之, 譬猶渴而穿井, 鬪而鑄兵, 不亦晚乎.

『소문』 제2편 「사기조신대론」 제3장

"종음양즉생(從陰陽則生), 역지즉사(逆之則死), 종지즉치(從之則治), 역
지즉난(逆之則亂), 반순위역(反順爲逆), 시위내격(是謂內格)." 그러므로 여
러분은 음양 사시의 법칙을 이해해 스스로 양생, 즉 이 신체를 조절하고
길러 보양(保養)해야 합니다. 만약 위반한다면 병이 나고 안에서 문제가
생깁니다.

"시고성인불치이병치미병(是故聖人不治已病治未病), 불치이란치미란(不
治已亂治未亂), 차지위야(此之謂也)." 이것이 중국의 상고 문화로서 의학의
이치는 정치와 마찬가지입니다. 정치를 이해한 역사상 유명한 사람들은
모두 의학을 알았는데, 정치가 모두 의학의 이치로부터 나오기 때문입니
다. 그러므로 "성인불치이병치미병(聖人不治已病治未病)" 합니다. 즉 성인
은 병이 없을 때 약간 불편하면 먼저 약을 먹어 치료합니다. 병으로 나타
나면 이미 늦기 때문입니다. 정치의 이치 역시 이와 같습니다. 천하가 어
지러워진 뒤에 나서서 평천하하려 한다면 헛수고가 되고 맙니다. 국가와
사회를 영원히 어지럽지 않게 하는 것이야말로 바로 대정치가의 일입니
다. 언뜻 보기엔 공로가 없는 듯하지만 사실 그 공로가 가장 큽니다. 이 몇

---

21 내격(內格)은 몸의 생리적 기능이 외부 환경에 잘 적응되지 못하는 것이다.

마디는 중국 문화의 정화입니다.

"부병이성이후약지(夫病已成而後藥之), 난이성이후치지(亂已成而後治之), 비유갈이천정(譬猶渴而穿井), 투이주병(鬪而鑄兵), 불역만호(不亦晚乎)." 정치와 의약의 이치는 하나입니다. 병이 이미 바깥으로 드러난 후에 약으로 치료하는 것은, 마치 사회가 이미 혼란해진 뒤에 다시 법률과 군사로 관리하려는 것과 같습니다. 이는 성인의 도가 아닙니다. 더욱이 여러분 사장님들은 경영학을 말합니다만 이것 역시 경영학입니다. 그는 예를 하나 듭니다. 마치 갈증이 나서 우물을 파는, 입이 바짝 마르고 나서야 비로소 우물을 파는 것과 같다는 것입니다. "투이주병(鬪而鑄兵)", 이제 막 전투를 하려는데 그때서야 비로소 무기를 만든다면 너무 늦은 것이지 않겠습니까? 이 「사기조신대론」의 중점은 어디에 있을까요? 여러분이 스스로 전편을 연구하고 읽어 보시기 바랍니다.

어제 제가 어느 친구에게 말했는데, 이 친구는 마음을 내어 독서를 하려 하는데 나이가 약간 많았습니다. 제가 말하기를, 중국 글자는 공부하기 좋아 글자를 바라보기만 해도 고서를 읽을 수 있다고 했습니다. 변이 있으면 변을 읽고 변이 없으면 중간을 읽으면 되니 이것이 중국의 글자라 했습니다. 그가 통할 수 있을 것 같다고 했지요. 어떤 음이 정확한가 하는 문제에 이르면, 광동에는 광동의 발음이 있고 절강에는 절강의 발음이 있으며 북방의 그 발음은 뒤에 나온 것입니다. 그러므로 여러분이 학자가 되고자 한다면 천천히 하면 되고 먼저 글자를 알아야 합니다.

그러므로 여러분은 이런 고문을 많이 보아야 합니다. 컴퓨터는 좀 적게 하고 책을 많이 읽어야 합니다. 중국 글자는 공부하기 쉽습니다. 예를 들어 삼수변이 있다면 이는 반드시 흐르는 물과 관련이 있습니다. 비록 어떻게 발음하는지 몰라도 그 뜻은 차츰 알게 됩니다. 제가 여러분께 농담하는 것이 아닙니다. 이렇게 노력하면서 다시 『강희자전』을 한 권 사서 옆에 두고 들춰 본다면 일 년 후에는 여러분이 대학자가 되어 있을 겁니다. 이것이 그 하나입니다.

다시 활자시를 말하다

다른 하나는 일 년 사계절 춘하추동에 어떻게 양생을 조절하느냐, 자신의 신체를 어떻게 좋게 하느냐 하는 것입니다. 기억하기론 앞에서 「상고천진론」을 설명하면서 도가의 활자시(活子時)에 대해 말한 적이 있는데, 그때 한 학생이 와서 신체에서의 활자시에 대해 물었습니다. 우리의 신체에도 일 년 사계절 춘하추동이 있는데, 만약 틀에 박힌 독서를 한다면 이 이치를 이해하지 못할 겁니다. 예를 들면 우리는 낮에는 일하고 밤에는 잡니다. 이것이 천지의 규칙으로 위반할 수 없다고 하는 것은 맞는 말입니다. 하지만 여러분은 그것을 지혜롭게 운용해야 합니다. 저 같은 경우 밤에는 일하고 낮에는 잡니다. 이제 여러분과 수업이 끝나면 열한 시나 열두 시쯤에 어지럽게 뭘 먹고는 거의 날이 샐 때까지 일을 합니다. 저는 어제 저녁부터 지금까지 단 두 시간밖에 자지 않고 지금 여러분께 말하고 있으니 약간 어리벙벙하기도 합니다. 하지만 제가 흐리멍덩하다고 여겨서는 안 됩니다. 작은 글자 하나가 틀린 것도 저는 다 파악하고 있습니다. 이것은 일반적인 법칙에 완전히 위배됩니다. 왜 이렇게 할 수 있을까요? 스스로 생명을 활용하는 것입니다. 이 법칙을 반대로 활용하는 것이지요. 그러니 자시에 일양이 생기지만 여러분이 이미 나이가 많아 양기가 없다면 스스로 조절해 회복할 수 있는 방법이 있습니다.

좋습니다! 이제 여러분은 활자시를 이해할 겁니다. 지금 『황제내경』은 여러분에게 하나의 커다란 이치와 원칙을 말하고 있으며, 아울러 여러분 자신이 신체에서 사계절을 조절할 수 있고 좋지 못한 것을 봄날로 바꿀 수도 있다고 말합니다.

이야기가 여기에 이르니 갑자기 생각나는 것이 있습니다. 예를 들어 이 봄날 지금 여러분의 정신이 대단히 건강하고 신체 역시 개운하다면 이것이 바로 여러분의 봄날입니다. 봄날에 소모하는 것이 지나치면 곧 수축되는데 바로 가을입니다. 이 중간에 여러분이 조절할 줄 알아야 합니다. 예를 들어 여러분 중 많은 사람이 혈압 재기를 좋아하는데 저는 한평생 혈압을 재어 본 적이 없습니다. 유학한 학생 한 명이 돌아오면서 가볍고 편한 혈압계를 보내왔습니다. 저한테는 이십여 개가 있었지만 모두 다른 사람들한테 줘 버리고 저는 사용하지 않았습니다. 오늘 기분이 아주 좋다면 혈압이 올라갈 것이고 조금 있다가 감정이 가라앉으면 내려갈 겁니다. 어떤 때는 식사를 많이 하고 나면 상승합니다. 만약 혈압계를 믿는다면 살아가기도 힘들 겁니다.

그래서 제가 늘 하는 말입니다만 의사 말을 듣다 보면 살아갈 수 없고 법률가 말을 듣다 보면 감히 문을 나설 수도 없습니다. 사람이 천지 사이에 살면서 대장부라면 천지를 지휘해야 하니 자신의 신체도 바꾸어 내어야만 옳습니다. 이것 역시 사시(四時)의 이치입니다. 신체에도 수시로 사시가 있으며 기후처럼 변화하고 있습니다. 하지만 여러분이 정말로 자신의 건강을 유지하려면 먼저 이 원리를 이해해야만 스스로 조절할 수 있습니다. 만약 제대로 조절할 수 있다면 이것이 바로 본편에서 말하는 "성인행지(聖人行之), 우인패지(愚人佩之)"의 이치입니다.

보십시오. 『황제내경』은 여러분에게 병의 치료에 대해 말하지 않습니다! 그렇다고 약의 처방에 대해서도 말하지 않습니다. 왜 장황하게 이런 말만 늘어놓고 있을까요? 바로 병의 이치에 관한 학문, 병을 치료하는 철학을 말하고 있습니다. 이것을 파악한다면 여러분은 의사로서 대단히 고명해질 수 있습니다. 약물에 대해 자세히 연구하고자 한다면 주위에 깔린 것이 모두 약입니다. 여러분이 어떻게 활용하느냐에 달려 있습니다.

하늘로 통하는 기

제3편 「생기통천론(生氣通天論)」에서 여러분은 먼저 제목부터 뚜렷이 알아야 합니다. 우리의 살아 있는 이 기(氣)는 천지와 서로 통합니다. 이제 문제에 이르렀습니다. 무엇이 기(氣)인가요? 이건 아주 큰 문제입니다. 풍(風)이 기의 근본입니다. 그렇다면 풍이란 무엇일까요? 이건 좀 더 따져봐야 할 문제입니다. 불교에서는 풍대·지대·화대·수대의 사대(四大)를 말하는데, 여기서 '대(大)'는 큰 분류란 뜻입니다. 불교에서는 풍을 "무색유대(無色有對)"라 설명하는데 보이지도 않고 색깔도 없다는 것입니다. 우리가 풍이 오는 것을 느낀다면 그것은 여러분의 신체가 반응하는 감각으로서, 풍은 색깔이 없고 형체도 없습니다. '유대(有對)'란 여러분과 상대한다는 것으로 마주쳤을 때에야 비로소 풍이 있음을 알게 됩니다.

온 천지 사이에는 모두가 풍입니다. 우주에도 풍이 있느냐고요? 있습니다. 그 풍은 정지된 풍입니다. 가령 우리에게 진공관이 있다면 그 속에도 풍이 있을까요? 물론 있습니다. 단지 풍이 숨어 있어 움직이지 않기에 느끼지 못할 뿐입니다.

풍의 변화를 기(氣)라 부릅니다. 그러므로 도를 닦거나 불법을 배우거나 공부를 하는 것을 '수기(修氣)'라고 하는데, 이것은 풍의 그다음 단계입니다. 이 기(氣)는 또 무엇일까요? 이것은 풍의 에너지입니다. 풍은 원래 에너지로서 이 에너지는 변동합니다. 이 기(氣)는 신체상에 있는 것으로, 우리가 호흡을 하는 것이 바로 풍의 현상입니다. 호흡을 하면서 계속 출입하기에 두 콧구멍으로 느끼게 됩니다. 호흡은 단지 코로만 하지 않고 전신의 십만 팔천 모공에서도 수시로 하고 있습니다. 하지만 수양이 없는 사람은 느끼지 못하기에 단지 코로만 호흡하는 것으로 알고 있습니다. 코로 하는 호흡이 완전히 정지되면 바로 사망하는데 이것이 풍과 기의 관계입니다.

불교에서는 호흡을 수련하는 것을 조식(調息)을 닦는다고 하는데 이건 아주 어렵습니다. 식(息)이란 신체 내부에서 호(乎)도 흡(吸)도 하지 않는 것으로, 영원히 존재하는 에너지를 신체가 보존 유지하도록 하는 것입니다. 이것을 식(息)이라 합니다. 식(息)의 뜻은 바로 가득 충전하는 것입니다. 따라서 『역경』에서는 '소식(消息)'이란 말을 합니다. 우리가 사용할 때는 소(消)라 하고 고요히 사용하지 않을 때를 휴식(休息)이라 합니다. 휴식이란 충전하는 것입니다.

이제 이야기가 「생기통천론」이라는 제목에 이르렀는데, 여기 계신 모든 분들의 생명에는 끊임없이 생겨나는 에너지가 있습니다. 이 점은 중국 문화가 지닌 특이한 관점이라 볼 수 있습니다. 저는 외국 친구들에게 늘 이렇게 말합니다. "당신네 문화는 현재 과학적으로 아주 진보했지만 당신네 종교는, 세상의 종교가 다 그렇지만 죽은 사람의 종교라오. 여기에는 당연히 불교 역시 포함되지요. 보시오. 모든 종교가 다들 좋은 사람이 되라고 하며 죽은 뒤 좋은 사람은 천당에, 나쁜 사람은 지옥에 떨어진다고 하지 않소. 종교인이 세계를 보는 관점은 비참하고 인생을 보는 관점은 슬프다오. 종교인들은 장례식장 입구에서 인생을 보기 때문이지요. 단지 중국의 도가에서만 장례식장 입구가 아닌 산부인과 입구에 서 있다오. 어라, 또 하나가 나오네. 또 한 명이 태어났구나. 끊임없이 태어나는구나. 당신들 서양 문화의 종교철학은 저녁에 서서 바라보니 해 떨어지는 서산이 얼마나 슬프겠소? 하지만 도가는 아침에 서서 바라보니, 이야! 태양이 또 떠오르는구나. 끊임없이 생겨나는구나 하지요."

실제로 천지 사이엔 오로지 두 작용만이 있으니, 하나는 생(生)이요 하나는 사(死)입니다. 불교에서는 '생멸(生滅)'이라 하는데, 하나는 유(有)요 다른 하나는 공(空)입니다. 중국의 도가와 의학에서는 끊임없이 생겨난다고 말합니다. 이 때문에 저는 서양인에게 말합니다. "내가 이해한 바에 따르면 전 세계에서 단지 중국인만이 이런 특이한 관점을 가지며, 게다가 중국인들은 감히 사람이 장생불사하며 또 그 방법도 있다고 말한다오." 장생불사하는 사람을 본 적이 있습니까? 없습니다. 그럼에도 중국인들은 이런 허풍을 떱니다. 이것이 중국인의 우대(牛大)[22]입니다.

지금 이 편은 「생기통천론」에 대해 말하고 있습니다. 우리 생명에는 스스로의 기화(氣化)가 있는데, 이 때문에 중국 도가에서는 "여천지동체(與天地同休), 여일월동수(與日月同壽)"라고 말합니다. 자신의 생명이 수도에

---

22 허풍이 세다는 것을 불교의 사대(四大)에 빗대어 표현한 말이다.

성공하면 불사할 수 있으며 오직 천지가 허물어질 때에야 비로소 끝난다고 봅니다. 심지어 천지를 초월해 일월과 수명을 같이할 수 있다고도 합니다. 단지 중국 문화에만 이런 기백이 있습니다. 우리 스스로도 이것이 우스운 이야기며 참으로 허풍이 세다고 말하지만 그럼에도 터무니없는 말은 아닙니다.

천지 자연과 통해야 생명의 근본을 안다

황제가 말했다. 무릇 자고로 하늘과 통하는 것이 삶의 근본으로 음양에 그 뿌리가 있습니다. 천지 사이와 상하와 사방 속에서, 구주와 아홉 규와 오장과 십이절기가 모두 하늘의 기운과 통합니다. 그것을 살리는 것은 오행으로 그 기운이 셋인데, 자주 여기에 어긋나면 사기가 사람을 상하게 하니 이것이 수명의 근본입니다. 창천의 기가 청정하면 의지가 다스려지고 순하면 양기가 견고해집니다. 비록 적사가 있더라도 상하게 하지 못하니 이는 때에 따라 순조롭게 흘러가기 때문입니다.

黃帝曰, 夫自古通天者生之本, 本於陰陽. 天地之間, 六合之內. 其氣九州九竅五臟十二節, 皆通乎天氣. 其生五, 其氣三, 數犯此者, 則邪氣傷人, 此壽命之本也. 蒼天之氣淸淨, 則志意治, 順之則陽氣固. 雖有賊邪弗能害也, 此因時之序.

『소문』 제3편 「생기통천론」 제1장

이런 고서는 젊은이 여러분들이 읽어 볼 가치가 충분합니다. 이 속에는 수학도 포함되어 있는데 모두가 중국 고대의 문화입니다. 그래서 중국 문화가 무엇이냐고 묻는다면 이것이 바로 중국 문화라 말할 수 있습니다. 황제는 문제 하나를 제시하며 기백에게 묻습니다. 그가 말합니다. 오래전부터 "통천자생지본(通天者生之本)"이라 했는데, 이 구절은 천지 우주의 작용을 통달할 수 있는 자, 지혜에 통달한 자는 바로 생명의 근본을 뚜렷이 이해한 자라 말합니다. 그는 스스로 답하기를, "생지본(生之本), 본어음양(本於陰陽). 천지지간(天地之間), 육합지내(六合之內)"라 했습니다. '육합(六合)'이란 무엇일까요? 고대의 천지 개념으로 동서남북과 상하를 육합이라 합니다. 또 다른 명칭이 있는데 중국 문학에서는 '팔방(八方)'이라 했습니다. "팔방풍우회중주(八方風雨會中州)", 동서남북에다 그 사이를 합쳐 팔방이라 했습니다. 인도에서 온 불교는 시방(十方)이라 불렀는데, 동서남북 및 그 사이 팔방에다 상하를 더한 것입니다. 그러므로 중국 상고 문화에서 공간을 말할 때는 육합이라 했습니다.

"기기구주구규오장십이절(其氣九州九竅五臟十二節)", 상고 시대 하우(夏禹) 이전에는 중국을 구주(九州)로 나누었는데 지금의 열 몇 개의 성(省)이 아닙니다. 예를 들면 감숙(甘肅)을 옹주(雍州)라 했는데 여기에는 섬서(陝西)나 산서(山西) 등이 포함되어 있었습니다. 산동(山東)을 연주(兗州)라 했는데 이들은 모두 고대의 지리입니다.

왜 이런 것을 제시했을까요? 중국의 지리를 들어 자기 신체 내부를 비유한 것입니다. 사람에게는 구규(九竅)가 있는데 이는 구주(九州)를 대표합니다. 머리에 일곱 개의 구멍 즉 두 눈과 두 귀 그리고 입이 있고, 아래에 두 개가 있습니다. 속에는 오장이 있고 십이절기에 해당하는 열두 개

기(氣)가 있어, "개통호천기(皆通乎天氣)" 즉 모두 천기와 통합니다. 그러므로 인체의 조직은 천지의 조직과 거의 흡사합니다. 현대인이 볼 때는 산만해서 과학이 되기에 부족해 보이지만 상고의 과학은 이렇게 해서 나온 것입니다.

"기생오(其生五), 기기삼(其氣三)." "기생오(其生五)"란 무엇일까요? "기기삼(其氣三)"은 또 무엇일까요? '오(五)'는 오행으로 심(心), 간(肝), 비(脾), 폐(肺), 신(腎)을 대표하며 금(金), 목(木), 수(水), 화(火), 토(土)를 대표하기도 합니다. "기기삼(其氣三)"은 천기(天氣)와 지기(地氣) 그리고 중간의 운기(運氣)를 말합니다. 사주를 보는 사람은 여러분의 운기가 좋으니 나쁘니 이야기하는데 이는 생명 사이를 움직이는 기(氣)를 말합니다.

"삭범차자(數犯此者), 즉사기상인(則邪氣傷人)." 여기서 말하는 오행의 기와 천지의 기에 만약 여러분의 생활이 위배되면 사기(邪氣)가 나타납니다. 가령 오늘 같은 날씨에 여러분이 러닝셔츠 하나에 반바지만 입고 있다면 여러분은 감기에 걸립니다. 천지 기(氣)의 온도가 떨어지는데도 여러분은 한사코 옷을 얇게 입고자 합니다. 이 때문에 "삭범차자(數犯此者)", 자주 이것을 어기면 "즉사기상인(則邪氣傷人)", 나쁜 기운이 사람을 상하게 하니 "차수명지본야(此壽命之本也)", 이것이 수명의 근본입니다.

"창천지기청정(蒼天之氣淸淨), 즉지의치(則志意治), 순지즉양기고(順之則陽氣固)." 우주 사이의 이 에너지는 청정합니다. 그래서 우리가 이 법칙을 배우고자 한다면 자신의 마음을 청정히 하고 심기를 평화롭게 해야 하는데, 이렇게 하면 양기가 견고해집니다.

"수유적사불능해야(雖有賊邪弗能害也), 차인시지서(此因時之序)." 바로 조금 전에 우리가 재삼 언급했던 사기(邪氣)로, 이것은 스스로 초래한 풍

(風)입니다. 모든 풍이 여러분의 사기로 변하는 것이 아닙니다. 예를 들어 지금 많은 사람들이, 특히 제가 홍콩에서 본 것이 제일 두려웠는데 홍콩 사람들은 정말이지 어떻게 해야 좋을지 모르겠습니다. 여름에 냉기가 몰려와 마치 겨울처럼 그렇게 추운데도 여자들이 예쁜 것만 좋아해 반팔을 입고 나갑니다. 그러니 병에 걸리지 않는 것이 이상하지요.

어떤 친구 하나는 팔이 아픈데도 원인을 찾지 못하고 있었습니다. 제가 말했습니다. 당신 사무실 에어컨을 너무 춥게 틀어 놓거나 사무실 책상 위에 유리를 깔아 두지 않았느냐고요. 그가 말했습니다. "사람들이 선생님더러 신통하다더니 정말 그러네요! 제 사무실을 다 보셨네요." 그래서 제가 말했습니다. "당신은 근본적으로 병이 없지만 뒤에서 차가운 공기를 쐬고 하루 종일 유리 위에 두 손을 올려놓고 사무를 보고 있으니, 바로 그 때문에 사기(邪氣)가 들어온 거라오." 그리고 나서 앞으로는 책상 위를 두터운 천으로 깔고 뒤에서 오는 냉기를 조절하면 좋아질 거라고 말했습니다. 약은 먹을 필요 없다고 했지요. 바로 방금 말한 이 이치입니다.

그러므로 적풍(賊風)이 바로 사풍(邪風)입니다. 그건 자신이 불러온 것으로 환경에 적응하지 못해 생겨난 것입니다. 현대는 환경 보호를 말하고 있지만 우리의 이 생명에 대해서도 환경의 영향을 고려해 보아야 하니, 바로 생명의 환경 보호입니다.

원기와 양기

이 때문에 성인은 정신을 한곳에 집중하고 천기를 받아들여 신명에 통합니다.

이것을 잃으면 안으로 구규가 막히고 바깥으로 근육이 응체되며 위기가 흩어집니다. 이를 일러 스스로 상한다고 하니 기운이 약해진 것입니다.

故聖人傳精神, 服天氣而通神明, 失之則內閉九竅, 外壅肌肉, 衛氣散解, 此謂自傷, 氣之削也.

『소문』 제3편 「생기통천론」 제1장

"고성인전정신(故聖人傳精神)", 여기서 말하는 '성인(聖人)'은 득도한 사람입니다. 득도한 사람은 정신을 전하는데, 이 '전(傳)'은 자신의 정신을 보호하고 유지하는 것입니다. "복천기이통신명(服天氣而通神明)"에서 '복(服)'은 복종하는 것입니다. 위반하지 않고 이 천기에 복종해 신명(神明)에 통하는 것으로 절로 정신과 두뇌가 깨끗해집니다. 중국인은 때로 귀(鬼)니 신(神)이니 하는 것을 신명이라 부르지만, 실제로 신명은 자기 정신의 신령스러운 빛으로 사리에 통달하는 것입니다. 만약 여기에 위반한다면 "내폐구규(內閉九竅)", 코도 통하지 않고 귀의 기운도 통하지 않습니다. "외옹기육(外壅肌肉)", 사람 역시 경직되어 혈압도 올라갑니다. "위기산해(衛氣散解)", 자신의 생명을 보호하는 한 줄기 기(氣)도 흩어져 작용하지 않습니다. 이를 '자상(自傷)'이라 하는데 스스로 자신의 원기(元氣)를 상하게 하는 것입니다.

양기는 마치 하늘이나 해와 같아서 제자리를 잃으면 수명이 줄어들고 건강하게 자라지 않습니다.

陽氣者若天與日, 失其所則折壽而不彰.

『소문』제3편 「생기통천론」제2장

양기는 마치 하늘의 태양과도 같아서 스스로 잘못 다루면 수명이 줄어
듭니다. 제가 기억하기로는 그 계산법이 있는데 「금궤진언론(金匱眞言
論)」, 「음양별론(陰陽別論)」, 「평인기상론(平人氣象論)」, 삼부구후론(三部九
候論)」 등의 편에 있습니다. 이른바 '양기(陽氣)'란 무엇일까요? 환희가 양
기요 기뻐하는 것이 양기입니다.

『도덕경(道德經)』에서 노자는 아주 명백히 말하는데 제가 끌어와서 설
명하자면 이렇습니다. 어린아이들은 잠을 잘 때 어떤 시기가 되면, 특히
남자아이의 경우 고추가 꼿꼿이 서는데 이는 정신이 충만하기 때문입니
다. 당연히 어떤 때는 오줌이 마려워서 그렇겠지만 반드시 그런 것은 아닙
니다. 노자는 어린아이의 고추가 서는 것은 양기가 나타난 것으로 성욕과
는 무관하다고 설명합니다. 사람이 자라나도 남녀가 모두 마찬가지입니
다. 남성은 어떻게 될까요? 노자는 "쪼그라든 것이 일어난다[朘作]"라고
말합니다. 여성의 경우는 어떨까요? 유방이 팽창합니다. 동일한 이치로서
하나는 음이요 하나는 양이니, 홀수를 양이라 하고 짝수를 음이라 합니다.
이것을 양기가 발동한다고 하는데 수도를 하는 사람은 이것을 활자시라
고 합니다.

십여 세가 되어 성에 대한 생각이 나타난 뒤에 이 양기가 오면 사고를
저지르는데, 이를 일러 "맹호가 하산을 한다[猛虎下山]"라고 합니다. 사람
을 잡아먹으려 하는 것입니다. 그래서 도가에서는 용과 호랑이를 항복시

세 번째 강의 ●183

켜야 한다고 말하지만 이 호랑이는 여러분이 영원히 잡아 둘 수가 없습니다. 그뿐 아니라 이 호랑이는 대단한 능력이 있어 『서유기(西遊記)』의 손오공이 들고 있는 여의봉이 바로 이것이 변한 겁니다. 본래 이것은 해저(海底)의 신침(神針)으로 거기에 걸려 있을 때는 아무 쓸모가 없다가 갑자기 일어나 천궁(天宮)을 한바탕 떠들썩하게 하고는 수그러듭니다. 이것이 양기의 이치로 형태도 있고 모습도 있습니다. 그러므로 여러분의 정신이 건강하면 양기가 많습니다. 이것을 알고 수양하여 자신을 세우고 닦는 사람들은 신체가 갈수록 좋아집니다. 양기는 하늘과 태양과도 같아서 나아갈 바를 잃으면 수명이 짧아집니다.

서기와 신기

이 때문에 하늘의 운행은 당연히 태양의 광명으로 드러나며, 그런 까닭에 양의 기운도 위로 올라가 외부로부터 사기가 침범하지 못하도록 합니다. 날씨가 차가워지면 문의 지도리처럼 고요히 지내야 하니 행동거지가 동요되기라도 하면 이내 신기가 떠오릅니다.

故天運當以日光明, 是故陽因而上衛外者也. 因於寒, 欲如運樞, 起居如驚, 神氣乃浮.

『소문』제3편「생기통천론」제2장

양기가 올 때는 마치 태양이 떠오르는 것처럼 신체가 밝아집니다. 여러분이 지금 여기 앉아 있지만 의학을 배운 사람은 스스로 체험해 봐야 합니다. 여러분은 물론 마음을 다해 책을 들고 강의를 듣고 있지만 한번 물어보겠습니다. 여기 앉아 있으면서 신체에 무슨 감각을 느낍니까? 반드시 느낄 것입니다. 여기저기가 고통스럽거나 불편하며, 불편한 것은 불편한 것이요 듣는 것은 듣는 것으로 속에서 뭔가 움직이고 있습니다. 여러분 스스로 또렷이 느껴야 합니다. 이런 움직임은 바로 기가 속에서 움직이는 것으로 이런 감각이 느껴지면서 기가 나타납니다. 그러므로 추우면 옷을 더 입어야 하고 일상생활이 정상이 되도록 해야 합니다. "기거여경(起居如驚)"이 무엇일까요? 우리는 낮에 일하고 밤에 잠을 자는데, 수시로 두려워하고 조심해야 하며 대충대충 하려 해서는 안 됩니다. 우리가 한순간 조심하지 않으면, 가령 이불 속에 있다가 나가면 몹시 추운데, 이렇게 깜짝 놀라는 사이 풍사(風邪)가 들어와 버립니다. 바깥에 정말로 병이 있어 들어오는 것이 아니라 속에서 제대로 보호하지 못하기 때문에 일어나는 것입니다. 이 둘이 결합하면 곧 병이 생깁니다. "신기내부(神氣乃浮)", 그렇게 되면 신(神)과 기(氣)가 견뎌 내지 못합니다.

날씨가 더워지면 땀이 나고 답답해 거친 숨을 몰아쉬거나 그렇지 않으면 말이 많아집니다. 몸이 만약 숯불처럼 뜨거워져 땀이 쏟아지면 더운 기운이 흩어집니다. 습기가 들어오면 머리를 마치 무엇을 싸놓은 듯하며, 습기와 열기를 걷어내지 않으면 큰 근육은 오그라들고 작은 근육은 늘어지는데, 오그라들면 당기고 뒤틀리며 늘어지면 무력해집니다. 이로 인해 부종이 나타나 팔다리가 번갈아 부어오르면 양기가 이미 고갈된 것입니다.

因於暑, 汗煩則喘喝, 靜則多言. 體若燔炭, 汗出而散. 因於濕, 首如裹,

濕熱不攘, 大筋緛短, 小筋弛長, 緛短爲拘, 弛長爲痿. 因於氣爲腫, 四

維相代, 陽氣乃竭.

『소문』제3편「생기통천론」제2장

"인어서(因於暑), 한번즉천갈(汗煩則喘喝), 정즉다언(靜則多言)." 여름에
더위에 상하면 땀이 많이 나고 입이 마르며 쉬지 않고 말하려 합니다. 예
를 들어 여기 있는 어떤 친구가 말을 하지 않고는 배기지 못해 쉴 새 없이
떠들어 댄다면 속에서 이미 감염되어 열기가 바깥으로 떠오른 것입니다.

"체약번탄(體若燔炭), 한출이산(汗出而散)." 이럴 때의 증세를 말하면 신
체를 마치 불에 쬐어 말리듯 땀이 연신 쏟아져 나와 흩어집니다.

"인어습(因於濕), 수여과(首如裹), 습열부양(濕熱不攘), 대근연단(大筋緛
短), 소근이장(小筋弛長), 연단위구(緛短爲拘), 이장위위(弛長爲痿)." 만약
외부의 습도가 너무 높은데도 옷을 제대로 입지 못하면 곧 습기가 침투해
들어옵니다. 주의해야 합니다. 사람의 신체는 칠십 퍼센트가 물입니다. 이
물은 흐르지 않으면 가득 차서 습기를 발합니다. 우리의 생명은 참으로 가
련해 무척이나 고통스럽습니다. 도처에 습기로 가득한데, 습기가 과도하
면 두뇌가 혼미하고 머리가 무거워 옴쭉달싹 못합니다. 만약 습기에다 염
증이나 발열이 더해진다면 힘줄이 풀어져 경련을 일으키며, 혹은 늘어나
거나 수축해 움직이지 못합니다. 흔히 말하는 중풍과도 같습니다. 실제로
기(氣)를 상하는 것 역시 중풍의 일종입니다.

"인어기위종(因於氣爲腫), 사유상대(四維相代), 양기내갈(陽氣乃竭)." 기

는 형체도 없고 모습도 없어 보이지 않습니다. 그러므로 정신이 없고 기력이 없으면 종양이 생기고 암이 생깁니다. 기는 비록 형체도 모습도 없지만 "무상유대(無相有對)", 감각은 있습니다. 중풍에 걸린 사람은 손을 움직일 수 없습니다. 풍은 다름 아닌 기(氣)로서 풍이 움직일 수 없으면 뭉쳐 버리고 맙니다.

　그러므로 종양이나 암의 시작에 대한 견해를 저는 그다지 믿지 않는 편입니다. 저는 의사가 아니므로 말에 책임을 지지 않습니다. 많은 친구들이 검사를 받으러 가서 종양이나 암이 있는지 확인하지만 근본적으로 약을 먹고 좋아지지는 않습니다. 수술을 꼭 해야겠다면 수술을 하십시오! 어떤 의사는 저에게 솔직히 말합니다. 돈을 그렇게 써서 수술을 받아도 소용없다고요. 제가 말했습니다. "당신네들이 하는 것이라곤 살점을 약간 후벼 내는 것인데 거기에만 의존할 수 없다오." 간혹 기가 변화해 덩어리가 되면서 종양이 생길 수도 있습니다.

여름철엔 음기가 성하다

양기는 번거롭고 힘들면 늘어져 정이 고갈되는데, 이렇게 쌓여 여름이 되면 사람 마음을 좋여 정신을 잃게 합니다. 눈은 어두워져 볼 수 없고 귀는 닫혀 들리지 않아, 마치 도읍이 허물어지듯 그렇게 끊임없이 무너져 내려 그치지 않습니다. 양기는 그게 노하면 형기가 끊어져 상부에 응체되면서 기절하게 됩니다. 근육이 상하면 마음대로 움직여지지 않으며, 땀이 몸의 한 쪽에서만 나면 반신불수가 됩니다. 그리고 땀을 흘린 뒤 습한 기운이 침투하면 부스럼과 땀띠가 납니다. 고량을 많이 먹으면 발에 큰 종기가 생기는데, 마치 빈 그릇에 물건 담듯 쉽게 생깁니다. 힘들게 땀을 흘릴 때 바람이나 한기를 맞게 되면 가벼운 여드름이 생기나, 이것이 엉겨 풀어지지 않으면 부스럼이 됩니다. 양기는 치밀한 것은 신을 기르고, 부드러운 것은 근육을 기릅니다. 모공의 열림과 닫힘이 제대로 되지 않으면 차가운 기운이 따라들어와 등이 굽어지는 병에 걸리고, 맥으로 빠져 부스럼이 되어 피부에 남습니다. 유기가 침투하면 두려워하기를 잘 해 마침내 크게 놀라게 됩니다. 영기가 따르지 않아 근육과 어긋나게 되면 용종이 생깁니다.

陽氣者, 煩勞則張, 精絶辟, 積於夏, 使人煎厥. 目盲不可以視, 耳閉不可以聽, 潰潰乎若壞都, 汨汨乎不可止. 陽氣者, 大怒則形氣絶而血菀於上, 使人薄厥. 有傷於筋, 縱其若不容. 汗出偏沮, 使人偏枯. 汗出見濕, 乃生痤疿. 高粱之變, 足生大丁, 受如持虛. 勞汗當風寒, 薄爲皶鬱乃痤. 陽氣者, 精則養神, 柔者養筋. 開闔不得, 寒氣從之, 乃生大僂, 陷脈爲瘻, 留連肉腠. 兪氣化薄, 傳爲善畏, 及爲驚駭. 營氣不從, 逆於肉理, 乃生癰腫.

『소문』제3편 「생기통천론」제2장

"양기자(陽氣者), 번로즉장(煩勞則張), 정절피(精絶辟), 적어하(積於夏), 사인전궐(使人煎厥)." 조금 전 기의 문제에 대해 말씀드렸는데, 여름철엔 날씨가 무척 덥지만 실제로 음양학으로는 음이라고 하니 음기가 아주 많은 것입니다. 그렇다면 우리 인간의 양기가 여름철에는 음기와 마주치므로 쉽게 조급해지고 쉽게 짜증이 납니다. 이럴 때 정신이 쉽게 손상되는데, 마음을 바짝 졸이거나 의식이 흐려지는 느낌이 듭니다.

"목맹불가이시(目盲不可以視), 이폐불가이청(耳閉不可以聽), 궤궤호약괴도(潰潰乎若壞都), 골골호불가지(汨汨乎不可止)." 여름에 이런 상황에 부닥치게 되면 눈이 캄캄해지고 귀에도 쉽게 문제가 생기는데, 이와 같은 상황은 음기와 양기가 충돌하면서 발생합니다.

"양기자(陽氣者), 대로즉형기절이혈완어상(大怒則形氣絶而血菀於上), 사인박궐(使人薄厥)." 내일부터는 먼저 이 방면에 좀 더 중점을 두어 심리 방면과 경맥 방면을 아우르며 말씀드리고자 합니다. 양기는 사람으로 하여금 쉽게 화를 내게 합니다. 중국 속어에 "화가 나 죽겠다[氣死人]"는 말이 있듯이, 화를 한번 내면 기가 끊어질 수도 있고 혈압이 올라 곧바로 혼절할 수도 있습니다.

"유상어근(有傷於筋), 종기약불용(縱其若不容). 한출편저(汗出偏沮), 사인편고(使人偏枯). 한출견습(汗出見濕), 내생좌비(乃生痤痱)." 근육과 뼈가 풀어져 반신불수가 될 수 있습니다. 몸에는 땀띠가 날 수도 있습니다.

"고량지변(高粱之變), 족생대정(足生大丁), 수여지허(受如持虛)." '고량(高粱)'은 음식으로서, 만약 음식을 많이 먹으면 비위에 변동이 생겨 때로는 오장육부가 모두 중독될 수 있습니다. 중독은 이처럼 음식에서부터 오며 다리에 부스럼이 생길 수 있고 신체가 전체적으로 허약해집니다.

"노한당풍한(勞汗當風寒), 박위사울내좌(薄爲皶鬱乃痤). 양기자(陽氣者), 정즉양신(精則養神), 유자양근(柔者養筋). 개합부득(開闔不得), 한기종지(寒氣從之), 내생대루(乃生大僂), 함맥위루(陷脈爲瘻), 유연육주(留連肉腠)." 여기서 '대루(大僂)'란 지금의 암의 이치와 같다고 말할 수 있습니다. 이 양기니 음기니 하는 것은 그 명칭도 무척이나 많아 상세히 말해야 하나 제가 아직 준비가 되지 않은 관계로, 현재 유행하는 서양 의학과 결합해 설명하는 것이 더 명백할 듯합니다. 그렇게 하지 않고 기(氣)를 말해 봐야 스스로 분명하지 않아 체험하기가 아주 어려울 것입니다.

"유기화박(兪氣化薄), 전위선외(傳爲善畏), 급위경해(及爲驚駭)." '유기(兪氣)'의 유(兪) 자는 무슨 뜻일까요? 중문에서 대응하는 것으로, 어떤 구절에 동의할 때 우리는 '야(耶)'라고 말하는데 바로 이런 뜻입니다. 그러므로 의서(醫書)에서 나오는 유혈(兪穴)은 어떤 한 경맥(經脈)에서 문제가 생길 때 그와 대응하는 혈도(穴道)를 말합니다. 유(兪)라는 글자에 주의해야 합니다. 침구 서적을 보면 자주 유혈이라는 단어가 나오는데, 유혈은 아시혈(阿是穴)[23]이 아니라 신체 내부 어떤 장부에 대응하는 혈도를 말합니다. 이 때문에 유혈이라 합니다.

"영기부종(營氣不從), 역어육리(逆於肉理), 내생용종(乃生癰腫)." 여기에 대해서는 말씀드리지 않으려 하니 여러분들이 보고 이해해야만 합니다. 여러분이 이해하지 못하는 것은 도가의 수양과 양생에 관한 것입니다. 고대의 이런 것들에 대해 여러분이 알지 못하지만 저는 조금은 알고 있으니 여러분에게 도움이 될 것입니다. 순서를 건너뛰어 「생기통천론」 뒷부분을 살펴보겠습니다.

낮에는 양기 밤에는 음기

그러므로 양기는 낮에는 주로 인체 외부를 보호합니다. 아침이 되면 기운이 생겨나고 정오가 되면 양기가 융성해지고 저녁이 되면 양기가 이미 허해져 땀구멍이 닫힙니다. 그러므로 저녁이 되면 거두어들여야 하므로 근골을 어지럽

---

23 통증이 있는 부위를 눌러 주면 그 해당하는 자리가 곧바로 편해지거나 혹은 환자가 아픔을 느끼고 곧 아시(阿是, 아! 맞다)라고 말하는 곳을 혈(穴)자리로 정한 것이다. 달리 천응혈(天應穴)·응통혈(應痛穴)·부정혈(不定穴)이라고도 일컫는다. 정해진 침혈이 아니라 병으로 아픈 국소 부위나 눌러서 아픈 곳을 침혈로 정하는 것을 말한다.

히지 않고 이슬이나 안개를 맞아서는 안 됩니다. 이 세 단계에 어긋나면 형체
가 피로하고 쇠약해집니다.

故陽氣者, 一日而主外. 平旦人氣生, 日中而陽氣隆, 日西而陽氣已虛,
氣門乃閉. 是故暮而收拒, 無擾筋骨, 無見霧露, 反此三時, 形乃困薄.

『소문』제3편「생기통천론」제2장

"고양기자(故陽氣者), 일일이주외(一日而主外)." 하루에서 이 음양을 말
하자면 낮에는 양기가 바깥에 있습니다.

"평단인기생(平旦人氣生), 일중이양기융(日中而陽氣隆), 일서이양기이허
(日西而陽氣已虛), 기문내폐(氣門乃閉)." 이것은 하루 중 양기의 변화를 말
하는 것으로 기후를 말하는 게 아닙니다. 다시 말해 생리적인 생명의 기를
말하는 것으로, 천지와 결합하는 동일한 원칙입니다. 해가 지면 가서 잠을
자고 해가 뜨기 전에 일어나는데 이것은 농업 사회를 말합니다. '평단(平
旦)'이란 무엇일까요? 하늘이 아직은 밝지 않지만 이제 막 밝아지려고 할
때, 이 생명의 기운이 되돌아옵니다. 정오가 되면 양기가 가장 성한데 바
로 태양이 머리 위에 떠 있는 때입니다. 오후가 되어 태양이 서쪽으로 기
울어지면 기가 허해져 음기의 범위에 속하게 됩니다.

"시고모이수거(是故暮而收拒), 무요근골(無擾筋骨), 무견무로(無見霧露),
반차삼시(反此三時), 형내곤박(形乃困薄)." 따라서 그는 저녁이 되면 휴식
을 취하며 수렴해야 하다고 말합니다. 우리는 잠을 잘 때 자연스레 문과
창문을 잠그는데, 그렇게 하는 것은 기(氣)를 위해서이지 도둑 때문이 아
닙니다. 어차피 천지가 모두 훔치고 있으니까요! 중국의 어떤 도서(道書)

에서는 "사람이 만물의 도둑〔人爲萬物之盜〕"이라 말합니다. 이 우주 사이에는 온통 토비(土匪)와 강도들이 빼앗고 다니는데 인간은 만물을 훔칩니다. 한번 보십시오. 우리가 먹는 쌀이니 밀가루니 채소니 하는 것들은 모두 훔쳐서 사용하는 것으로, 지금은 석유 같은 것도 훔쳐서 사용하고 있습니다. 천지는요? 만물의 도둑입니다. 천지 역시 훔치고 있으니 피차 큰 도둑으로 서로 해를 끼칩니다. 그래서 그는 말합니다. "저녁이 되면 수렴할 줄 알아야 하니 기가 허하기 때문이다〔是故暮而收拒, 無擾筋骨〕." "반차삼시(反此三時)", 만약 아침과 한낮 그리고 저녁의 기운에 위반하면 "형내곤박(形乃困薄)", 신체에 손상을 입습니다.

　주의하십시오! 마지막으로 알아야 할 것은 병을 진단하거나 치료하면서 먼저 이 책을 읽어야 한다는 점입니다. 이것이 공허한 이론이라 관계가 없는 것 같다고 생각하면 안 됩니다. 저는 여러분이 주의를 기울여 주기를 바랍니다. 병의 이치에 대해 뚜렷이 알고 난 뒤 다시 의학을 공부하면 반드시 고수가 될 것입니다. 신의(神醫)란 모두 병의 이치로부터 나옵니다. 그런 다음 어떻게 침구(鍼灸)를 사용하고 어떻게 병을 고치는지에 대해 다시 연구해 보십시오. 이런 것은 기술입니다. 먼저 병리(病理)에 대한 철학을 투철히 연구한 뒤 많은 시간을 투자해 읽어 보십시오. 내일은 방법을 바꾸어 여러분께 중점을 말씀드릴까 합니다. 따로 약간의 자료를 뽑아 말씀드리겠습니다.

음양과 안팎을 분명히 알다

기백이 말했다. 음은 정을 저장했다 빨리 일어나게 하며, 양은 바깥으로부터 사기를 막아 견고하게 한다오. 음이 양을 제어하지 못하면 맥이 빠르게 흘러 질병이 생겨 미치게 된다오. 또 양이 음을 제어하지 못하면 오장의 기운이 서로 다퉈 구규가 통하지 않게 된다오. 이 때문에 성인은 음양을 설하면서 근맥이 조화로우면 골수가 견고하고 기혈이 모두 순조롭다고 했다오. 이렇게 되면 안과 밖이 조화되어 사기가 침투하지 못해 눈과 귀가 밝아지고 기운이 이전처럼 왕성해진다오. 바람이나 음습한 기운을 맞으면 정이 사라져 사기가 간을 상하게 한다오. 그런데도 음식을 지나치게 먹으면 근맥이 풀어지고 대장이 상해 치질에 걸리게 되고, 술을 많이 마시게 되면 기운이 거꾸로 돌게 되며, 힘을 쓰면 신장의 기운을 해쳐 고골이 마침내 상하게 된다오.

岐伯曰. 陰者藏精而起亟也, 陽者衛外而爲固也. 陰不勝其陽, 則脈流薄, 疾并乃狂. 陽不勝其陰, 則五臟氣爭, 九竅不通. 是以聖人陳陰陽, 筋脈和同, 骨髓堅固, 氣血皆從. 如是則內外調和, 邪不能害, 耳目聰明, 氣立如故, 風客淫氣, 精乃亡, 邪傷肝也. 因而飽食, 筋脈橫解, 腸澼爲痔. 因而大飮則氣逆. 因而强力, 腎氣乃傷, 高骨乃壞.

『소문』 제3편 「생기통천론」 제3장

"기백왈(岐伯曰), 음자장정이기극야(陰者藏精而起亟也), 양자위외이위고야(陽者衛外而爲固也)." 이는 음양의 이치로서 생명에도 있고 신체에도 있습니다. 눈에 보이지 않는 것이 음이요 바깥을 지켜 견고히 하는 것을 양

이라 하는데 이들은 부호입니다. 양은 발산하는 것이요 밝은 것입니다. 우리 신체의 음은 속에 정(精)을 함유하고 있는데, 천만 주의할 것은 남녀 성행위의 그 정(精)이 아니라는 사실입니다! 우리 신체의 모든 세포 활동의 에너지가 모두 정(精)입니다. 이 개념은 여러분이 분명히 알아 두어야 합니다.

"음불승기양(陰不勝其陽), 즉맥유박(則脈流薄), 질병내광(疾幷乃狂)." 음이 양을 극해 제어할 수 없다면, 여기서 '승(勝)'이란 억제하는 것으로 생극(生剋)의 이치입니다. 양이 너무 왕성할 때는 혈압이 올라가고 혈관이 팽창하여 경우에 따라 다른 병증을 만나면 발광을 하게 됩니다.

"양불승기음(陽不勝其陰), 즉오장기쟁(則五臟氣爭), 구규불통(九竅不通)." 양기가 음기를 이겨 낼 수 없으면 오장육부 속의 탁기가 나오지 못합니다. 중문에서 탁기(濁氣)라고 하는, 즉 신체 속 이산화탄소가 배출되지 못하면 구규가 막히게 됩니다. 코가 막히기도 하고 혹은 귀로 소리를 듣지 못하는 등의 현상이 모두 나타납니다.

"시이성인진음양(是以聖人陳陰陽), 근맥화동(筋脈和同), 골수견고(骨髓堅固), 기혈개종(氣血皆從)." 그러므로 성인은 스스로를 수련하는 데 중점을 둡니다. 근맥(筋脈)의 음양에 대해 뚜렷이 알면 근맥이 조화되고 근골 역시 모두 순조롭습니다.

"여시즉내외조화(如是則內外調和), 사불능해(邪不能害), 이목총명(耳目聰明), 기립여고(氣立如故), 풍객음기(風客淫氣), 정내망(精乃亡), 사상간야(邪傷肝也)." 음양 내외가 모두 조화로우면 사기(邪氣)가 들어올 수 없습니다. 만약 외풍으로 인해 객사(客邪)가 들어오면 자기 본래의 정기(精氣)나 원기(元氣)가 저항할 수 없어 정신이 완전히 지치게 됩니다. 피를 뽑아 검사를 해 보면 세포에 온통 변화가 일어나 있습니다. 이런 상황에서 제일 먼저 상하는 것이 간입니다. 상한다는 것은 병이 들고 건강을 잃는 것을 말합니다.

"인이포식(因而飽食), 근맥횡해(筋脈橫解), 장벽위치(腸澼爲痔)." 예를 들어 이런 상황이 발생한 데다 다시 많이 먹게 되면 우리의 기맥과 신경 혈관에 변화가 생겨 치질이 생기거나 창자에 쉽게 병이 생깁니다.

"인이대음즉기역(因而大飲則氣逆)." 술을 많이 마시면 기(氣)가 상하는데 기의 역행이 너무 과도하기 때문입니다.

"인이강력(因而强力), 신기내상(腎氣乃傷), 고골내괴(高骨乃壞)." 만약 필사적으로 노동을 해 억지로 힘을 쓴다면 신장의 기운을 해칠 수 있습니다. "고골내괴(高骨乃壞)", 중요 골절에 상해를 입습니다.

음양의 조화

무릇 음양의 요체는 양이 치밀하면 견고해지니, 음양이 조화를 이루지 못하면 마치 봄이 있으나 가을이 없는 듯하고 겨울이 있으나 여름이 없는 듯해, 음양이 조화를 이루는 것을 일러 성도라 한다오. 그러므로 양이 강하나 치밀하지 못하면 음기가 끊어진다오. 음기가 화평하고 양기가 조밀하면 정신이 이내 치료된다오. 음양이 떨어져 어울리지 않으면 정기는 이내 끊어지고 만다오.

凡陰陽之要, 陽密乃固, 兩者不和, 若春無秋, 若冬無夏, 因而和之, 是

謂聖度. 故陽强不能密, 陰氣乃絶. 陰平陽秘, 精神乃治. 陰陽離決, 精
氣乃絶.

『소문』제3편「생기통천론」제3장

"범음양지요(凡陰陽之要), 양밀내고(陽密乃固), 양자불화(兩者不和), 약
춘무추(若春無秋), 약동무하(若冬無夏), 인이화지(因而和之), 시위성도(是謂
聖度)." 그러므로 음양의 요점은 조화에 있습니다. 조화를 이루지 못하는
것은 마치 일 년 중 봄만 있고 가을이 없는 것과 같고, 겨울만 있고 여름이
없는 것과 같습니다. 예를 들면 우리의 혀로부터 시작해 아래로 오장에 이
르는 기관은 음에 속하는데, 바로 서양 의사들이 자율 신경 계통이라 말하
는 곳입니다. 등 뒤의 척추를 따라 위로 올라가는 독맥(督脈)은 중추 신경
계통으로 양에 속합니다. 어떤 때는 손으로 아무것도 들어 올릴 수 없는
데, 풍(風)을 맞은 것으로 자율 신경이 조절 기능을 잃어버린 겁니다. 이상
은 서양 의학의 용어로 설명한 것입니다. 그러니 서양 의학이 한의학보다
설명이 더 명확합니다.

우리 고서에는 이처럼 양이니 음이니 하지만 여러분이 반드시 주의해야
할 것은, 의학을 배운 사람이 환자들에게는 전문 용어가 아닌 일반 용어로
설명해야 한다는 점입니다. 제가 참으로 두려워하는 것은 전문적으로 불
법을 배우거나 도를 배운 사람이 보통 사람들한테 전문 용어로 이야기하
곤 하는 것입니다. 이건 너무 심하지 않습니까? 학문은 자신을 위해 하는
것이지만 말을 할 때는 가급적 명백하게 해야 합니다. 그러므로 유행하는
지식으로 음양의 이치를 설명하는 것이 사람들을 쉽게 이해시킬 수 있습

니다.

　"고양강불능밀(故陽强不能密), 음기내절(陰氣乃絶). 음평양비(陰平陽秘), 정신내치(精神乃治)." 여기서 "양강(陽强)"은 정신이 돌아온 것입니다. "불능밀(不能密)", 스스로 이것을 보호하고 유지할 수 없으면 음기 또한 사라집니다. 양이 극에 이르면 음이 생기고 음이 극에 이르면 양이 생깁니다. 도가의 이치는 의학의 이치이자 『황제내경』의 이치이기도 합니다. 남성은 『역경』의 음양의 이치 중 양을 대표하고 여성은 음에 속합니다. 예를 들어 이전에 사주를 보러 가면 사주 보는 사람이 건명을 보시겠소 곤명을 보시겠소 하고 물었는데, 남자는 건괘요 여자는 곤괘입니다. 혹은 양명(陽命)을 보시겠소 음명(陰命)을 보시겠소 하고 묻기도 했는데, 이는 보통 남녀를 대표하는 것입니다.

　하지만 도가나 의학의 이치로 보면 과연 남자가 양일까요? 남자는 모두가 음이요 단지 지극한 양의 정(精)이 조금 있을 뿐입니다. 여자는 음일까요? 여자는 모두 양인데 단지 지극한 음의 정이 조금 있을 뿐입니다. 이것을 일러 양 속에 음이 있고 음 속에 양이 있다고 합니다. 이 대목은 보아하니 고대에서부터 전해져 내려온 것인 듯한데, 도를 배우는 사람이라면 알아 두어야 하며 의학을 배우는 사람 역시 알아 두어야 합니다. 하지만 현대는 과학으로 증험하고자 하니 과학자들이 방법을 찾아야 할 겁니다. 이렇게도 말할 수 있습니다. 양자 역학이든 진공 역학이든 최신의 과학 기술로 실험하여 이 이치, 즉 양 속에 지극한 음이 있고 음 속에 지극한 양이 있다는 이치를 설명하는 것입니다. 중점은 중간의 그 한 점에 있습니다. 이 때문에 "음기가 화평하고 양기가 조밀하면 정신이 이내 치료된다[陰平陽秘, 精神乃治]"라고 했습니다.

"음양리결(陰陽離決), 정기내절(精氣乃絶)." 음양이 분리되어 조화를 이룰 수 없으면 우리 생명의 진기(眞氣)가 사라져 버립니다.

사계절의 사기에 조심하다

바람에 노출됨으로써 한열이 생기니, 이 때문에 봄에 바람에 상하면 사기가 남아 설사를 하게 되고, 여름에 더위에 상하면 가을에 학질에 걸리며, 가을에 습기에 상하면 위로 거슬러 올라 기침이 나며 신체가 마비되고, 겨울에 추위에 상하면 봄에 반드시 온병이 생기니, 사시의 기운이 다시 오장을 상하게 한다오.

因於露風, 乃生寒熱, 是以春傷於風, 邪氣留連, 乃爲洞泄. 夏傷於暑, 秋爲痎瘧, 秋傷於濕, 上逆爲欬, 發爲痿厥. 冬傷於寒, 春必溫病. 四時之氣, 更傷五臟.

『소문』제3편「생기통천론」제3장

"인어노풍(因於露風), 내생한열(乃生寒熱), 시이춘상어풍(是以春傷於風), 사기유련(邪氣留連), 내위동설(乃爲洞泄)." 예를 들어 우리가 잠을 잘 때 혹은 광야에서 잠을 잔다고 할 때, 특히 군인이 되어 전투를 치를 때라면 이것을 반드시 알아 두어야 합니다. 그럴 때라면 생명에 개의치 않고 머리만 닿으면 잠이 들 텐데 피곤해서 다른 것에 신경 쓸 겨를이 없을 겁니다. 군인이 되어 전투에 나서는 것은 참으로 불쌍합니다. 사람을 사람으로 보지 않으니까요. 예를 들어 해군이라면 날씨가 엄청 더워도 규정이 있어서 갑판에서 잠을 잘 수 없습니다. 일체 금지합니다. 밤에 갑판에서 잠을 자면 바람이 불어 아주 시원하지만 몇 달 가지 않아 중풍으로 손조차 움직일 수 없게 됩니다.

지금 여러분은 어떨까요? 미안한 이야기지만 가정이 부유해지면서 에어컨을 켜고 잠을 자는데 이는 시원한 것을 탐하는 것입니다. 더욱이 젊은 사람들은 부부건 애인이건 에어컨을 켜 놓고 사랑을 하는데 그저 "포사무의(包死無疑)"일 뿐입니다. 하지만 여러분은 느끼지 못합니다. 저는 이런 사람을 자주 보는데 한번 보면 금방 알 수 있습니다. 바로 한기(寒氣)에 상한 것인데 심하게 상한 사람도 쉽게 만날 수 있습니다. 이것이 바로 "인어노풍(因於露風), 내생한열(乃生寒熱)"을 말합니다. "시이춘상어풍(是以春傷於風)", 그러므로 봄에는 풍(風)에 상해 "사기유련(邪氣留連)", 사기가 계속 머무릅니다. "내위동설(乃爲洞泄)", 그래서 설사를 해댑니다.

"하상어서(夏傷於暑), 추위해학(秋爲痎瘧), 추상어습(秋傷於濕), 상역위해(上逆爲欬), 발위위궐(發爲痿厥)." 여름에 무더위에 손상을 입으면 가을에 학질에 걸립니다. 가을에 습기에 손상을 당하면 습기가 위로 올라가 기침이 멎지 않고 폐기에 해를 입어 "발위위궐(發爲痿厥)", 손발에 힘이 없고 근골이 모두 풀어집니다.

"동상어한(冬傷於寒), 춘필온병(春必溫病)." 이 밖에도 "동불장정(冬不藏精), 춘필온병(春必溫病)"을 말합니다. 이 구절은 어디에서였는지는 기억나지 않지만 과거에 일찍이 외웠던 적이 있습니다. 겨울에 과도하게 한기에 상하면, 이를테면 추운데도 옷을 입지 않고 바깥으로 나가면 봄이 되어 온병(溫病)을 앓습니다.

이야기가 봄철의 온병에 이르렀는데, 이삼 년 전 제가 홍콩에 있을 때 그 무슨 사스(SARS) 얘기를 많이 들었습니다. 저는 웃고 말았습니다. 우리 여기 시장님도 알고 계십니다. 제가 말했습니다. "그건 온병이라오! 온병에는 소시호탕(小柴胡湯)[24] 정도만 있으면 됩니다." 제가 말한 뒤 상해에 전해져서 상해와 북경에는 소시호탕을 사려 해도 살 수가 없었습니다. 엄청 귀해진 것입니다. 그때만 해도 여기 여(呂) 사장님을 알지 못했는데 만약 알았더라면 제가 떼돈을 벌었을 겁니다. 바로 "동상어한(冬傷於寒), 춘필온병(春必溫病)"의 이치입니다.

"사시지기(四時之氣), 갱상오장(更傷五臟)." 일 년 사계절 기후의 영향은 우리 오장을 상하게 할 수 있습니다. 특히 지금은 과학적 설비인 에어컨이 설치되었는데 제가 재삼 강조하지만 특별히 조심해야 합니다. 그래서 여기 건물을 지을 때는 제가 건축사에게 방법을 찾아보라 했습니다. 에어컨으로 냉난방은 하되 한기를 느낄 수 없게 하라고요. 지금 그렇게 하고 있긴 하지만 아직 충분하지 않습니다. 장래 건축 과학이 더 발달하더라도 결코 시원함을 탐해서는 안 됩니다. 여러분이 앞으로 에어컨이나 선풍기를 마구 틀어 대면 큰일 납니다. "사시지기(四時之氣), 갱상오장(更傷五臟)", 스스로를 보양해야 하는데 여기에 대해서는 조금 전에 설명했습니다.

---

24 소시호탕은 여러 가지 급만성 질환으로 발열·오한·흉협고만(胸脇苦滿)·구고(口苦)·식욕부진·심번(心煩)·구토증 등이 있을 때에 쓰인다. 처방 내용은 시호(柴胡) 11.25g, 황금(黃芩) 7.50g, 인삼·반하(半夏) 각 3.75g, 감초 1.87g, 생강 3쪽, 대추 2개를 넣어 달여서 마신다.

오장육부와 음식의 오미

음정이 만들어지는 것은 오미의 음식으로부터이다. 음정이 오장에 저장되면 오미로 인해 오장이 손상될 수 있다. 이런 까닭에 신맛이 과도하면 간 기운이 너무 왕성해져 비장의 기운이 끊어지고, 짠맛이 과도하면 골격이 피로해지고 피부 근육이 수축하며 심장의 기운이 억눌리며, 단맛을 과도하게 섭취하면 심장의 기운이 답답하고 거친 숨을 몰아쉬며 안면이 흑색이 되니 신장의 기운이 평형을 잃은 것이다.

陰之所生, 本在五味, 陰之五宮, 傷在五味. 是故味過於酸, 肝氣以津, 脾氣乃絶. 味過於鹹, 大骨氣勞, 短肌, 心氣抑. 味過於甘, 心氣喘滿, 色黑, 腎氣不衡

『소문』제3편 「생기통천론」제3장

"음지소생(陰之所生), 본재오미(本在五味), 음지오궁(陰之五宮), 상재오미(傷在五味)." 제가 방금 서양 의학에서 말하는 자율 신경에 관해 언급했습니다만, 중국의 기경팔맥으로 말하자면 혀에서 아래로 회음혈에 이르기까지 오장육부를 포함해 모두가 임맥의 노선입니다. 임맥은 혈액을 관장한다고 말할 수 있는데, 이는 오장육부와 관련된 것으로 모두 음식으로부터 온 것이며 오미(五味)와 관계가 있습니다. 그러므로 중의를 배우거나 중약을 사용하는 사람은 오미에 관해 알아야 하고 오색과 오장의 관계에 대해 알아야 합니다. 중의에서는 오색에 대해 홍색은 심장으로 들어가고, 흑색은 신장으로, 백색은 폐장으로, 청색은 간장으로, 황색은 비장으로 들어간다고 말합니다.

　수십 년 전 서양 의학을 배운 외국인들은 우리더러 황당한 이야기를 한다고 비웃었습니다. 현대의 과학 특히 미국의 과학은 색깔을 대단히 중시합니다. 바로 우리가 이전에 말한 홍색이 심장에, 흑색이 신장에 속한다는 것을 과학으로 증명했습니다. 그래서 지금은 반대로 미국에서 우리 것에 주목하기 시작했는데 미국뿐 아니라 외국이 모두 그렇습니다. 우리가 스스로를 깔보니 불쌍한 것은 바로 이것입니다. 그러므로 어떻게 진보할 것인가를 스스로 연구해 보아야 합니다. "음지소생(陰之所生), 본재오미(本在五味), 음지오관(陰之五官), 상재오미(傷在五味)", 여기에 주의해야 합니다. 아래 부분을 읽어 가다 보면 알게 될 겁니다.

　"시고미과어산(是故味過於酸), 간기이진(肝氣以津), 비기내절(脾氣乃絶). 미과어함(味過於鹹), 대골기로(大骨氣勞), 단기(短肌), 심기억(心氣抑)." 너무 짜게 먹어서는 안 됩니다. 의학을 배우는 사람이라면 이것을 알아야 합니다. 이건 지나가는 길에 제시하는 것으로 저는 의사가 아닙니다. 저는 외지를 오래 돌아다녔고 특히 학생이 많습니다. 어디 사람인지 물어보아 남방인이라면, 회나 짠 것을 좋아한다면, 특히 광동이나 절강의 해변가 사람이라면 그의 병이 어디에 있는지 금방 알 수 있습니다. 만약 그가 서북인이라면 보는 방법이 또 다른데 이들이 모두 관계가 있습니다.

　"미과어감(味過於甘), 심기천만(心氣喘滿), 색흑(色黑), 신기불형(腎氣不衡)." 맛이 너무 달면, 마치 절강 일대 사람들처럼 설탕으로 요리하기 좋아하고 또 많이 먹으면, 심장의 기운과 신장의 기운에 영향을 미칩니다.

맛이 너무 쓰면 비장의 기운이 젖지 않아 위장의 기운이 두터워지며, 맛이 너

무시면 근맥이 이완되어 정신이 이내 다하고 만다오. 이 때문에 오미의 조화에 주의하면 뼈가 바르고 근육이 부드러워지며 기혈이 소통되어 주리가 조밀하게 되는데, 이렇게 되면 뼈의 기운이 충실해지고 법대로 부지런히 행하면 수명이 길어진다오.

味過於苦, 脾氣不濡, 胃氣乃厚. 味過於辛, 筋脈沮弛, 精神乃央. 是故謹和五味, 骨正筋柔, 氣血以流, 湊理以密, 如是則骨氣以精, 謹道如法, 長有天命.

『소문』제3편 「생기통천론」제3장

이 권(卷)은 모두 양생의 이치를 말하는데 이어서 제4편 「금궤진언론(金匱眞言論)」이 나옵니다. 이것은 하나의 총론으로 의학 방면에 관한 것입니다. 소위 '금궤(金匱)'의 '궤'는 무슨 뜻일까요? 고인들은 좋은 물건을 쇳조각으로 장식한 상자 속에 넣어 두었습니다. 중요하고도 중요한, 비밀스럽고도 비밀스러운 것으로 의서(醫書)에서 말하는 금궤란 바로 이런 뜻입니다. 앞의 내용을 종합한 것으로 제4편의 내용이 가장 중요합니다. 내일 다시 말씀드리겠습니다.[25]

---

25 제4편을 가장 중요하다고 하고서 다음 날 따로 설명하겠다고 했지만 이 책에서는 아쉽게도 제4편에 대한 설명이 없다. 아마도 남 선생님이 시간 관계상 생략했거나 또는 깜빡하시지 않았나 짐작할 뿐이다.

네 번째 강의

5월 5일

이번 휴가 기간은 기후가 정말 좋은데, 참으로 아름답고 화사한 봄입니다. 젊은 사람들은 한창 데이트할 때인데도 그 귀한 시간을 희생해 가며 여기까지 쫓아와 『황제내경』을 연구하고 있으니 참으로 쉽지 않은 일입니다.

고문을 읽는 방법

어제 강의가 끝나고 난 뒤 어떤 사람이 말하기를 고문이 무척 읽기 어렵다고 했습니다. 그래서 제가 고문은 무척 읽기 쉬우며 번체자가 더욱 읽기 쉽다고 말했습니다. 중국의 한자는 변이 있을 때는 변을 읽고 변이 없을 때는 중간을 읽습니다. 이렇게 읽어 내려가다 보면 단지 반년이나 일 년 정도면 고문도 이해가 됩니다. 이 이야기를 듣고 아주 기뻐하는 사람도 있었으나 제 오랜 학생인 이자웅(李慈雄) 박사는 우스갯소리로 그저 사람들을 고무시키기 위한 것이라 여겼습니다. 이 오랜 학생은 스탠포드 대학의 노박사였는데, 제가 그 말을 듣고서 크게 웃으며 그의 말을 바로잡았습니다. 여기 있는 분들 중에는 인민대학 국학연구소 학생들도 있을 듯한데, 이들도 듣고는 노인네가 횡설수설한다고 비웃었을 것입니다.

사실 이 이야기는 아주 이치에 닿습니다. 여러분이 지금 고문을 연구하지만 중국의 한자는 천여 자를 알고 나면 대학자가 됩니다. 제가 늘 하는 말입니다만 우리 아이들이 읽는 『천자문』은 천 자의 한자를 사용하지만 상고로부터 남북조 시대에 이르는 모든 문화 체계, 천문·지리·과학·정치를 모두 포괄해 말합니다. 그러므로 과거에 외국인 중 저에게 한문을 배운 이들은 먼저 『천자문』부터 시작했는데 일 년 정도면 족했습니다. 정말 그렇습니다.

그러니 방금 제가 말한 이야기를 잘못 들어서는 안 됩니다. 제대로 중국의 한자를 연구하고자 한다면 몇 가지 방향이 있는데 하나는 '소학(小學)'으로 바로 중국 고대의 교육입니다. "육 세에 소학을 시작한다〔六歲入小學〕"라고 했는데, 중국의 글자부터 공부하고 이해시키는 이유는 중국의 글자는 한 글자에 여러 개의 뜻이 있기 때문입니다. 글자를 알고 나면 일 년이나 반년 정도면 여러분의 학문도 훨씬 향상될 것입니다. 어떤 책도 이해할 수 있고 중문으로 번역된 과학서도 이해할 수 있습니다. '소학'은 전문적으로 글자를 이해시킵니다. 우리가 어릴 때 배우던 것이 나중에는 대학의 전문 과정으로 변했으니 정말 웃기는 이야기입니다. 이것이 근래 백년 동안의 문화의 전환이었습니다. 그러므로 여러분은 현재처럼 간체자로부터 배우기 시작하면 더욱 어렵게 됩니다. 하지만 곤란할 것도 없으니 먼저 중국의 글자를 배우는 데서부터 시작해야 합니다.

두 번째는 중국 문화에서 말하는 '훈고(訓詁)'입니다. 훈고는 한 글자에 포함된 뜻을 해석하는 학문입니다. 한자는 외국 글자와는 달리 한 글자에 많은 생각과 개념이 포함되어 있습니다. 훈고학은 한나라 시대 이삼백 년 동안 유행했는데 학자들이 전문으로 문자를 연구했습니다. 이 때문에 한 나라의 훈고학을 '한학(漢學)'이라 부릅니다. 지금은 외국인들이 중국 문화를 한학이라 부르지만 이 개념은 틀린 것입니다. 외국에서 이미 유행하고 있더라도 여기에 대해서는 잘 알아 두어야 합니다. 더욱이 인민대학은 우리 태호대학당과 협력한 기관의 하나로, 총장께서 친히 와서 특별히 여러분의 국문 연구소를 추천했습니다. 제가 볼 때 여러분은 모두 미래의 공자가 될 수 있습니다.

세 번째 방향은 중국어의 음운학입니다. 음운학은 바로 방언을 연구하는 것입니다. 1910년대 저명한 언어학자인 청화대학의 조원임(趙元任)이라는 노교수 한 분이 있었습니다. 젊은 사람들이 모두 좋아했던 유행가, 저도 아직 기억하고 있는 "어떡하면 그를 잊을지 가르쳐 줘요"라는 구절도 바로 그의 작품입니다. 그는 방언을 잘 알고 또 연구했습니다. 심지어 국제적인 방언도 연구했는데 이것이 하나의 실례입니다.

문자 언어의 함의

이야기가 방언에 이르렀으니 우스갯소리를 하나 해 보겠습니다. 저는 외국어를 못하는데 한번은 외국 학생이 저한테 배우러 왔습니다. 그 학생은 해군 고위 장교로 아마도 해군 중장쯤 된 나이 든 군인이었습니다. 그는 저에게 『역경』을 배웠는데 여기에 관한 저작도 있습니다. 우리 두 사람은 정말 재미있었습니다. 그는 중국 글자를 하나도 몰랐고 저는 영어를 몰랐습니다. 하루는 두 사람이 같이 길을 가는데 대화가 없었습니다. 통역을 할 사람이 없었기 때문입니다. 그런데 조금 지나면서부터 별 생각 없이 대화를 시작했습니다. 제가 말했습니다. "언어가 다 통하는군요!" 인류의 고대 언어는 하나로, 지금은 영어니 프랑스어니 독일어니 중국어니 하지만 사실은 모두 한 가지였을 겁니다. 예를 들어 영어에서는 '예스(yes)'라 하고 중국어에서는 '시(是)'라 하는데 마찬가지 발음이 아닙니까? 이곳의 속어 중에 이것이 있느냐고 물을 때 '누오(諾)'라고 답하는데 이건 영어의 '노(no)'와 발음이 같지 않습니까? '빠빠(爸爸)'도 그렇고 '마마(媽媽)'도 그렇습니다. 우리 둘은 말을 할수록 신이 나서 한 시간도 안 되는 사이 이백여 개 글자를 찾아냈습니다. 그가 말했습니다. "중국어와 미국어가 같지 않은가요?" 제가 말했습니다. "같지요, 본래 같았지요!" 이것이 바로 언어학입니다. 그러므로 국문을 배우는 여러분의 앞길도 아주 넓습니다.

이제 다시 돌아가 말하면 중국 글자는 변이 있으면 변을 읽고 변이 없으면 중간을 읽는데, 그 의미는 큰 차이가 없습니다. 엊그제 의사인 광동의 한 친구가 갑자기 제 곁에 있는 학생에게 질문을 했습니다. 그는 곁에 있는 학생에게 묻긴 했지만 실제로는 저에게 물은 것입니다. 무엇을 '짜다〔鹹〕'고 하며 이 글자는 어디에서 온 것이냐고 했습니다. 저는 한 마디도 하지 않고 그가 발표하는 고론(高論)을 들었습니다. 가만히 들어보니 아주 재미있었습니다. 그가 말했습니다. "소금은 불에 말려서 만드는데 바닷물을 불에 쬐어 말린 것이 소금이라 불 화(火) 두 개를 붙여 사용했네. 하지만 지금은 염증을 일으킨다고 할 때의 '염(炎)'으로 사용하지. 그런데 소금은 불에 말려 만들므로 곁에다 삼수변(氵)을 붙여 물을 뿌려 주면 곧바로 싱거울 '담(淡)'이 되고 만다네. 싱겁다는 말은 이렇게 해서 나온 거네." 그는 이 외에도 많은 글자를 말했습니다.

제가 말했습니다. "그래 맞아! 한자의 '가(家)' 자에서 남자는 돼지〔豕〕로 그 위에 뚜껑을 덮어, 즉 돼지 위에 뚜껑을 덮은 것이 가(家) 자인데, 여기에 여자〔女〕 변을 붙이면 바로 시집갈 '가(嫁)'가 되지. 바로 여자가 회초리를 들고 이 돼지 한 마리를 관리하는 거야. 여자가 돼지를 잘 관리해야 하니 이 때문에 남자는 혼(婚), 여자는 가(嫁)라고도 하지. 한자는 이런 주해를 붙여야 하는데 이걸 민간의 훈고라고 하네. 한자에는 이런 이야기가 아주 많고 또 재미있네. 예를 들어 '궁(窮)' 자가 그렇지. 사람이 궁해지면 위가 굴 혈(穴) 자니 몸을 바로 세울 수가 없네. 그래서 굴 속에서 마치 활처럼 몸을 구부리고 있어야 하지. 그러니 궁함이 극에 이르면 사람을 쳐다보기도 어렵게 된다네." 여러분이 많은 옛 글자를 이렇게, 변이 있으면 변을 알아 두고 변이 없으면 중간을 알아 둔다면 뜻이 곧 이해가 될 것입니다. 진정으로 한자를 이해하게 된다면 단지 반년만 공부해도 모든 고서를 이해할 수 있습니다.

제가 생각할 때는 상고 시대의 인류 언어도 마찬가지였을 겁니다. 지역이 나누어지면서 서서히 변해 간 것이겠지요. 과거엔 언어가 삼십 년에 한 번 변했는데, 요즘 보니까 십이 년이면 한 번 변하는 것 같습니다. 지금 젊은이들이 하는 이야기 중에는 제가 못 알아듣는 것이 있습니다. 낙오되어 버린 것입니다. 예를 들어 저도 상해 말을 할 줄 아는데, 제가 상해 말을 하면 그쪽 사람들이 저더러 옛날 상해 말을 한다고 합니다. 현재는 그런 말을 쓰는 사람이 없다는 것이지요.

그러고 보면 우리 선조들은 언어가 변할 수밖에 없다는 것을 알고 있었나 봅니다. 후인들이 앞사람들의 언어를 못 알아들을까 봐 언어로부터 빠져나와 언어의 뜻을 한자로 바꾼 것입니다. 이것이 우리의 특별한 점입니다. 중문은 몇 천 자만으로 수천 년의 문화를 보존할 수 있었습니다. 우리가 들고 있는 이 책은 이삼천 년 전의 책입니다. 한자만 이해하면 조금도 장애 없이 사상이 이해됩니다. 외국 글자는 그렇지 않습니다. 영문은 이미 이삼백만 자나 되었습니다. 수십 년에서 일백 년 전의 영문 고서는 자신들도 읽어 낼 수 없어서 전문가가 연구해야 합니다. 중국어는 그렇지 않습니다! 그러므로 여러분더러 변이 있으면 변을 알고 변이 없으면 중간을 알라고 하는 것입니다.

　　하지만 우리 노학생은 농담을 던졌는데 바로 고대의 한 선사가 말한 것으로 말을 조심해서 하라는 겁니다. "한 구절이라도 맞아떨어지면 오랜 세월 동안 당나귀를 거기에 묶어 두기〔一句合頭語, 千古繫驢橛〕"때문입니다. 특히 지위가 높은 지도자 급이라면, 혹은 선생님이 한 마디라도 꺼내면 오랜 세월 동안 사람들이 이 한 마디를 쫓아다니며 스스로 생각하지 않는다는 것입니다. 당나귀란 바보를 말합니다. 광야에 말뚝 하나만 박아 두어도 길 가는 사람이 모두 거기에 당나귀를 메어 두니, 이것을 일러 "당나귀를 묶어 둔다〔繫驢橛〕"라고 했습니다. 고문이 이렇습니다. 이 말뚝〔橛〕을 우리 남방에서는 궐(橛)이라 하지 않고 장(樁)이라 합니다. 여러분이 이것을 이해한 뒤라면 '궐'이나 '장'이 지방 언어로 나누어졌지만 뜻이 같은 글자임을 알 수 있습니다. 여러분이 이렇게 한 글자를 알면 다른 글자도 알 수 있어 '궐' 자나 '장' 자를 편한 대로 쓸 수 있으니 책을 읽는 것이 이렇게 쉽습니다. 어제는 우리가 우스갯소리를 듣고 즐겼기에 오늘은 쭉 강의를 해 가겠습니다.

경맥을 자연 현상과 대비하다

제가 서두에서 말했지만 이렇게 좋은 날씨에도 불구하고 휴가를 써 가며 여기서 이 강의를 듣느라 고생하고 있습니다. 이것이 바로 중국 문화로 아주 중요합니다! 단지 의학에 관해서만 이야기하는 것이 아닙니다! 특히 여러분 중 의학을 배운 사람이라면 더욱 주의해야 합니다. 가장 좋은 것은 뛰어난 의사들을 조직화하거나 혹은 학교를 만들어 우리와 함께 토론하도록 하는 것입니다. 『황제내경』 속에서 새로운 과학의 이치를 많이 찾아낼 수 있기 때문입니다. 단지 여러분이 보아 내지 못하고 있을 뿐입니다. 제가 의학계의 친구들한테 물어보니 『황제내경』을 제대로 읽어 보지 못했다고 합니다. 그저 몇 편 골라서 읽었을 뿐이라고 했습니다. 골라 읽어서야 무슨 소용이 있겠습니까? 하지만 저는 지금 발췌하여 읽는〔選讀〕 형식을 취할 수밖에 없습니다. 시간이 며칠밖에 없기 때문입니다. 그래서 첫날 무리해 가며 약간을 말했습니다.

이제 우리는 제2권[26]의 제7편 「음양별론(陰陽別論)」을 읽어 갈 텐데 이

---

26 『황제내경』은 소문(素問)·영추(靈樞) 두 부분으로 나뉘어 각각 9권 81편으로 구성되었다고 하나 고서가 이미 사라지고 말아 확인하기 어렵다. 소문의 경우 당나라 왕빙(王冰)이 다시 손보아 24권 81편으로 구성하고 서명을 『황제내경소문』이라 한다. 따라서 현재 소문과 영추는 일반적으로 81편의 편수로 구별한다. 「음양별론(陰陽別論)」은 소문 7편에 나온다. 따라서 여기서 '제2권'이라 한 것은 별도의 강의 교재를 가리키는 듯하다.

편은 생사 문제에 관한 것입니다. 중의를 배우는 사람이라면 음양오행을 알아야 합니다. 중의는 반드시 음양오행을 배워야 합니다. 재삼 권합니다만 음양을 그렇게 복잡하게 생각할 필요가 없습니다. 이건 부호요 논리적 기호로서 고정된 것이 아닙니다. 제가 대략 읽어 가면서 요점만 설명할 테니 여러분 스스로 연구해 보시기 바랍니다.

황제가 물었다. 사람에게 사경[27]과 십이종[28]이 있다고 하는데 무엇을 말하는 것입니까?

黃帝問曰, 人有四經十二從何謂?

『소문』제7편 「음양별론」제1장

"하위(何謂)"란 고문으로, 현대어로 번역하면 "무엇을 말하는가", "어떻게 말하는가"라는 뜻입니다. 황제가 그의 선생인 기백에게 사람의 사경(四經) 십이종(十二從)이 무엇이냐고 물었습니다. 기백은 의학을 잘 아는 신선입니다.

기백이 대답하여 말하기를, 사경은 사시에 대응하고 십이종은 십이월에 대응하며 십이월은 십이맥에 대응한다오.

岐伯對曰, 四經應四時, 十二從應十二月, 十二月應十二脈.

『소문』제7편 「음양별론」제1장

이 네 줄기 경맥은 태양·소양·태음·소음 등입니다. 이것은 인체의 중요 부분에 관한 것으로, 춘하추동 사계절과 관계가 있습니다. 즉 봄의 맥은 울리고[弦], 여름의 맥은 부풀고[洪], 가을의 맥은 뜨고[浮], 겨울의 맥은 가라앉습니다[沉]. 사람의 생명은 작은 천지라 천지의 대법칙도 마찬가지로 인체에 적용됩니다. 이것을 일러 천인합일이라 합니다. 하늘과 사람이 어떻게 합쳐진다는 것이 아니라, 생명의 법칙과 동력이 천지와 같다는 것으로 이 때문에 천인합일이라 합니다.

십이종(十二從)이란 십이시진(十二時辰)을 가리키는데 이는 십이 개월과도 서로 대응합니다. 십이 개월은 십이경맥(十二經脈)과도 대응하는데, 십이맥이란 수삼음(手三陰)·수삼양(手三陽)·족삼음(足三陰)·족삼양(足三陽)을 가리킵니다. 일 년에는 사계절인 춘하추동이 있듯이 우리 신체나 정서적 감각에도 춘하추동이 있습니다. 제가 다시 사소한 일 하나를 말씀드리겠습니다. 저와 오래 같이 지낸 학생이라면 저에게 습관이 하나 있음을 알 겁니다. 바로 학생들로 하여금 매일 아침 그날 날씨를 보고하게 하는 것입니다. 최고 온도와 최저 온도가 몇 도인지, 습도가 어느 정도인지 알고 난 이후에야 여러분은 옷을 어떻게 입어야 할지 알 수 있습니다. 사실 양생의 도를 말하고자 한다면 이것을 모두 잘 알고 있어야 합니다. 제가 늘 하는 말입니다만, 온도가 몇 도인가에 대해서는 상해 방송에서는 상해 기후를 말하니 소주(蘇州)나 오강(吳江)에 이르면 달라집니다. 북경 방송에서는 북경 기후를 말하고요. 온도와 습도는 과학적으로 보고하지만 문제는 어

---

27 간경(肝經), 심경(心經), 폐경(肺經), 신경(腎經)을 말한다.
28 십이경맥의 순서를 말한다.

떤 것이 적당한가 하는 것입니다. 어떤 사람은 추위를 견디지 못하지만 다른 사람은 더위를 견디지 못합니다. 그러니 온도가 떨어져도 더위를 견디지 못하는 사람이라면 아주 시원하게 느낄 수 있습니다. 이것이 자신에게 적당한 온도입니다. 그래서 제가 늘 말하지만 바로 이것을 알아야만 비로소 과학적이라 할 수 있습니다.

맥을 음양으로 나누다

맥에는 음양이 있어, 양을 알면 음을 알고 음을 알면 양을 안다오. 무릇 양에는 다섯이 있어 오오이십오의 양이 있다오.

脈有陰陽, 知陽者知陰, 知陰者知陽. 凡陽有五, 五五二十五陽.

『소문』 제7편 「음양별론」 제1장

"오오이십오양(五五二十五陽)", 이 구절은 도대체 무엇을 말한 것일까요? 그러니 학교에서 『황제내경』을 가르치지 않는 것도 맞습니다. 여러분이 봐도 알 수가 없으니까요. 이것은 『역경』에서 나온 것으로 고대의 수리과학이자 천문에 근거해 있습니다.[29] 이 7편은 바로 여기에 대해 말한 것입니다. 음양에 대해서는 어제 대략을 언급했는데 일 년, 한 달, 하루에 모두 음양이 있습니다. 예를 들면 지금 현재는 오후 다섯 시가 좀 넘었으니까 음에 속하며 십이시진으로 치면 유시(酉時)에 해당합니다. 여기에 주의해야 하는데도 여러분은 지금 알지 못합니다. 그래서 제가 여러분에게 중국의 문화가 참으로 기이하다고 말하는 것입니다.

제가 스물 한두 살 때 군대에서 장교로 있었는데 그때 우리는 일본인에 의해 파괴되어 아무것도 없었습니다. 손목시계는 장관이나 차는 것이지 사병에게는 없었습니다. 여러분처럼 온갖 것을 다 가진 세대와는 다르지요. 하루는 시계도 차지 않고 야외에서 걸어 다니다가 몹시 피곤했는데, 몇 시나 되었는지 도무지 알 수 없었습니다. 그런데 나이 든 한 병사가 코로 냄새를 맡더니 세 시 반이라 했습니다. 어떻게 알았느냐 물었더니 그는 냄새로 알았다고 했습니다. 냄새를 맡고 시간을 알았다는 것입니다! 제가 말했지요. "당신 코가 아주 특별한 모양이오, 냄새를 맡고 알다니?" 그가 말했습니다. "사령관님, 여기에는 그 나름의 이치가 있습니다. 고양이 눈을 보면 어떤 때는 커지고 어떤 때는 작아지는데 모두 정해진 이치가 있습니다. 우리 코도 마찬가지입니다." 저는 듣고서 감탄해 그를 제갈량처럼 여겼습니다.

사실 나중에 저도 알게 되었습니다. 인체의 호흡, 스스로의 느낌으로 알게 된 것입니다. 이것은 뇌의 과학이기도 하고 지혜이기도 합니다. 현대인은 물질문명에 지나치게 의존합니다. 기계에 의존해 사람이 폐기되니 참으로 가련한 일이지요. 그러니 "오오이십오(五五二十五)"를 말하면서 음양의 학문을 알아야 한다고 하는 것입니다. 오 일이 일 후(候), 삼 후가 일 기(氣), 육 후가 일 절(節)인데 이 숫자는 거칠게 말한 것입니다. 『역경』에서 말합니다. "천수가 다섯, 지수가 다섯, 오십오에서 사용하는 것은 사십

---

29 이 책에서는 시간 관계상 『역경』의 수리와 관련된 부분의 설명이 소략하게 넘어갔다. 따라서 이 부분의 보충 설명이 필요할 경우 남회근 저작선 3 『주역계사강의』 제9장을 참고하면 도움이 될 것이다.

구이다[天數五, 地數五, 五十有五, 其用四十九]." 하나의 수는 남겨두고 쓰지 않는데 수리의 이치가 그렇기 때문입니다. 모든 수에는 단지 1만 있을 뿐입니다. 2는 수가 아니라 1과 상대되는 것입니다. 1 이전에 수가 없는 것이 0입니다. 0은 없는 것일까요? 아닙니다. 0은 하나의 동그라미 속에 무궁하고 무량하며 알 수도 없는 수를 포함하며 공(空)과 유(有)도 그 속에 포함합니다. 그러므로 1 이전의 0은 회계를 배운 사람이든 재정을 관리하는 사람이든 장사를 해 온 큰 기업의 사장이든 모두가 0에서부터 시작해 지금처럼 그렇게 많은 돈을 모은 겁니다. 그러니 0 속에는 무궁한 수가 들어 있습니다. 이 구절이 말하는 것도 바로 이것입니다.

음양을 알면 우주 법칙을 이해한다

소위 음이란 진장[30]으로, 이것이 나타나면 패하며 패하면 반드시 죽는다오.

所謂陰者眞藏也, 見則爲敗, 敗必死也.

『소문』제7편 「음양별론」제1장

사람 몸의 기(氣)에는 음과 양이 있습니다. 바꾸어 말하면 생명에는 어느 때든 항시 에너지가 있으니 여러분 스스로 반드시 알고 있어야 합니다.

---

30 진장(眞藏)은 맥학(脈學) 용어로 병세가 위중해 치료하기 어렵거나 예후가 극히 나쁜 맥상(脈象)이다.

이 에너지가 바로 양기와 음기입니다. 이건 양기가 좋고 음기가 나쁘다고 말하는 것이 아닙니다! 음기와 양기는 부호로서 여러분이 잘 응용하면 음양을 조절할 수 있습니다. 우리가 이전에 이 음양 팔괘의 학문을 배울 때는 가르치는 그 선생님 역시 이치에 대해서는 몰랐습니다. 당시 우리는 선생님을 따라 배웠는데 그는 우리더러 먼저 외우도록 했습니다. 음양에 관한 것인데 앞의 한두 구절을 보면 여러분은 아마도 깜짝 놀랄 겁니다.

음양 순역은 참으로 알기 어려워도	陰陽順逆妙難窮
이지가 일구궁으로 되돌아가니	二至還鄕一九宮
만약 음양의 이치를 알면	若人識得陰陽理
천지가 모두 손바닥 가운데 있도다	天地都來一掌中

중국의 문자는 참으로 기묘해 무슨 과학이니 신비학이니 하는 것들이 모두 이를 이용해 문학적으로 표현합니다. 이런 까닭에 저는 중국 문화의 기본이 문학에 있다고 말합니다. 그는 "음양 순역은 참으로 알기 어렵다〔陰陽順逆妙難窮〕"라고 말하는데, 아주 아름다운 시 구절입니다. 그런데 다음에 나오는 "이지가 일구궁으로 되돌아가니〔二至還鄕一九宮〕"라는 구절을 보면 여러분은 깜짝 놀랄 겁니다. "만약 음양의 이치를 알면〔若人識得陰陽理〕", 어떤 사람이 이 음양의 법칙, 그 이치를 이해한다는 말은 말하자면 수리과학으로 응용하는 것을 뜻합니다. "천지가 모두 손바닥 가운데 있도다〔天地都來一掌中〕", 전체 우주가 손가락 한 번 꼽아 보면 모두가 명백해진다는 것입니다. 음양가나 사주를 보고 풍수를 보는 사람들은 계산기를 휴대하지 않고 손가락 네 개를 꼽아 보는데 여기에는 모두 숫자가 있

어 마치 컴퓨터와도 같습니다. 그래서 경극을 보면 제갈량이 장삼을 걸치고 손가락을 꼽아 계산하면서 무슨 서방의 경신금(庚辛金)이니 하면 주변에 있던 사람이 듣고는 금방 알아차립니다.

"이지가 일구궁으로 되돌아가니〔二至還鄕一九宮〕", '이지(二至)'는 동지와 하지로서, 동지에는 일양(一陽)이 생기고 하지에는 일음(一陰)이 생깁니다. 동지에는 양의 에너지가 땅속으로부터 일어나 위로 올라가며 양기가 시작되니 지뢰복(地雷復☷☳)괘가 됩니다. 하지가 되면 음기가 서서히 땅속으로부터 위로 올라가 음기가 도래하니 천풍구(天風姤☰☴)괘가 됩니다. 그러므로 동지에는 양이 생기고 하지에는 음이 생겨 "이지환향(二至還鄕)", 다시 본래의 위치로 되돌아갑니다. "일구궁(一九宮)"이란 두 개의 부호로서 『역경』으로부터 나온 것입니다. 동지에 일양이 생기는 것이 일(一)이며 하지에 일음이 생기는 것이 구(九)입니다. 중국에서는 이 수리를 압축시켜 천지간에는 오직 일(一)만 있다고 합니다. 일 속에 다섯 개의 양수가 있으니 1 3 5 7 9가 그것이요, 음수 역시 다섯 개가 있으니 2 4 6 8 10이 그것입니다. 이렇게 설명하니 간단하고 명백합니다. 그러므로 "이지환향(二至還鄕)", 본래의 위치로 되돌아가 모두 0이 되니 바로 "일구궁(一九宮)"입니다. 그는 이 원리를 이해하면 기맥이니 뭐니 하는 것들은 모두 이해할 수 있다고 말합니다. 솔직히 말하면 우리가 이전에 군사학을 배워서 군대를 지휘할 때도 이것을 활용할 수 있었는데, 어떤 때는 전투를 해야 할지 말아야 할지, 어느 시간에 첫 공격을 해야 적을 무찌를 수 있을지 모두 계산해 보려 했습니다. 이 때문에 대장이 되는 사람은 위로는 천문을 알고 아래로는 지리를 알아야 한다고 말합니다. 이들은 모두 과거의 비밀이었습니다.

"음자진장야(陰者眞藏也), 견즉위패(見則爲敗), 패필사야(敗必死也)." 이 대목이 말하고자 하는 것은 이렇습니다. 신체의 발병 징후를 판단해 음기가 이미 허물어져 곧 죽을 것 같으면 처방을 할 수 없습니다. 처방을 했다가는 의심이 의사에게 되돌아옵니다.

소위 양이라고 하는 것은 위장의 양을 말한다오. 양을 구별해 병이 있는 곳을 알고, 음을 구별해 죽음의 시기를 안다오.

所謂陽者胃脘之陽也. 別於陽者, 知病處也. 別於陰者, 知死生之期.

『소문』제7편「음양별론」제1장

가장 중요한 것은 중간의 위기(胃氣)입니다. "별어양자(別於陽者), 지병처야(知病處也)." 이때가 되면 여러분은 병의 증세가 어디에 있는지 뚜렷이 알 수 있습니다. "별어음자(別於陰者), 지사생지기(知死生之期)." 환자의 음기가 나타나는 것을 알았다면 그가 언제 죽을지 알 수 있는데 이것이 바로 의학의 이치입니다. 의학을 배우는 학생들은 주의해야 합니다. 정말 이렇게 될까요? 정말입니다. 예를 들어 여러분이 티베트의 밀종을 공부해 보면 인도의 방법을 사용해 어떤 상황에서는 며칠 만에 죽고 어느 시간에 죽는지 정확히 말하고 있습니다. 『황제내경』에도 다 있습니다. 여러분이 『황제내경』을 읽어 보면 밀종의 이런 방법이 중국에서 건너간 것인지 아니면 인도에서 건너온 것인지 도무지 알 수가 없을 겁니다. 이 두 문화는 상고 시기에 이미 교류하고 있었습니다.

삼양으로 태괘를 열다

세 양은 머리에, 세 음은 손에 있어 소위 그 원리가 하나라고 말한다오.

三陽在頭, 三陰在手, 所謂一也.

『소문』제7편「음양별론」제1장

양은 왜 세 개일까요? 중국에서는 수천 년 이전부터 현재에 이르기까지 여전히 음력설을 쇠고 싶어 하는데, 음력설이 되면 문 앞에다 "삼양개태(三陽開泰)"라고 써 붙입니다. 여러분 젊은 사람들 중 혹시 본 적이 있나요? 대륙에서는 아직도 볼 수 있습니다! 아주 희귀한 것으로 중국 문화는 참으로 위대합니다. 문 앞에다 "삼양개태(三陽開泰)"라 붙인 것을 보십시오. 하지만 요즘 사람들은 세 마리 양을 그리는데 모두가 아이들 만화같이 바뀌고 말았습니다.

"삼양개태(三陽開泰)"는 천지의 괘기(卦氣)를 말합니다. 얼마 전에 말했지만 매년 매일이 모두 음양으로 나누어집니다. 하루의 자시에 일양이 생기고, 일 년으로는 음력 동짓날에 일양이 시작됩니다. 동지는 반드시 십일월에 있는데 바로 자(子)월입니다. 괘 하나를 그려 보겠습니다. 이건 도안입니다. 이 도안을 그리는 것이 보기에도 쉬울 겁니다. 여섯 개가 음효면 곤(坤☷)괘가 되는데, 음괘는 일 년 중 하반년이 되며, 동지가 되면 일양이 시작됩니다. 무엇을 양이라 할까요? 지구 아래에서 에너지가 위로 방사되기 시작하는 것입니다. 우리는 태양과 달이 방사하는 에너지가 지구에 영향을 미친다는 것을 알고 있으며, 우리 지구의 방사 에너지가 다른 별에도 영향을 미친다는 것을 알고 있습니다. 일체가 모두 방사하고 있으니 물리학을 배우는 사람이라면 마땅히 이것을 이해하고 있어야 합니다. 그러므로 동지에는 일양이 생깁니다. 지구는 본래 냉기가 극에 이르면 수축 작용이 다시 전환되어 반대로 위를 향해 뿜어내는데, 아직 지면에까지 이르지 못한 것을 일양이 처음 생겼다고 합니다. 이 그림은 원래 곤괘라 부르나 지구가 되돌아서 일양이 처음 생겨나면 아래 세 효가 우레를 뜻하는 진(震 ☳)괘로 변합니다. 이 전기 에너지는 위로 올라가나 위에 세 효는 여전히 지(地 ☷)니, 이것을 지뢰복(地雷復☷☳)괘라고 합니다. 바로 부흥이자 다시 새롭게 돌아온 것입니다. 이것은 음양 팔괘의 이치를 설명한 것입니다.

십이월이 되면 이 지구의 열에너지는 위로 치솟아 오르나 아직 지면에 도달하지 못합니다. 치솟아 오르는 것이 비교적 강해지면 제2효 역시 변해 이양(二陽)이 나타납니다. 두 양이 나타나면 음력 십이월의 지택임(地澤臨☷☱)괘가 됩니다.

음력 정월이 되면 이 지구의 양기가 위로 올라가는데, 우리는 정월의 새해를 삼양이라 하며 이 삼양을 태(泰)괘라 합니다. 지천태(地天泰☷☰)괘가 되면 새로운 일 년이 시작됩니다. 이 때문에 중국인은 새해에 대문에 "삼양개태(三陽開泰)"라 써 붙입니다. 지금은 삼양이라 하면 사람들이 음양을 모르기 때문에 세 마리 양으로 바꾼 것입니다. 양(羊)이 태괘를 나타내니 그것도 괜찮겠지요. 바로 이런 이치입니다. 이런 중국 문화의 근본은 아주 간단해 마치 아이들의 만화나 같습니다.

그러므로 "삼양재두(三陽在頭)"는 양기가 위에까지 도달한 것입니다. 예를 들어 우리가 잠을 자다가 깨어나면 눈을 뜨는데 바로 삼양이 태괘를 여는 것입니다. "삼음재수(三陰在手), 소위일야(所謂一也)." 이런 법칙은 하나입니다. 생명은 하나의 작용인데, 위로 가고 아래로 가며 좌우로 흔들거리니 어떻게 해서 이런 현상이 나타난 것일까요?

음양을 알고 생사를 판별하다

양의 맥을 구별할 수 있으면 병으로 죽을 때를 알고, 음의 맥을 구별할 수 있으면 생사의 시기를 안다오.

別於陽者知病忌時, 別於陰者知死生之期.

『소문』제7편「음양별론」제1장

만약 음양을 분별할 수 있다면, 음양을 관찰해서 진단해 낸다면 여러분은 환자가 왜 몸이 좋지 않은지, 어디에 병이 있는지, 그리고 특별히 주의해야 할 시간이 언제인지 알 수 있습니다. 신체의 음양을 분별하는 것이라면 바로 정좌하고 수도하며 불법을 배우는 여러분이 잘 하는 일이 아닌가요? 자신의 신체조차 뚜렷이 알지 못한다면 모두가 헛수고입니다. "별어음자(別於陰者)", 불법을 배워 공부가 된 사람은 수십 세를 삽니다. 불교 선종에서 공부를 많이 한 노스님들은 자기의 신체가 얼마 가지 못한다는 것을 알고는, 제자들에게 내년 언제 자기를 보러 오라고 분부합니다. 그는 이유를 말하지 않습니다만 시간이 되면 선포를 하고 갑니다.

여러분 중 절강 일대 사람이라면 모두 제공(濟公)[31]을 알고 있을 겁니다.

제공이 정말 이런 사람이었습니다. 하지만 소설에서는 그를 너무 신비하게 묘사해 여러 사람들의 이야기를 제공의 신변에다 모아 놓았습니다. 하지만 제공은 정말 도를 얻은 사람이었습니다. 그의 문학은 대단히 뛰어난데 저는 그의 시 몇 수가 참으로 탁월하다고 여깁니다. 그의 친구 중 찐빵을 파는 사람이 있었는데 제공은 늘 가서 찐빵을 먹었습니다. 물론 돈은 내지 않았지요. 그런데도 그 친구는 제공을 잘 대하며 무척이나 공경했습니다. 그렇게 많은 찐빵을 돈도 안 내고 먹었건만 전혀 언짢아하지 않았습니다. 그런데 이 가게 주인이 하루는 이렇게 말했습니다. "스님! 제가 듣기론 스님께선 시도 잘 짓고 그림도 그린다고 하던데 왜 저에겐 그림 한 장 그려 주지 않고 시 한 편 지어 주지 않나요?" 제공이 듣고 이렇게 말했습니다. "마땅히 그려 드려야지요. 종이 가져와 보세요." 이렇게 해서 한 폭의 그림을 그리고 시도 한 수 지었습니다. 그 시는 이렇습니다.

오월 서호 날씨 가을처럼 서늘하고	五月西湖涼似秋
새로 핀 연꽃이 은은한 향을 풍기는데	新荷吐蕊暗香浮
내년에 꽃이 지면 사람은 어디 있을꼬	明年花落人何在
술잔 들고 물어보니 꽃잎이 머리를 끄덕인다	把酒問花花點頭

"오월 서호 날씨 가을처럼 서늘하고〔五月西湖涼似秋〕", 그 한 해는 기후가 달라 오월에 종자(粽子)³²를 먹어야 했지만 서호의 날씨는 서늘했습니

---

31 제공은 남송의 고승이다.

32 단오절에 굴원(屈原)을 기리기 위해 먹는 음식. 찹쌀을 대나무 잎사귀나 갈대잎에 싸서 삼각형으로 묶은 후 쪄낸 음식이다.

다. "새로 핀 연꽃이 은은한 향을 풍기는데〔新荷吐蕊暗香浮〕", 연꽃이 피어 그 향기가 은은하니 이 때문에 암향(暗香)이라 했습니다. 자신이 연꽃을 그리고 시를 지었습니다. "내년에 꽃이 지면 사람은 어디 있을꼬〔明年花落人何在〕", 내년 연꽃이 필 때면 당신이나 나나 어디로 갔는지 알지 못합니다. "술잔 들고 물어보니 꽃잎이 머리를 끄덕인다〔把酒問花花點頭〕", 사람은 모르지만 꽃은 압니다. 실제로 제공은 이미 그에게 알려 주고 있습니다. 내가 당신 고기 찐빵을 먹을 때도 얼마 남지 않았으니 내년이면 나도 가 버릴 것이오. 그때가 되자 제공은 정말로 가 버렸습니다. 그러므로 중국 문학에서는 한 구절로 전 인생을 묘사합니다. "해마다 피는 꽃은 변함없어도, 해마다 사람은 달라진다네〔年年歲歲花依舊, 歲歲年年人不同〕." 이것이 시간의 변화요 사회의 변화입니다. 모두 백화문이지만 지금 휴대 전화에서 오가는 음담패설보다는 훨씬 좋습니다.

방금 제공 스님이 생사를 미리 안 일을 말했는데 이것은 수행의 공부, 선정의 공부로부터 나온 것입니다. 그는 자기 신체 내부를 뚜렷이 관찰하고 있었는데, 이것을 일러 "예지시지(預知時至)"라 합니다. 자기가 세상을 떠날 시간을 미리 아는 것입니다. 하지만 그는 결코 이를 선포할 수는 없었습니다.

이 편의 제목은 아주 중요합니다. 여러분은 앞으로 일 년이나 이 년의 시간을 내어 『황제내경』을 읽어 보십시오. 젊은 사람이라면 더 힘을 들여 하루 반 시간이라도, 한 단락이라도 연구하면 좋을 겁니다. 한 단락이라도 좋으니 읽어 낼 수 있다면, 적어도 제목이라도 안다면 허풍이라도 떨거나 사기라도 칠 것 아닙니까. 앞에서 이 편의 제목이 「음양별론(陰陽別論)」이라 했는데, 음양이 분리된다는 것은 곧 생사가 분리되는 것으로 모두가 문학적 경계입니다. 도가의 공부도 의학에서 온 것입니다. 이런 방법을 이합신공(離合神功)이라 하는데 수양을 통해 생사를 파악하는 것입니다. 이 때문에 이 편에서 생사의 문제를 언급하니 특히 의사라면 응당 잘 알아야 합니다.

"별어양자지병처야(別於陽者知病處也), 별어음자지사생지기(別於陰者知死生之期). 삼양재두(三陽在頭), 삼음재수(三陰在手), 소위일야(所謂一也). 별어양자지병기시(別於陽者知病忌時), 별어음자지사생지기(別於陰者知死生之期)."

여기서 '별(別)'이란 뚜렷이 분별, 판별하는 것입니다. 변론(辯論)의 변(辯) 가운데에는 언(言) 자가 들어 있으니, 변이 있는 것은 변을 생각하고 변이 없는 것은 가운데를 생각합니다. 판사(辦事)의 판(辦) 자 중간에는 력(力) 자가 있으며, 변별(辨別)의 변(辨) 자 가운데는 점 하나와 삐침 하나가 있습니다. 그러므로 "별어양자(別於陽者)"의 별(別)은 논리적으로 분석하고 생각해서 뚜렷하게 변별하는 것입니다. 스스로에 대해서도 좋고 다른 사람에 대해서도 좋습니다만 병이 어디에 있는지, 오장육부 어디에 있는지, 관건은 어디에 있는지를 아는 것입니다. "음을 뚜렷이 분별하는 자는 생사의 시기를 안다." 조금 전에 제가 언급했습니다만 이것이 정말일까요? 정말입니다. 하지만 자신의 생사를 되돌려 연장할 수 있을까요? 바로 앞에서 우리가 이틀 동안 살펴보았던 것으로, 수지(修持)가 필요하고 공부가 필요합니다. 상약(上藥) 삼품(三品)이 신(神)과 기(氣) 그리고 정(精)이니 신기(神氣)에 의거해 그것을 연장할 수 있습니다. 이 때문에 도가에서는 장생불사가 가능하다고 말합니다. 허풍을 떠는 것이 아니라 우리가 그렇게 못 했을 뿐입니다.

삼가 음양의 맥을 마음으로 익혀 실행한다면 다른 사람과 상의할 것이 없다오.

謹熟陰陽, 無與衆謀.

『소문』제7편 「음양별론」제1장

그러므로 여러분이 말하는 수양이나 수도, 의사가 되는 것은 지혜의 학문입니다. 우리는 의(醫)가 의(意)임을 알고 있는데 이는 이전에 저의 아버님이 가르쳐 준 것이기도 합니다. 의(醫)가 의(意)라는 것은 의지나 생각, 지혜로운 생각이 없으면 의학을 배우지 말라는 것입니다. 그러므로 고명한 의사는 지혜의 관점에서 "근숙음양(謹熟陰陽), 무여중모(無與衆謀)", 자신의 지혜로 분명히 알아야지 다른 사람이 하는 어지러운 소리를 들어서안 되며, 다른 사람에게 물어서도 안 됩니다. '중모(衆謀)'는 다른 사람과 상의하는 것인데, 스스로도 뚜렷이 알지 못하는데 다른 사람에게 물어서 어떡하겠습니까! 의(醫)는 의(意)입니다. 지혜의 성취로 도를 배우는 것과 마찬가지입니다.

오고 감, 동과 정, 음과 양

소위 음양이라고 하는 것은, 가는 것은 음이요 오는 것이 양이요, 고요한 것은 음이요 움직이는 것은 양이며, 느린 것은 음이요 빠른 것은 양이라오.

所謂陰陽者, 去者爲陰, 至者爲陽, 靜者爲陰, 動者爲陽, 遲者爲陰, 數
者爲陽.

『소문』 제7편 「음양별론」 제1장

여기서 '삭(數)'은 오고 감이 신속하고 뛰는 것이 무척이나 빨라서 알아
차릴 수 있는 것입니다.

무릇 진장맥[33]을 나타내는 자를 진맥할 때, 간맥이 현절하고 급하면 십팔 일
만에 죽고, 심맥이 현절하면 구 일 만에 죽으며, 폐맥이 현절하면 십이 일 만에
죽고 신맥이 현절하면 칠 일 만에 죽으며, 비맥이 현절하면 사 일 만에 죽는다
오.
凡持眞脈之藏脈者, 肝至懸絶急十八日死, 心至懸絶九日死, 肺至懸絶
十二日死, 腎至懸絶七日死, 脾至懸絶四日死.

『소문』 제7편 「음양별론」 제1장

그는 여기서 장맥(藏脈) 중간에 어떤 기능이 있음을 우리에게 일러 주는
데, 우리는 보통 연기(練氣)를 원기(元氣)라 부릅니다. 맥의 기본 발동에는
진맥(眞脈)과 장맥(藏脈)이 있는데, 이 역시 음양으로 나눈 것입니다. 움직

---

33 질병이 위중한 시기에 나타나는 맥상(脈象)으로 원기가 고갈되고 위기(胃氣)가 이미 망가진 증
세가 나타나므로 달리 패맥(敗脈), 절맥(絶脈), 사맥(死脈) 등으로 불린다.

이는 것이 양이요 더디고 느린 것이 음입니다. "범지진맥지장맥자(凡持眞脈之藏脈者), 간지현절급십팔일사(肝至懸絶急十八日死)", 병증이 위급할 때 맥을 짚어 간맥(肝脈) 부분이 대단히 급히 뛴다면 병증이나 기타 조건과 합쳐 십팔 일이면 사망할 것이라 추단합니다. 이는 특수한 상황에서 생사를 판단하는 것입니다. "심지현절구일사(心至懸絶九日死)", 심장의 맥이 텅 비고 처음과 끝이 일정하지 않으면 비록 살아 있더라도 다시 그의 기색을 살펴야 합니다. 이 환자는 구 일이 지나면 생사의 위험이 있는데 판단 또한 아주 복잡합니다.

양명경의 병이 심장과 비장에 나타나면 남자는 은곡[34]의 생식 기능이 원활하지 못하며 여자는 월경이 끊어진다오.

曰二陽之病發心脾, 有不得隱曲, 女子不月.

『소문』 제7편 「음양별론」 제2장

그는 말합니다. "이양지병발심비(二陽之病發心脾), 유부득은곡(有不得隱曲)", 이는 일반적인 병증으로 심맥 즉 심장의 이 일대입니다. 비맥(脾脈), 우리는 장과 위 중에서도 비장이 중요하다고 말하는데 중의를 배우는 여러분 중에 해부학을 배운 적이 있습니까? 해부를 해 보면 곧 알 수 있습니다. 죽은 사람을 본 적이 없는 사람이라면 의술을 배워선 안 되겠지요. "여자불월(女子不月)", 이 여자는 월경이 끊어지는데 여러분이 맥을 짚다

---

34 은곡(隱曲)은 은밀한 곳으로 남자의 생식기를 말한다.

가 이 맥이 여기에서 요동치면 곧 임신한 것입니다. 그러므로 만일 여자아이에게 이런 맥상(脈象)이 나타나면 자신이 한번 짚어 보고서 역시 이 맥이 여기서 뛴다면 빨리 방법을 찾아야 합니다. 그러지 않으면 아이 부모로부터 욕을 먹을지도 모릅니다.

생사의 이합 문제

방금 우리는 생사의 이합(離合) 문제를 살펴보았습니다만, 우리가 살아가는 데는 몇 가지 큰 문제가 있습니다. 예를 들어 '깨어난다'고 하는 것과 '잔다'고 하는 것이 그렇습니다. 깨어난다고 하는 것이 무엇일까요? 잔다는 것은 무엇일까요? 정신이나 생각은 어떻게 해서 생겨난 것일까요? 궁극적으로 유심일까요, 아니면 유물일까요? 뇌 속에서 생각하는 것일까요? 현재의 과학과 의학은 뇌가 하는 것이라 말하지만, 도대체 뇌가 하는 것인지 그렇지 않은 것인지는 여전히 큰 문제입니다. 지금의 뇌 과학은 대단히 발달했는데 특히 외국의 경우가 그렇습니다.

우리 동방의, 중국이나 인도에서 행하는 정좌 수행이 외국에서는 갈수록 유행하고 있습니다. 현재 뇌 과학은 국외에서 많은 연구를 거듭하고 있으며, 심지어 기계로 공부의 정도를 알아낼 수 있고 생각을 색깔로 보여 주는 기계도 있습니다. 단지 중국 국내에 없을 뿐입니다. 또 다른 하나는 한낮의 생각과 밤의 꿈에 관한 문제인데 사실 이것은 『황제내경』에도 다 있습니다.

이제 이야기가 생사 편에 이르렀습니다. 환자는 어떻게 해서 죽을까요? 어떻게 해서 살까요? 며칠이나 살까요? 몇 달이나 살까요? 모두 진단할 수 있습니다. 그래서 우리 생명의 맥상(脈象)을 과거엔 손가락 세 개로 살폈습니다. 사실은 손가락 세 개에만 의존한 것이 아니라 기색(氣色)을 관찰한 뒤 다시 손가락 세 개로 맥상을 짚어 진단해 낼 수 있었습니다. 심지어 인도의 의학이 중국 밀종의 방법으로 변화되면서, 밀종을 배운 사람은 두 콧구멍의 호흡으로 대략 수명이 몇 년 더 남았는지 혹은 몇 세까지 살 수 있는지를 알아냅니다. 이는 모두 미리 알 수 있는 것으로 생명과학이지 미신이 아닙니다. 그럼에도 일반인은 이를 알지 못해 미신이라고 합니다. 『황제내경』의 이 단락에 대해 저는 단지 하나의 요점만 제시할 뿐이니 상세한 것은 여러분 스스로 연구해 보기 바랍니다.

이 외에 막 죽어 가는 사람을 과연 살려 낼 수 있을까요? 가능합니다. 하지만 의약이 아니라 스스로에 의존해야 합니다. 제가 재삼 도가의 관점을 제시하지만 생명을 구하는 약이 있긴 합니다. 하지만 이 약은 광물이나 식물로 된 약이 아니라 생명 본래에 갖추어진 것으로 스스로 이를 발동시켜야 합니다. 바로 정·기·신입니다. 지난 시간에 이어 제7편 「음양별론」을 살펴보겠습니다.

체내로 스며드는 풍과 원기의 관계

이것이 발전해 풍소[35]가 되거나 식분[36]에 이르는 자는 죽음에 이르며 치료하지 못한다.

其傳爲風消, 其傳爲息賁者, 死不治.

『소문』제7편 「음양별론」제2장

무엇을 '풍(風)'이라 할까요? 의학서에서는 '전(傳)'을 말하는데 전이란 무엇을 말할까요? 예를 들어 우리는 상풍(傷風)[37]을 말하면서 늘 감기와는 따로 이야기합니다. 과거에 우리가 상풍이나 감기에 걸렸다고 할 때에는 거기에 세균이 없었습니다. 옷을 얇게 입었거나 혹은 어느 한 부분에서 바람이 들어온 것이었습니다. 풍(風)은 피부 모두에서 들어올 수 있으나 중시해야 할 곳은 코에 있습니다. 감기에는 세균이 있으나 상풍에는 반드시 세균이 있는 것이 아닙니다. 하지만 상풍이 오래 머물게 되면 곧 세균이 자랍니다.

과일이 여기에 놓여 있고 벌레가 없다면 썩을 때는 안에서부터 문드러집니다. 그러므로 "사물은 반드시 스스로 썩은 뒤에 벌레가 생기고, 사람

---

35 풍소(風消)는 몸에 열이 나서 야위는 병이다.

36 식분(息賁)은 호흡이 급해지는 것이다.

37 한의학에서는 감기를 감모(感冒)라고 하며, 바람에 몸을 상했다고 해서 상풍(傷風), 추위에 몸을 상했다고 해서 상한(傷寒)이라고도 한다. 인체의 외부 방어 기능인 위기—현대 의학으로는 면역력—가 약해져 외사 즉 외부로부터의 좋지 않은 기운이 침입하여 발병한다고 한다.

은 스스로 모욕한 후에 다른 사람이 모욕한다[物必自腐而後蟲生, 人必自腐而後人侮之]"라는 옛 구절은 사람됨의 이치이기도 하고 정치의 이치이기도 합니다. 만약 자기 속으로부터 문드러지기 시작해 내부의 기능이 망가진다면, 그제야 천천히 썩어 가며 과일의 벌레도 그제야 생겨나니 이것이 사물의 자연적 반응입니다. 사람됨이든 국가적인 정치든 만약 자기 내부에서 잘못하여 문제가 생기면 그제야 다른 사람이 기회를 틈타 나타납니다. 그러므로 의학이나 정치의 원리는 늘 연계되어 있습니다. 사실 전체 사회나 전체 국가 그리고 우리 신체의 이치는 모두 하나입니다.

그러므로 이 '전(傳)'에 대해 말하자면 상풍과 감기가 바깥에서부터 전염되어 들어와 비강 속에 세균이 있더라도, 감기가 들어 십여 일 지속되더라도 다른 데 문제가 없다면, 위와 장이 건강하다면 세균은 비강 속에서 죽어 콧물이 되어 나갑니다. 만약 위나 장에 문제가 있거나 기타 합병증이 있다면 상풍이 곧바로 감기로 변합니다. 풍이 조금씩 조금씩 스며들어 오니, 이 '전(傳)'은 바로 스며드는 것을 말합니다. 그러므로 중국의 고문을 보는 의사라면 뚜렷이 알아 두어야 하니 그래야만 '전'이 무엇인지 알 수 있습니다.

"기전위풍소(其傳爲風消)", 예를 들어 상풍이 들어와 코가 감기에 걸리면 사라져야 할 것이 도리어 깊이 들어가 심각해지는 것입니다. 그래서 저는 젊은이들에게 늘 옷깃을 높이라고 합니다. 특히 요즘은 여자아이들이 예쁜 것을 좋아하고 서양의 영향을 받아서 가슴과 등을 드러냅니다. 중국인들은 이전에는 옷깃이 높았지만 현재는 노출되면 될수록 좋으며 그것이 유행이라 합니다. 그러다가 다음 세기쯤이면 옷을 입지 않고 모두 벗어 던지는 것이 더욱 아름답다고 할지 모릅니다. 지금은 날씬한 것을 좋아하지만 이전에는 살찐 것을 좋아했습니다. 여기에는 정치적 분위기도 다소 작용했을 겁니다. 그는 말합니다. 이렇게 들어온 풍(風)과 전해진 기(氣)는, "기전위식분자(其傳爲息賁者), 사불치(死不治)", 우리 속의 기운이 충분할 때는 비록 오고 가며 전파되더라도 아무 상관이 없지만 '분(賁)' 즉 자신의 내재적인 생명 본래의 풍력(風力)이 충분하지 못할 때는 기식(氣息)이 끝나 죽고 만다는 것입니다.

내부 및 위의 결함

태양경에 병이 나면 발열 오한을 일으키며, 하반신에 종기가 생기거나 저리고 마비되며, 정강이 뼈가 시큰거리거나 피부가 거칠어지거나 탈장이 되기도 한다오.

曰. 三陽爲病發寒熱, 下爲癰腫, 及爲痿厥腨㾓. 其傳爲索澤, 其傳爲㿗疝.

『소문』 제7편 「음양별론」 제2장

만약 다시 심각해질 때 그 속에 염증이 생기고, 그 염증이 심해지면 서서히 내부가 썩어 용종으로 변해 종양이나 다른 것이 생깁니다. 많은 사람이 검사를 해서 뭔가가 발견되면 죽을까 두려워하는 것을 보곤 합니다만 사실 두려워할 필요 없습니다. 스스로 조절할 수 있고 약을 먹을 수도 있으며 호흡으로 서서히 줄여 없앨 수도 있습니다.

소양경에 병이 생기면 호흡이 얕아지고, 자주 기침을 하거나 설사를 하며, 협심증 증세가 나타나기도 하고, 대소변이 잘 나오지 않기도 한다오.

曰, 一陽發病, 少氣, 善欬, 善泄. 其傳爲心掣, 其傳爲隔.

『소문』제7편 「음양별론」제2장

이것은 양기를 말합니다. 우리는 한참 동안이나 문장을 풀이하면서 문자를 주해했는데, 독서는 이렇게 해서는 안 되며 스스로 실증(實證)해야 합니다. "일양발병(一陽發病)"이란 현대인들이 말하는 체력 부족으로, 자신의 건강이 좋지 못해 병이 생기는 것입니다. "소기(少氣)", 기운이 줄면 "선해(善欬), 선설(善泄)", 기침이나 설사를 하면서 서서히 엄중해집니다. "기전위심체(其傳爲心掣)"란 바로 쇠약한 기능이 심(心) 부위에 도달하는 것입니다. 이 심(心)은 추상적이고 이념적인 것이 아니라 실제 가슴 부위입니다. "기전위격(其傳爲隔)", 이렇게 되면 뭘 먹고 싶지도 않은데 우리가 격식병(隔食病)[38]이라 알고 있는 것입니다. 어떤 때는 의사를 찾아가 약을 짓기도 하지만 무슨 약을 주던가요? 아주 고명한 의사라면 목구멍을 깨끗이 하는 약을 줄 겁니다. 목구멍 약이 위장의 격식병과 무슨 관계가 있을까요? 대단히 관계가 있습니다. 예를 들면 '청인리격환(淸咽利膈丸)'이라는 약이 있습니다. 우리가 인후라고 할 때 왼쪽이 인(咽)이요 오른쪽이 후(喉)인데, 뭔가를 먹고 목구멍으로 넘기면 인후를 거쳐 위에 도달합니다.

---

[38] 음식이 잘 넘어가지 않고 가슴에 걸린 듯 수시로 다시 넘어오는 병.

이때 기관지는 약간 수축하는데 이 현상은 아주 교묘합니다.

　저는 연기를 하는 친구와 농담을 하곤 합니다. 제겐 친구가 많아 영화사 사장도 있고 영화감독도 있습니다. 제가 말했습니다. "당신네 배우들 훈련 좀 제대로 시켜요!" 그러자 그 양반이 물었습니다. "어디가 어떻습니까?" 제가 말했습니다. "어떤 무술은 전혀 맞지가 않아 검(劍)을 들고 난도질을 하고 있다오. 검을 어떻게 잡는지 칼〔刀〕을 어떻게 잡는지 내가 볼 때는 도무지 맞질 않소. 검을 뽑아 자살을 할 때도 당신네들이 검을 대는 부위를 보니 죽을 데가 아니오. 후두에다 검을 대지만 그건 끊어져도 의사가 치료할 수 있다오. 한번 보시오. 경극에서는 검을 뽑아 자살할 때 반드시 기관(氣管)에다 갖다 댄다오. 한번 끊어지면 곧 죽으니까요. 그런데 당신네들은 어떻게 합니까?"

　그러자 그 양반은 선생님이 현장에 와서 직접 지도해 달라고 했습니다. 그래서 한번 가 봤는데 그 영화배우의 무술은 다른 사람이 대신했습니다. 배우가 할 줄을 모르니 모두 다른 사람으로 대체할 수밖에요. 결국 한참 동안 발 자세가 틀렸네 주먹이 틀렸네 지적을 했습니다. 그 사람들이 말했습니다. "선생님 죄송하지만 돌아가시는 게 어떨까요? 거기 서 계시는 바람에 우린 아직 밥도 못 먹었습니다. 우린 연기를 하고 있는데 선생님은 진짜를 가르치려고 하시네요!" 저는 그 말도 일리가 있다고 하고는 더 이상 말하지 않았습니다.

　이 대목은 여러분이 한번 읽어 보시길 바랍니다. 시간을 좀 벌어서 얼른 다른 장으로 넘어가고자 합니다. 제가 이렇게 하는 것이 여러분에게는 도리어 좋은 일이니 스스로 힘써 읽어 보시기 바랍니다. 하지만 한 편을 다 끝내지도 못하고 다른 것을 말할 수밖에 없는 상황이라 여러분들께 미안한 마음입니다. 『황제내경』의 전체 내용은 대단히 방대해 몇 시간으로 다 말하기는 무척 어렵습니다.

어제 여기서 강의를 듣던 유명한 의사분에게 제가 웃으면서 당신은 제 의술 고문이라 했습니다. 그랬더니 그가, 이전에 의술을 배울 때는 이것들을 정확하게 읽지 못했다고 말했습니다. 수십 년 전에는 이들이 모두 유심(唯心)에 속한 것이라 여겼는데 이제 다시 와서 들으니 감개가 무량하다고 했습니다. 젊은 세대 여러분들이 이런 책을 많이 읽으면 유용한 데가 아주 많을 겁니다. 이것 역시 중국 문화의 보고이기 때문입니다.

꿈에 대해 말하다

아래에서 우리는 꿈에 대한 대목을 살펴보겠습니다. 먼저 제5권 제17편 「맥요정미론(脈要精微論)」을 보겠습니다. 저는 여러분들께 제목을 특별히 주의하는 습관 하나를 말씀드리고자 합니다. 이 편의 제목은 아주 중요합니다. 제목을 아무렇게나 짓지 않습니다. 이것은 맥을 잡을 때 필요한 정밀한 방법입니다.

그러므로 목소리에 오음이 있고, 얼굴의 색에도 오행이 있으며, 맥에는 음양이 있다오. 음이 왕성하면 꿈에 큰물을 건너면서 두려워하고, 양이 왕성하면 꿈에 큰불이 나서 태우며, 음양이 모두 왕성하면 꿈에 서로 죽이거나 싸운다오. 상반신이 왕성하면 꿈에 날아오르고, 하반신이 왕성하면 꿈에 추락하며, 많이 먹었을 때는 꿈에 남에게 주며, 많이 배고플 때는 꿈에 남한테서 뺏는다

오. 간의 기운이 왕성하면 꿈에서 노하게 되고, 폐의 기운이 왕성하면 꿈에서
통곡을 하며, 짧은 기생충이 많으면 꿈에 무리가 모여들며, 긴 기생충이 많으
면 꿈에 서로 치고받아 상처를 입는다오. 그러므로 진맥을 할 때는 방법이 있
으니 먼저 마음을 텅 비우고 고요히 유지해야 한다오.

是故聲合五音, 色合五行, 脈合陰陽. 是知陰盛則夢涉大水恐懼, 陽盛則
夢大火燔灼, 陰陽俱盛則夢相殺毀傷, 上盛則夢飛, 下盛則夢墮, 甚飽則
夢予, 甚饑則夢取, 肝氣盛則夢怒, 肺氣盛則夢哭, 短蟲多則夢聚衆, 長
蟲多則夢相擊毀傷, 是故持脈有道, 虛靜爲保.

『소문』제17편「맥요정미론」제4장

이 대목은 꿈에 대해 언급하면서 단지 한 가지 점을 제시합니다. 수천
년의 의학 경전에서는 꿈의 연구에 주의했습니다만『황제내경』에서는 그
저 몇 가지만 언급하고 있을 뿐입니다. 유가의 책인『예기(禮記)』속에서
도 역시 꿈에 대해 이야기합니다. 심지어 불교 공부 특히 티베트 불교 공
부가 그렇습니다. 저는 밀종의 주문 수련을 배우면서 자주 웃곤 했는데 늘
꿈을 이야기하는 것입니다. 허! 내가 어젯밤 꿈을 꾸었더니 보살이 나타
나서 이런 말씀을 하셨다 하는 식이었습니다. 제가 말했습니다. 중국 사람
이 항상 말하는 속담에 "어리석은 자 꿈 이야기를 한다〔癡人說夢〕"라는 말
이 있다고요. 늘 저에게 와서 꿈 이야기를 하니 듣기가 거북했습니다. 제
가 말했습니다. 그건 의학과 관련이 있다고요. 사실 꿈이란 정신의 반응입
니다.

어떤 사람이든 꿈을 꿉니다. 어제 말했지만 한평생 꿈을 꾸지 않은 사람

은 아주 적습니다. 당연히 있긴 있겠지요. 저도 몇 사람 만났는데 남자도 있고 여자도 있었습니다. 한평생 꿈을 꾸지 않는 것은 아주 특별한 경우입니다. 보통 사람의 수면은, 의학적으로 말하면 뇌의 전부가 아니라 단지 일부분만이 휴식을 취하고 있는 겁니다.

그리고 사람은 스스로 꿈을 만들어 꿀 수도 있는데 이건 농담이 아닙니다. 방법이 있습니다. 도가와 밀종에 모두 있으며, 어떤 박수무당은 이 방법을 이용해 꿈에서 닦아 성취를 얻기도 했습니다. 수련에 성공하면 앞일을 알 수 있습니다. 어떤 사람이 찾아와 어떤 일을 물어도 모두 알 수 있습니다. 그는 자는 듯 자지 않는 듯 연습하는데 아주 위험합니다. 뇌 신경이 착란을 일으킬 수 있습니다.

우리는 모두 날마다 꿈을 꿉니다. 생각이 있으면 곧 꿈을 꿉니다. 하지만 깨고 난 뒤에는 꿈도 꾸지 않고 잠을 잘 잤다고 느낍니다. 사실은 꿈을 꾸지만 잊어버립니다. 정말로 기억력이 좋거나 정좌를 하고 정(定)을 닦는 사람이라면, 도가나 불가를 닦는 사람 중 정력(定力)이 높은 사람이라면 자신의 꿈을 뚜렷이 압니다. 우리 같은 보통 사람은 깨어나기만 하면 꿈에서 했던 것을 대부분 알지 못합니다.

예를 들어 여러분이 어떤 사람을 관찰하고 연구한다면, 의학을 배우는 사람이라면 정말 관찰해야 할 현상이 많습니다만, 사람이 잠을 잘 때는 점잖은 사람이 없습니다. 움직이지 않고 한 자세를 유지해서는 절대 잠을 잘 수가 없습니다. 어떤 사람이라도 잠을 잘 때는 다리나 손을 움직이거나 떨거나 하는 등 반드시 움직입니다. 어떤 사람은 자면서 웃기도 하고 울기도 합니다. 우리같이 학생이나 군인을 많이 접하는 사람이라면, 보아하니 저녀석 잠을 제대로 못 자는구먼, 잠을 자면서도 눈알이 계속 움직이는 걸

보면 꿈을 꾸고 있는 게지 하고 생각합니다.

　그뿐 아니라 꿈을 만들어 고의로 그를 해치기도 할 수 있습니다. 어떤 혈도를 한 번 누르면 그가 곧바로 꿈을 꿉니다. 이것은 모두 의학과 관련이 있습니다. 바로 꿈의 이치입니다. 여러분, 거리로 한번 나가 보십시오. 과거에는 모두 금서였지만 지금은 대유행입니다. 바로 주공(周公)이 꿈을 해석한 책입니다. 왜 주공을 끌어들였을까요? 공자 역시 주공 꿈을 꾸었습니다. 공자가 말했습니다. "오래 되었도다, 내가 꿈속에서 주공을 다시 보지 못한 지가![久矣, 吾不復夢見周公矣]" 공자가 꿈속에서 자주 주공을 보았다고 스스로 시인한 것입니다. 『장자』에서는 "지인에게는 꿈이 없다[至人無夢]"라고 하는데 미련한 사람에게도 꿈이 없습니다. 도를 얻은 사람만이 꿈이 없는 경지에 이릅니다. 백치 같은 사람도 역시 꿈이 없습니다. 진정 제대로 수양하여 자신을 세운 사람이라면 아주 뚜렷해 자기가 의식적으로 꿈을 만들 수도 있습니다. 그뿐 아니라 그다음 공부로 꿈을 억제할 수 있으며, 또 그다음 공부로 꿈을 바꿀 수도 있습니다. 가령 꿈에 불이 났다면 그것을 물로 바꿀 수 있습니다.

　그리고 꿈속의 꿈도 있습니다. 여러분도 경험이 있을지 모르겠습니다만 저는 어릴 때 몇 차례 스스로 꿈을 꾸고 있다고 안 적이 있습니다. 꿈속에서 내가 꿈을 꾸고 있다고 말하며, 군이 이 꿈을 바꾸어 다른 꿈을 꾸고자 하면 또 다른 꿈이 되기도 합니다. 이것을 꿈속의 꿈이라 합니다. 현대 의학에서는 정신과에 속하는 문제입니다. 서양 의학의 관점에서 말하자면 정신과와 뇌과는 모두 꿈과 관련이 있습니다.

병과 꿈

『황제내경』은 우리에게 일러 줍니다. 신체에 음이 성하면 꿈에서 물을 본다고요. 그뿐 아니라 여러분이 물에 빠져 죽을까 봐 무척 두려워한다면 이것으로 자기 신체에 음기가 너무 왕성하다는 것을 알 수 있습니다. 중의를 배운 사람이라면 알 수 있지만, 약을 좀 먹으면 이건 개선될 수 있으며 개선되지 않으면 신체 단련을 통해서도 개선이 가능합니다.

『주공해몽』[39]에는 미신적인 것이 많습니다. 하지만 어떤 때는 미신이라도 여전히 현실 생활과 관련이 있습니다. 운이 나쁠 때는 꿈에서도 어두운 것을 자주 보며 운이 좋을 때는 밝은 것을 자주 봅니다. 아주 드물지만 색깔 있는 꿈을 꾸는 경우가 있는데 대부분은 음적인 것입니다. 꿈속에서 색채가 있는 것을 보는 경우는 아주 드물며 꿈속에서 태양의 빛을 보는 것은 이보다 더 적어 거의 없지만, 그럼에도 꿀 수는 있습니다. 양이 많으면 꿈에서 불을 보고, 음이 많으면 꿈에서 물을 보며, 음양이 모두 왕성하면 꿈에서 싸우거나 혹은 전쟁에 참여하며 혹은 꿈에서 살인을 하기도 합니다.

"상성즉몽비(上盛則夢飛)", 이런 꿈은 제 경우 어릴 때 늘 꾸던 것입니다. 아주 편안해 날고 싶으면 곧 날아오릅니다. 그뿐 아니라 건물이든 뭐든 죄다 볼 수 있고 아주 편안합니다. 지금은 나이가 들어 날아다니지 못합니다. 힘이 없지요. 젊은 여러분들이야 당연히 가능할 터입니다. 기운이 왕성해 가라앉힐 수 없으니 꿈속에서 스스로 공중으로 날아오르는 것입니다. 하지만 날아오르는 것이 그리 높지는 않습니다. 아주 높이 날아오

---

39 원래 제목은 『주공원몽(周公圓夢)』이다.

르기 위해서는 공부가 필요합니다.

"하성즉몽타(下盛則夢墮)", 어떤 때 꿈속에서 여행을 갔다가 높은 곳에 이르러 굴러떨어지면 자기 몸에 문제가 있음을 압니다. 너무 많이 먹으면 꿈속에서 다른 사람에게 뭔가를 주며, 너무 배가 고프면 꿈속에서 뭔가를 먹고자 합니다. 간 기운이 왕성하면 쉽게 화를 내는데, 꿈속에서 사람들과 말다툼을 하면 자신의 간 기운이 너무 왕성하다는 것을 알려 줍니다. 혹은 우리가 꿈속에서 많은 일을 당하면 무척 괴롭거나, 고통스럽고 상심하는 일들이 많으면 이건 여러분의 간에 문제가 있는 것입니다. 너무 내향적이어서 감정을 바깥으로 드러내지 않으려 하며 속으로만 끙끙대고 있다면 간에 문제가 있습니다. 폐의 기운이 너무 많으면 우는 꿈을 꿉니다. 폐에 문제가 있으면 꿈속에서 슬픈 일이 일어나며 잘 울게 됩니다.

꿈과 신체 내의 기생충

"단충다즉몽취중(短蟲多則夢聚衆), 장충다즉몽상격훼상(長蟲多則夢相擊 毀傷)." 여기서 충(蟲)이란 기생충을 말합니다. 도가에서는 우리의 신체가 우리 것이 아니라 세계라 말합니다. 각 세포 하나가 하나의 생명이며 많은 세균이 기생해 살고 있습니다. 그래서 도가에서는 우리 신체 속에 삼시충이 있어서, 그것도 아주 많아서 삼시충(三屍蟲)을 죽여야 한다고 말합니다. 도가에서 사용한 약은 과거에는 황금이나 백은을 연단한 것이었는데, 이런 독약을 정제하여 완성한 단을 삼켜 신체의 삼시충을 죽였습니다. 그들의 생각은 위나 장을 황금으로 바꾸는 것이었습니다. 이건 제 상상입니다만 여러분도 오장육부가 정말 황금과 백은으로 바뀌었다고 한번 상상해 보십시오! 그들의 목적은 삼시충을 죽이는 것이었습니다.

우리 신체 내부의 세계는 서양 의학의 연구에 의하면, 가령 밥 한 공기를 먹었다면 자신이 필요로 하는 것은 사분의 일 정도이며 나머지는 내부 중생들이 필요로 하는 것이라 합니다. 특히 중국인들은 쌀밥 먹기를 좋아합니다. 중국인은 항전 시기 일본인들과 싸웠는데, 싸우다 보니 식량이 모두 떨어졌습니다. 일본인들은 원자폭탄이 떨어지지 않았다 하더라도 길어야 일 년 정도면 항복했을 겁니다. 양식이 없었기 때문입니다. 독일 사람들 연구에 따르면 중국 사람들의 대변에서 양분을 뽑아 낸다면 삼 년은 더 싸울 수 있다고 했습니다. 이건 진짜입니다. 농담이 아닙니다. 그래서 독일 사람이 무섭다고 하는 것입니다. 중국 사람은, 특히 남방 사람은 쌀밥 먹기를 좋아해서 대여섯 공기나 일고여덟 공기를 꾸역꾸역 넘겨 소화도 제대로 시키지 않으니 추출해 낸다면 아직 영양이 남아 있을 것입니다.

우리가 먹는 많은 영양분이 벌레를 먹여 살리기도 하지만, 인체 내부에 이런 벌레들이 없다면 우리도 살아남지 못합니다. 회충을 예로 들어 봅시다. 현대 의학에서는 우리가 어떻게 하면 이들과 접촉하지 않을까 연구하지만 과거 서양의 연구에서는 인체 내부의 작은 회충들은 장의 소화를 돕는다고 보았습니다. 회충들이 창자 속에 있기 때문에 때로는 항문이 가렵기도 하고 여성의 경우라면 때론 항문이나 질 부위가 가렵기도 한데, 이것 역시 작은 벌레나 세균들입니다. 그러므로 우리의 온 신체는 삼시충으로 득실거립니다. 세계 인구도 육십억이 넘지만 우리의 신체 내부에도 육칠십억의 중생이 있습니다. 여러분이 신체를 건강하게 한다면 그것도 공덕을 쌓는 것입니다. 신체 내부의 생명이 살아갈 수 있기 때문입니다. 몸에 병이 생긴다면 이들 중생에게 미안한 것이지요. 그래서 여기서 "단중다즉 몽취중(短蟲多則夢聚衆)"이라 한 것입니다. 꿈속에서 많은 사람이 나타나면, 병사를 거느리거나 자기가 위에 서서 열병을 하거나 하면 이 경계는 아주 통쾌하고 위풍이 당당합니다. 실제로 병의 증세로 말하자면 이것은 몸속 어느 부분에 작은 벌레가 많은 것입니다. 만약 긴 벌레가 많다면 꿈속에서 싸우게 됩니다.

"시고지맥유도(是故持脈有道), 허정위보(虛靜爲保)", 한 사람의 의사로서 병의 증상이나 심리 작용에 대해서는 반드시 일정한 진단 규칙이 있어야 합니다. 그러므로 그저 손가락 세 개로 맥상(脈象)을 살피거나 혹은 혀를 한 번 들여다보고 곧바로 판단하는 것은, 『황제내경』의 관점에서 말한다면 너무도 경솔한 것입니다. 많은 방면에서 투철히 연구해야 합니다. 망문문절(望聞問切)의 조건들이 모두 이 속에 포함되어야 합니다.

맥상을 살필 때는

그 아래부터는 진맥의 문제를 말하는데, 다시 원래의 봄날의 상황을 말하기에 이르렀습니다. 그러므로 많은 편을 집중적으로 연구해야 합니다. 여러분들처럼 젊은 사람이라면 『황제내경』 중간의 어느 단락의 요점을 추출해 내고, 앞의 요점과 결합시키고, 이들을 서로 잇는 것이 가능할 겁니다. 예를 들어 우리는 어제 일 년 사계의 춘하추동에 대해 살펴보았는데 여기서 다시 그것을 언급하게 되었습니다. 하지만 맥상(脈象)으로서 그 내용이 다르니 중복되는 것은 아닙니다.

"춘일부(春日浮), 여어지유재파(如魚之遊在波)." 이것은 기맥의 활동 내지는 맥상을 말한 것입니다. 그러므로 춘하추동에 맥을 짚을 때 여러분은 계절의 나뉨을 잘 알아 두어야 합니다. 이 편에서는 저 개인적 경험 즉 지역이 다르면 진맥도 다르다는 것을 말씀드리고자 합니다. 예를 들면 저는 절강(浙江) 해변가 사람인데 항전 시 일본군과 싸울 때 사천(四川)에 있었습니다. 당시의 사천은 지금과 달랐습니다. 지금이야 비행기표를 하나 끊으면 티베트도 쉽게 갈 수 있지요. 당시는 "촉으로 가는 길이 험난해 푸른 하늘에 오르기만치 어려운(蜀道難, 難於上靑天)" 시기였습니다. 이 시는 이백(李白)의 시인데 사천으로 가기가 그만큼 어려웠습니다. 사천에 도착해 의학을 배운 친구와 교류했는데, 그들의 이론은 같지 않았고 진단법 역시 달랐습니다. 그러므로 병을 진단할 때는 그 배경을 모두 알아야 합니다.

지금은 젊은 사람들의 이동이 아주 빈번합니다. 북방 사람 중에는 부모를 따라 남방에서 자란 사람도 있고, 서부의 사람이 부모를 따라 동쪽에서 자란 사람도 있습니다. 하지만 저의 습관은 여전히 이전에 군대에서 부하를 거느리던 때와 같습니다. 성이 뭔가, 이름이 뭐지, 그러고는 다시 이력을 묻습니다. 각 지방마다 개성과 생명 그리고 능력이 모두 다르기 때문입니다.

예를 들어 여러분이 한 부대를 이끄는데, 절반이 한인이요 절반이 회교를 믿는 사람이라면 단체 급식을 하면서도 방법을 달리해야 합니다. 북방인이라면 일주일이라도 밀가루 음식을 먹지 않으면 힘을 쓸 수 없으니 서둘러 밀가루 음식을 먹여야 합니다. 남방인이라면 북방에 있더라도 일주일간 쌀밥을 먹지 않으면 살기 힘듭니다. 이런 것들을 여러분이 지금은 알지 못합니다만 이후 이해하게 된다면 비로소 의학을 배우는 이치나 사람이 되는 이치가 모두 같다는 것을 알 겁니다.

예를 들어 봅시다. 저는 한때 사천에서 전쟁을 치렀는데 그때만 해도 아주 젊었습니다. 그런데 돌연 병에 걸려 견딜 수 없었습니다. 의사를 찾아가 약을 두세 첩 먹었는데, 저 자신도 의학에 대해 약간은 알고 있다고 생각했습니다. 서양 의학을 전공한 의사 친구가 보더니 뭔가 문제가 있는 것 같다고 했지만 문제가 어디에 있는지는 그 역시 말해 주지 못했습니다. 그런데 어떤 분이 이렇게 말했습니다. "성도(成都)에 나이 든 의사가 있는데 유의(儒醫)라네. 그는 환자를 보지 않고 집에서 책을 읽고 있는데 청나라 때 과거에 급제한 사람이지. 그는 의학의 이치에 정통했지만 사람들의 병을 잘 봐 주지는 않네. 하지만 자네는 다를 게야. 어떤 사람을 찾아가 소개시켜 달라고 하면 될 거네. 그 사람은 나이 든 분으로 성도의 오로칠현(五老七賢) 중 한 사람이지. 오로칠현은 학문도 깊고 지위도 있는 사람들로 청대 유로(遺老)들인데 명성이 꽤나 높네. 그는 자네 얼굴을 봐서라도 반드시 찾아가 소개시켜 줄 게야."

저는 곧 그를 찾아가, 모모 선생의 의술이 대단히 고명하지만 듣기론 그분의 문턱이 너무 높아—옛사람은 대문에다 문턱을 두었는데 지위가 높을수록 문턱도 높았음—소개를 좀 받고자 이렇게 찾아뵙게 되었다고 말했습니다. 그는 같이 가 보자고 했습니다. 유씨 유로(遺老)가 왔다는 말을 듣고 의사는 대문까지 나와 맞았습니다. 유로는 저를 소개했는데 당연히 한 차례 추켜세웠습니다.

의사분이 아주 공손했기에 저도 예의를 다했습니다. 하지만 제가 군복을 입고 있었던 터라 그 노인분이 보기엔 아무래도 생경스러웠을 겁니다. 그래서 미안하다고 했습니다. 다른 옷이 없어서 그냥 왔다고 했지요. 그랬더니 그대들이 나라를 위해 나서 싸우고 있는데 도리어 존경할 만한 일이 아닌가요 하며 대답했습니다.

그는 한참 살펴보더니, 당신은 병이 없소! 했습니다. 저도 스스로 병이 없다고 느끼고 있었습니다. 단지 정신이 하나도 없는 데다 견디기가 매우 어려웠을 뿐입니다. 그러다가 그는 다시 병이 있다고 했습니다. 그는 방금 병이 없다고 하고서는 이제 다시 병이 있다고 말하는 것입니다. 그가 말했습니다. "미안하지만 당신 병은 '사향병(思鄕病)'이라오." 이 한 마디를 듣고 당시 저는 정신이 번쩍 들었습니다. 제가 어려서 공부하러 떠나려 하자 할머니께서는 고향의 흙을 한 움큼 싸 주셨는데, 비단 보따리에 정성스레 싸서 책 상자 아래에 꼭꼭 눌러두었습니다. 그러고는 이렇게 당부했습니다. "애야, 네가 멀리 떠나 견디기 어려울 때가 있거든 우리 집 이 흙을 떼다 물에 타서 마시면 괜찮아질 거야!" 할머니이 그렇게 말씀하시니 저는 당연히 예, 예 하고 대답할 밖에요. 하지만 농담같이 들었습니다. 어찌 그런 일이 있으려고? 하지만 할머님이 이미 책 상자 속에 넣어 두셨기에 당연히 갖고 떠났습니다.

유의(儒醫)가 이런 말을 꺼내자 저는 곧 할머니가 주신 흙이 생각났습니다. 하지만 저의 책 상자는 멀리 싸우러 오면서 이미 잃어버리고 말았습니다. 책도 다 잃어버렸지요. 제가 말했습니다. "노 선배님 말씀이 맞습니다. 그럼 어떻게 하면 될까요?" 그가 말했습니다. "당신은 각저인(脚底人)이겠지요?" 사천 사람들은 외지인을 각저인이라 불렀는데, 양자강 하류는 그들이 볼 때 아래쪽이기 때문입니다. 제가 절강인(浙江人)이라고 하자 저더러 가서 절강의 마른 생선을 사다 먹으면 좋아질 거라고 했습니다. 과연! 들어 볼수록 고명했습니다. 그래서 서둘러 일어나 거수경례를 하고는 운전병에게 곧바로 시장으로 달려가 마른 생선을 사자고 했습니다. 절강 마른 생선 가게 입구에 이르렀더니 짭조름한 냄새가 나는데, 한 번 맡고는 이내 좋아졌지만 그래도 다시 그 귀한 생선을 사 갖고 돌아와 먹었습니다. 참으로 고명한 의사였습니다.

병몽과 신체 내부의 변화 현상

방금 꿈 이야기를 했지만 『황제내경』에서 말하는 꿈은 단지 일부분일 뿐입니다. 『예기』에도 일부분이 등장하는데 이 둘은 거의 비슷합니다. 꿈은 아주 깊은 학문으로 의학이나 심리학 그리고 뇌와도 관련이 있으며, 신경 과학과도 모두 연관이 있습니다. 젊은 여러분들은 침소봉대해서는 안 됩니다. 『황제내경』에서 꿈을 이야기한 것은 이 몇 가지 원칙뿐인데, 만약 이것으로 모든 꿈을 말한다면 그건 잘못된 겁니다.

다시 보충해 말하자면 꿈이란 아주 기묘합니다. 불경에는 "꿈과 같고 환상과 같다[如夢如幻]"라는 구절이 있는데, 세계 전체를 한바탕 꿈으로 본 것입니다. 『장자』 제2편 「제물론(齊物論)」에서는 마지막 결론으로 호접몽(胡蝶夢)을 말합니다. 중국 문화에서 『장자』의 호접몽, 여순양(呂順陽)의 황량몽(黃粱夢), 당나라 사람이 쓴 남가지몽(南柯之夢)은 모두 철학 방면의 것으로 과학이기도 합니다. 이 세계에 사는 우리의 삶은 생사존망 자체가 한바탕의 꿈입니다. 『삼국지연의(三國志演義)』를 보면 유비의 삼고초려 대목이 있는데 유명한 시가 하나 나옵니다. 제갈량이 남양 융중에 누워 있다가 일어나 유비와 만나면서 지은 시입니다.

큰 꿈을 누가 먼저 깨우는지	大夢誰先覺
평생 나 스스로 알았지만	平生我自知
초당에서 봄잠을 푹 자고 나도	草堂春睡足
창밖의 태양은 저리도 느긋하도다	窗外日遲遲

인생이란 큰 꿈입니다. 이 꿈을 진정으로 연구한다면 대략 다섯 유형으로 나눌 수 있습니다. 『황제내경』이나 『예기』에서 말하는 꿈은 '병몽(病夢)'으로, 신체 내부에서 일어나는 일종의 변화 현상입니다. 『황제내경』의 이 단락에서 저는 "일유소사(日有所思), 야유소몽(夜有所夢)"이라는 구절을 뽑아 여러분께 소개하고자 합니다. 꿈이란 참으로 기괴해서 어떤 때는 과거의 심리적 조각을 들춰내고, 이 생애뿐 아니라 여러 생애에 걸쳐 누적된 조각들을 하나의 꿈으로 이어 내기도 합니다. 그러므로 꿈으로 과거를 알 수 있습니다. 하지만 아주 기묘한 꿈도 있어서 미래도 알 수 있는데, 여러분이 경험해 본 적이 있는지 모르겠습니다. 제가 어릴 때 꿈을 꾸면서는, 꿈속에서 지금까지 가 본 적이 없는 곳을 가는데, 후에 그곳에 가게 되면 거기에 와 본 적이 있다고 느낍니다. 어느 때 와 봤는지 생각이 나지 않다가 홀연 생각이 나는데 바로 꿈속이었습니다. 그런데 완전히 같았습니다. 심지어 한 번도 본 적이 없는 사람인데 꿈속에서 먼저 보았던 사람일

수 있습니다. 그러므로 꿈으로 미래를 알 수 있고 과거도 알 수 있습니다.

때론 스스로 한 생각이 일어날 때가 있습니다. 예를 들면 상사병(相思病)에 걸린 사람은 꿈속에서 헤어졌던 사람을 다시 만날 수 있습니다. 당나라 사람이 쓴 소설 『천녀이혼(倩女離魂)』은 바로 이혼증(離魂症)의 상태를 묘사한 것입니다. 의학에서도 이런 것이 있습니다. 중국 의학에서 말하는 이혼증이라는 것은, 남녀가 너무도 사랑해 결국은 영혼이 신체를 벗어나 상대방 집으로 달려가서 결혼하는 것입니다. 몇 년이 지나 돌아와서 온 집안사람을 기절할 듯 놀라게 합니다. 그 여자는 아직 침대에 누워 있는데 마치 식물인간과도 같습니다. 하지만 여자를 데리고 방에 들어선 순간 누워 있던 여자가 살아서 일어나는 것입니다. 영혼이 신체와 다시 결합한 것입니다. 이것이 유명한 『천녀이혼』입니다. 이것은 역사적인 이야기로서 완전히 소설은 아닌데, 이런 것을 이혼증이라 합니다.

위험한 몽유증

이 외에 또 몽유증(夢遊症)이라 불리는 증세가 있는데 한밤중에 꿈속에서 이리저리 다니는 것입니다. 특히 부대를 지휘하거나 사병을 거느리고 있는 때라면 이런 상황이 가장 두렵습니다. 이것을 과거 부대 내에서는 '요영(鬧營)'이라 불렀습니다. 그러므로 지휘관이라면 몹시 괴롭더라도 각종 상황에 대해 알고 있어야 합니다. 예를 들어 여러분이 백 명의 사병을 이끈다면 먼저 환경을 관찰해야 하는데 이것은 미신과도 연관됩니다. 무덤이나 사당 혹은 오래된 건물에서 하룻밤을 보내야 한다면 그곳의 풍수가 어떤지도 보아야 합니다. 예를 들어 이런 상황도 발생하기 때문입니다. 즉 백 명의 사병들이 모두 잘 자고 있는데 홀연 병사 하나가 일어나 총을 집어 들고 실탄을 장전하고는 사격을 하는 것입니다. 이것이 요영으로 바로 몽유증입니다. 이런 일을 당하면 지휘관은 재수 없게도 처벌을 받습니다. 제대로 인솔하지 못했기 때문입니다.

요영을 당하면 지휘관은 스스로 진정해야 합니다. 자기 머리가 혼란스러워진다면 아주 심각해집니다. 이런 경우 첫 번째 할 일은 구령을 외치는 것입니다. 전체 차렷! 총기 제자리로! 전원 취침! 다음 날 뭘 했는지 물어보면 아무것도 알지 못합니다. 이런 병증은 지금은 다행히도 보지 못했습니다. 전쟁이 일어난다면 여러분은 중의나 서양 의학을 배운 사람으로 군의관이 될 텐데, 이런 경우 군의관의 책임이 막중하므로 꿈의 문제에 대해 알고 있어야 합니다. 꿈의 학문은 매우 심오합니다. 여기까지 말씀드리면 여러분은 『황제내경』을 읽지 않고도 알아들었다고 생각하지만 꿈속에서 안 것입니다. 여러분에게 말씀드리겠지만 여러분은 아직도 꿈속에 있습니다. 완전히 이해한 것이 아닙니다.

기가 합쳐져 형체를 이루다

이제 우리는 제3권의 「육절장상론(六節藏象論)」[40]을 보겠는데 중점을 골라서 살펴보겠습니다.

---

[40] 「육절장상론」은 『황제내경』 소문 제9편으로 여기서 말하는 3권은 강의용 교재를 말하는 듯하다.

황제가 말했다. 훌륭합니다. 제가 듣기로 기운이 합쳐져 형태가 생기고, 변화를 통해 바른 이름이 생겼다고 들었습니다. 천지의 운화와 음양의 변화는 만물에게 어느 것이 더 크게 어느 것이 더 적게 작용하는지 말씀해 주시겠습니까?

帝曰. 善. 餘聞氣合而有形, 因變以正名. 天地之運, 陰陽之化, 其於萬物孰少孰多, 可得聞乎?

『소문』제9편 「육절장상론」 제4장

이것은 아주 큰 문제로, 과학의 문제요 철학의 문제입니다. 황제가 묻습니다. 제가 듣기론 "기합이유형(氣合而有形)", 사람이 태어나면 불교에서는 이 생명을 세 연(緣)의 화합이라 말합니다. 정자와 난자 외에도 하나가 더 있어야 하는데 불교에서는 이것을 '중유(中有)'라 합니다. 바로 우리가 흔히 말하는 영혼인데, 반드시 중유와 남자의 정자 그리고 여자의 난자가 결합되어야만 사람이 될 수 있습니다. 불교에서 말하는 이것은 생명의 이치이자 과학의 이치이기도 합니다.

『황제내경』이라는 책이 언제 만들어졌든 적어도 불교가 중국에 들어오기 전에 이미 있었습니다. 『황제내경』의 이치는 불경에서 말하는 이치와 같아 "기합이유형(氣合而有形)", 정자와 난자가 결합해 곧바로 생명의 형체로 변화되는 것이 아니라, 중간의 어떤 것 즉 불교에서는 중유라 하고 여기서는 기(氣)라 말합니다만, 이것과 하나로 결합해야만 생명으로 변합니다. "기합이유형(氣合而有形), 인변이정명(因變以正名)", 기와 정자 그리고 난자가 결합해 변화를 일으켜야만 비로소 태아로 변합니다. 여기서 '정명(正名)'이란 세 종의 원인이 변화해야만 비로소 인류 자신이 창조한 이 '명(名)'이 있다는 것입니다.

"천지지운(天地之運), 음양지화(陰陽之化), 기어만물숙소숙다(其於萬物孰少孰多)", 인간의 생명은 모두 천지의 기능이 변화되어 생겨납니다. 그뿐 아니라 이렇게 해서 생겨난 인간 중 어떤 사람은 총명하고 어떤 사람은 어리석으며, 어떤 사람은 하얗고 어떤 사람은 뚱뚱하고 각기 다른데, 이런 차이는 어떻게 해서 생겨난 것일까요?

기백이 말했다. 참으로 좋은 질문이오. 하늘은 지극히 광대해 잴 수 없고 땅은 지극히 넓어 헤아릴 수 없으니, 심오한 질문에 대해 그 대략만 진술해 보리다.

岐伯曰, 悉哉問也. 天至廣不可度, 地至大不可量, 大神靈問, 請陳其方.

『소문』제9편「육절장상론」제4장

기백이 황제에게 대답하는 말이 이 편에서는 대단히 기괴합니다. 여러분 "실재문야(悉哉問也)"라는 구를 한번 보십시오. 이런 구절은 다른 데서는 거의 사용하지 않는 것으로, 그 뜻은 대단히 어렵다는 것입니다. 그대가 물은 것은 대단히 어려운 문제라는 말로, 그 문제가 대단히 크다는 것입니다. 여기서 '천(天)'은 물리세계의 천문이 아니라 형이상학의 천을 가리키는 것으로, 본체의 작용을 이르는 기호입니다. 그러므로 중국 고서에서 두 글자 즉 하나는 천(天)이요 다른 하나는 도(道)인데, 이 글자를 만나

면 아주 골치 아픕니다. "천지광불가도(天至廣不可度)", 이 허공이 얼마나 크며 그 작용이 얼마나 대단합니까 하는 말입니다. 가장 좋기로는 불교에서 말하는 네 글자 즉 '무량무변(無量無邊)'입니다. 무한하게 크며 지극히 넓어 헤아릴 수 없다는 뜻이지요. 하지만 지(地) 역시 지극히 크고 잴 수 없으니 여러분은 과연 지구를 잴 수 있다고 생각하십니까? 반드시 이 지구만을 말하는 것이 아니니 다른 곳에도 역시 어떤 것들이 있을 겁니다. "대신령문(大神靈問)", 여기서 '대신령'이란 황제의 칭호가 아니라 황제가 크게 신령스럽다는 것을 칭찬한 말입니다. 그대가 물은 이 문제에 대해 "청진기방(請陳其方)", 내가 그 대략을 말해 주겠지만 이건 개략적인 분석일 뿐이라는 말입니다. 황제의 선생이 대단히 정중하고 겸손하게 말한 것입니다.

다섯 가지 색, 다섯 가지 맛, 다섯 가지 기운

초목은 다섯 가지 색을 내지만 다섯 가지 색의 변화는 눈으로 다 볼 수 없을 만큼 복잡하고, 초목은 다섯 가지 맛을 내지만 다섯 가지 맛의 아름다움은 다 맛볼 수 없을 만치 다양해, 각자의 기호와 욕구에 따라 그 색과 맛이 달라진다오.

草生五色, 五色之變不可勝視. 草生五味, 五味之美不可勝極. 嗜欲不同, 各有所通.

『소문』 제9편 「육절장상론」 제4장

이 '초(草)'는 일체의 식물을 대표합니다. 대지 위의 식물에는 홍색·황색·남색·백색·흑색의 다섯 가지 색이 있는데, 이것이 칠채(七彩)니 십채(十彩)로 변화해 가는 것은 "불가승시(不可勝視)", 즉 이루 다 볼 수가 없습니다. 과거 대학에는 박물(博物)이라는 전공이 있었는데 식물을 연구하는 것입니다. 지금은 더욱 세분화되어 원예니 식물이니 하며 많은 분과가 생겼습니다. 그는 말합니다. "초생오색(草生五色), 오색지변불가승시(五色之變不可勝視)", 사람의 지식으로는 전부 다 이해하는 것이 매우 어렵다오. 그뿐 아니라 모든 종류의 초(草)에는 오미(五味) 즉 짠맛·단맛·쓴맛·매운맛·신맛의 오미가 있어 "불가승극(不可勝極)", 이루 다 헤아릴 수 없다고 했습니다. 신농씨는 백 가지 풀을 맛보았는데, 여러분은 중의를 배우고 약초를 배우면서도 백 가지 약초의 맛을 제대로 경험한 적이 있는가요? 참으로 대단히 많고 대단히 오묘합니다. 어제 저는 젊은 청년 한 사람을 만났는데 중의였습니다. 아주 뛰어나 보이길래 제가 그에게 정식으로 초약(草藥)을 연구해 보라고 권했습니다. 여러분이 생각하듯이 약국에 가서 약을 사고 계산서를 끊는 그런 것이 아닙니다. 그건 말라 버린 약입니다. 초약의 원래 모습을 여러분은 본 적이 없고 초약의 원래 맛을 여러분은 맛본 적이 없습니다. 중의를 배우기 위해서는 원리도 배워야 하지만 이 밖에도 초약이라는 식물을 반드시 알아야 합니다.

하늘은 다섯 가지 기운으로 사람을 기르고, 땅은 다섯 가지 맛으로 사람으로 기른다오. 다섯 가지 기운은 코로 들어가 심장과 폐장의 윗부분에 저장되어 다섯 가지 색깔이 뚜렷이 보이게 하고 음성이 드러날 수 있게 한다오. 다섯 가지 맛은 입으로 들어가 위와 창자에 저장되는데, 맛이 저장됨으로써 다섯 가

지 기운을 기르고, 기운이 조화되어 진액이 생겨나며, 정신 또한 생겨난다오.

天食人以五氣, 地食人以五味. 五氣入鼻藏於心肺上, 使五色修明, 音聲
能彰. 五味入口藏於腸胃, 味有所藏, 以養五氣, 氣和而生, 津液相成,
神乃自生.

『소문』제9편「육절장상론」제4장

"천사인이오기(天食人以五氣)", 여러분 색깔을 보십시오. 때로는 색깔도
신체에 영향을 미칩니다. 땅 위의 채소나 쌀은 사람에게 오미(五味)를 주
어 먹게 하는데, 이는 모두 인간의 생명을 위한 것입니다. 이런 까닭에 천
지인이라 하며 사람은 중간에 있습니다. "오기입비장어심폐상(五氣入鼻藏
於心肺上)", 오색(五色)과 오미(五味)의 배후에 있는 작용을 기(氣)라고 하
는데, 오기(五氣)가 코로 들어가면 향미(香味)가 코로 들어가 심장에 저장
되는데, 심장은 폐와 연결되어 있어 모두 관계가 있습니다. 코로 하는 호
흡 계통은 폐와 관련되어 있는데 곧바로 신장으로 이어집니다. 그러므로
중약에서는 오색과 오미에 대해 모두 뚜렷이 분별해야 합니다. "천사인이
오기(天食人以五氣)"와 "이양오기(以養五氣)"에서의 오기(五氣)는 다른 것
으로, 전자가 외부 물질의 기를 가리키는 데 반해 후자의 오기는 내재적인
기의 변화를 가리킵니다.

"오미입구장어장위(五味入口藏於腸胃)", 바로 위 속으로 들어갑니다.
"미유소장(味有所藏), 이양오기(以養五氣)", 생명 자체에 영양을 주는 것입
니다. "기화이생(氣和而生), 진액상성(津液相成), 신내자생(神乃自生)", 입
으로 들어간 음식의 오색과 오미는 위와 장으로 들어가 소화되어 액체로

변합니다. 사실 액체는 위 속에서는 자양(滋養)이며, 자양이 변해 각종 영양이 되고, 내분비나 혈액 그리고 무수한 것으로 변화합니다. 이런 후천의 영양이 있어야만 우리의 심신(心神)이 절로 생겨날 수 있습니다. 이것은 하나의 원칙을 말한 것으로, 이러한 원칙 속에 포함된 내용은 아주 많습니다.

영양을 흡수하는 심장

황제가 말했다. 오장의 상은 어떠합니까? 기백이 말했다. 심장은 생명의 근본으로 신이 변한 것인데, 그 정화는 얼굴에 나타나고 혈맥을 충실하게 한다오. 양 중에서도 태양으로 여름의 기운과 통한다오.

帝曰, 藏象何如? 岐伯曰, 心者生之本神之變也, 其華在面, 其充在血脈, 爲陽中之太陽, 通於夏氣.

『소문』제9편 「육절장상론」 제5장

황제가 묻기를 "장상하여(藏象何如)", 오장의 장상이 어떤가요 하자 기백이 말하기를, "심자생지본신지변야(心者生之本神之變也)"라 했습니다. 여기서 말하는 심(心)은 불교에서 말하는 심이 아닙니다. 주의해야 합니다. 심(心)이라고 해서 바로 불교에서 말하는 일체유심의 심과 같은 것이라 여겨서는 안 됩니다. 같은 글자이긴 해도 뜻이 다릅니다. 불교에서 말하는 일체유심은 이 심(心) 자를 차용해 본체를 나타낸 것입니다. 우리에겐 본래의 심(心)이 있는데 바로 심장입니다. 심(心) 자는 어떻게 쓰지요?

우리의 마음과 마찬가지로 한 획을 구부려 긋고 세 개의 점을 찍는데, 앞에 있는 점 하나가 차분하지 못해 앞으로 튀어나오니 생각이 안정되지 못합니다. 이 심(心)은 상형자로 대단히 재미있습니다.

　우리는 이전에 일본인과 전투를 치렀는데 어떤 장교 한 명이 전방으로부터 돌아와 말했습니다. "화가 나서 죽을 뻔했습니다. 제가 전방에서 일본인을 붙잡았는데 그 중 여럿이 투항을 해 왔습니다. 그런데 우리 병사 하나가 정말 흉악했습니다. 일본인 한 명을 붙잡아 죽이고는 우리보고 같이 먹자고 하는 겁니다. 저는 후송당하는 환자 신세라 어쩔 수 없이 같이 먹을 수밖에 없었습니다. 그런데 그가 기어이 심장을 저더러 먹으라는 겁니다. 정말 견딜 수 없었습니다. 그가 말했습니다. '심장을 볶아 보면 팔딱팔딱 튀는 게 솥뚜껑이 가만 있질 못해!' 그러자 다른 병사가 말했습니다. '니들 구리판 갖고 있어? 거기다 얹어 놓으면 튀진 않을 거야. 사람이 죽어서도 돈이 필요하잖아!' 그의 말에 저는 참으로 견디기 어려웠지만 꾹 눌러 참고 그저 서둘러 다른 분대원에게 나머지 일본 병사를 데리고 가게 하는 것 외엔 방법이 없었습니다. 그러지 않으면 모두 그들에게 잡아먹히고 말았을 겁니다. 지독한 놈들입니다!"

　제가 방금 밝혔지만 불교의 심은 중국의 심 자를 차용해 본체론을 말한 것입니다. 심(心)이니 성(性)이니 하는 건 모두 차용한 것입니다. "심자생지본(心者生之本)", 여기서 심은 심장을 말하는데 심장이 제일 중요합니다. 심장이 뛰지 않고 멈추면 곧 죽습니다. 하지만 심장은 신(神)이 변한 것입니다. 심장이 변해 신(神)이 생긴 것이 아니라 신(神)이 변해 심장이 생겨난 것입니다. 이 이치를 분명히 알아야 합니다. 이것을 보면 고서를 읽을 때는 또 다른 눈이 있어야 합니다. 고서의 문자나 구절에 매달리다 보면 독서를 할 수가 없습니다.

"기화재면(其華在面)", 신(神)이 변한 심장은 영양이 가득차면 곧 정신으로 변화합니다. 영양이 충분한지 아닌지는 얼굴의 기색을 살펴보면 알 수 있습니다. 사실은 사지에도 다 드러나고 수족이나 신체 전체에서도 알 수 있습니다. 예를 들어 나이가 들면 검버섯이 피는데 이것 역시 그 화(華)입니다. "기충재혈맥(其充在血脈)", 영양을 흡수한 이후에는 곧 진액으로 변하고 피로 변합니다.

"위양중지태양(爲陽中之太陽), 통어하기(通於夏氣)", 그러므로 우리가 병을 진찰하면서 맥을 짚는 것은 진단의 한 방법이지 전체는 아닙니다. 사실 손의 이 부분에도 맥이 있고 발등의 여기에도 있으며 둔부 양쪽에도 있고 아주 많은 곳에 맥이 있습니다. 하지만 우리가 채택한 것은 여기를 짚는 이 방법입니다. 그러므로 진맥 역시 아주 중요하고도 깊은 하나의 학문입니다. 그는 말합니다. "위양중지태양(爲陽中之太陽)", 이 혈맥은 양 중에서도 태양으로 바깥으로 아주 뚜렷이 드러난다고요. "통어하기(通於夏氣)", 여름철 기후는 밝은 태양이 허공에 걸려 있어 문학상 이 네 글자로써 밝은 태양을 형용했습니다.

폐 속의 기백

폐는 기의 근본으로 백이 머무는 곳이요, 그 정화는 털에 나타나고 피부를 충실하게 한다오. 양 중의 태음으로 가을 기운과 통한다오.

肺者氣之本, 魄之處也, 其華在毛, 其充在皮, 爲陽中之太陰, 通於秋氣.

『소문』제9편「육절장상론」제5장

우리는 살아 있는 사람의 정신이 영혼[魂]과 백(魄)의 두 부분으로 나누어져 있다고 말합니다. '백(魄)'이란 무엇일까요? 백은 중국에서 제기된 것으로 서양 의학에서는 연구된 적이 없습니다. 서양인이 말하는 영혼은 우리의 영혼과 다릅니다. 우리의 영혼에는 기백(氣魄)이 있습니다. 예를 들어 "이 사람 꽤나 기백이 있네!"라고 할 때의 백(魄)으로, 이것은 생명의 정신을 표현한 것입니다. 그에 비해 혼(魂)이란 정신의 작용입니다.

그래서 우리가 어릴 때 책을 읽으면서는 지금 아이들처럼 그렇게 행복하지 않았습니다. 우연히 고서에서 사람들이 그린 혼백을 보면, 꿈을 꿀 때 머리 위에서 뭔가가 나가는데 이것을 영혼이 나가는 것이라 했습니다. 옛사람들은 꿈을 꾸는 것이 영혼이 나가는 것이라 여겼습니다.

폐기의 근본은 백(魄)입니다. 한자 '백(魄)' 자는 귀(鬼) 자에 백(白)이 더해진 것으로, 백색의 귀(鬼)입니다. 우리의 폐는 돼지의 폐나 마찬가지인데, 돼지의 폐를 사 보면 바깥에 얇은 막이 한 층 있습니다. 색깔은 희고 아주 가는 나일론 섬유 같습니다. 그래서 우리도 염증이 생겨 폐 활동이 나빠지면 얇은 막이 작은 구멍들을 에워싸서 물이 통하지 않게 됩니다. 그렇게 해서 가래가 나오고 천식이 생기는 것입니다. 폐는 백(魄)이 저장되는 곳으로, 이 백으로 변화된 기(氣)는 거의 형상이 없습니다. "기화재모(其華在毛)", 바깥으로는 피부의 털에서 볼 수 있는데 여기에 그 작용이 드러납니다. "기충재피(其充在皮)", 피부가 기로 채워지면 "위양중지태음(爲陽中之太陰), 통어추기(通於秋氣)", 양 중에서도 태음으로 가을 날씨처럼 숙살(肅殺)의 기운이 있습니다. 그러므로 중의에서는 인체를 천기와 연계시켜 인체가 바로 작은 천기라 말합니다.

정은 신장에 혼은 간장에 저장되다

신장은 주로 갈무리해 드러나지 않게 함으로써 굳게 저장하는 근본이 되며 정이 머무는 곳이 되는데, 그 정화는 머리카락에 있고 뼈를 가득 채운다오. 음 중에서도 소음이 되니 겨울의 기운과 통한다오.

腎者主蟄封藏之本, 精之處也, 其華在髮, 其充在骨, 爲陰中之少陰, 通於冬氣.

『소문』제9편 「육절장상론」제5장

신장에 대해서는 앞에서 언급한 바 있지만 전적으로 콩팥 두 개만을 가리키는 것이 아닙니다! 콩팥으로부터 아래로 고환을 포함하고 위로는 뇌와 통하니, 이들 모두가 신기(腎氣)와 관련되어 있다는 것을 절대 잊어서는 안 됩니다. 만약 두 개의 신장이 신(腎)을 대표하는 것이라 생각한다면 여러분이 많은 의서를 읽어도 뜻이 통하지 않아 문제가 생깁니다. 아래의 생식기로부터 위로 요도에 이르기까지 모두 신(腎)에 속합니다. "봉장지본(封藏之本)", 이는 저장하는 창고의 근본입니다. "정지처야(精之處也)",

남녀의 정(精)을 말하는 것이 아닙니다! 전신의 정력이 머무는 곳입니다. "기화재발(其華在髮)", 그 정화는 두발에 있습니다. 그래서 우리가 중년의 사람을 보면, 대략 오십 세가 되면 남녀 모두 마찬가지입니다만, 총명한 사람들은 대부분 머리카락이 다 빠져 버리거나 적어도 머리 가운데가 드러난 경우가 많습니다. "기충재골(其充在骨)", 이들은 골수를 가득 채웁니다. "위음중지소음(爲陰中之少陰), 통어동기(通於冬氣)", 음 중에서도 소음으로 겨울 기운과 통합니다. 그러므로 춘하추동이 모두 관계가 있습니다. 제가 오늘 언급했지만 사시의 기운은 인체에서 활용되어야 합니다. 이는 활자시의 이치와 마찬가지입니다.

이제는 시간이 얼마 남지 않았기에 대략의 결론을 내리고자 합니다.

간장은 피곤함이 누적되는 근본이며 혼이 머무는 곳인데, 그 정화가 손톱에 나타나며, 근육을 충만하게 하여 혈기를 생기게 한다오. 그 맛은 시며 색은 푸른데 이는 양 중의 소양으로 봄의 기운과 통한다오.

肝者罷極之本, 魂之居也, 其華在爪, 其充在筋, 以生血氣, 其味酸, 其色蒼, 此爲陽中之少陽, 通於春氣.

『소문』제9편 「육절장상론」 제5장

조금 전에 폐가 백(魄)이요 간(肝)이 혼(魂)이라 말했는데, 우리의 정신과 영혼은 바로 이곳에 있습니다. "기화재조(其華在爪)", 조(爪)는 손톱입니다. 이런 까닭에 관상을 보거나 병을 진단할 때 여기를 봅니다. 저는 아직도 손톱을 살피는 사람을 기억합니다. 전 시골에서 태어났습니다. 우리

마을에 할머니 한 분이 계셨는데 제가 태어날 때도 그분이 받았습니다. 당시는 산부인과가 없어서 산파를 불러 아이를 낳았습니다. 저는 그분을 아주 정중하게 대했습니다. 아이들이 병이 나면 곧 그분을 불렀는데 제가 옆에서 살펴보니 그 할머니는 오자마자 손톱을 보는 겁니다. 저는 어릴 때 무척 까불었는데 그걸 보고 물었습니다. "할머니! 어떻게 그걸 보고 무슨 병인지 알아요?" 그분은 여기 경맥의 기색을 살펴 그 아이가 어떤지 알았던 것입니다. "기충재근(其充在筋)", 근(筋)과 골(骨)은 다릅니다. 외면의 근(筋)이 혈맥입니다. "이생혈기(以生血氣), 기미산(其味酸), 기색창(其色蒼)", 그래서 간은 신맛을 좋아합니다. 그리고 그 색은 자색이요 심녹색입니다. 청색에 약간의 홍색이 곁들여져 있습니다.

비장과 위장, 대장, 소장, 삼초, 방광은 창고의 근본으로 영양이 머무는 곳이라오. 그 이름이 기로서 음식물을 맛으로 전환시켜 출입할 수 있도록 하는데, 그 정화는 입술의 사백에서 나타나며 근육을 충실하게 한다오. 그 맛은 달며 색은 황색이라오.

脾胃大腸小腸三焦膀胱者, 倉廩之本, 營之居也, 名曰器, 能化糟粕轉味而入出者也. 其華在脣四白, 其充在肌, 其味甘, 其色黃.

『소문』제9편 「육절장상론」제5장

비위와 대장, 소장, 삼초, 방광은 창고의 근본과도 같습니다. 영양(營養)의 영(營)이 여기에 있습니다.

아래가 마지막입니다.

이는 음이 지극한 것으로 토의 기운과 통한다오. 무릇 열한 개 장부는 쓸개의 결정에 따른다오.

此至陰之類, 通於土氣. 凡十一藏取決於膽也.

『소문』제9편 「육절장상론」제5장

그러므로 인영[41]이 하나 정도 왕성할 때는 병이 소양경에 있고, 둘 정도 왕성할 때 병은 태양경에 있으며, 셋 정도 왕성할 때 병은 양명경에 있고, 넷 정도 이상 왕성할 때는 격양[42]이 된다오. 촌구[43]가 하나 정도 왕성하면 병은 궐음경에 있고, 둘 정도 왕성하면 병이 소음경에 있으며, 셋 정도 왕성하면 병이 태음경에 있고, 넷 정도 이상 왕성하면 관음[44]이 된다오. 인영과 촌구가 모두 왕성하여 네 배 이상이 되면 관격[45]이 되는데, 관격의 맥은 기운이 너무 강해 천지의 정기를 받아들일 수 없어 죽게 된다오.

故人迎一盛病在少陽, 二盛病在太陽, 三盛病在陽明, 四盛已上爲格陽. 寸口一盛病在厥陰, 二盛病在少陰, 三盛病在太陰, 四盛已上爲關陰. 人

---

41 인영(人迎)은 족양명(足陽明) 위경(胃經)에서 자주 사용되는 수혈(腧穴)의 하나이다.
42 격양(格陽)은 양기가 극도로 왕성해 음기와 소통될 수 없는 상태이다.
43 촌구(寸口)는 한의사들이 진맥을 하는 곳이다.
44 관음(關陰)은 음이 극도로 왕성해 양기와 소통할 수 없는 상태이다.
45 관격(關格)은 소변이 나오지 않고 구토가 이어지는 위중한 상태이다.

迎與寸口俱盛, 四倍已上爲關格, 關格之脈羸, 不能極於天地之精氣則

死矣.

『소문』제9편「육절장상론」제6장

다섯 번째 강의

5월 6일

『황제내경』을 강의한 이유

오늘이 마지막 강의인데 여러분께 무척 미안하게 생각합니다. 『장자』에 서부터 『황제내경』에 이르기까지 이번 강의는 몇 가지 인연 때문에 시작 되었습니다. 하나는 녹곡집단(綠谷集團)의 여송도(呂松濤) 사장님과의 인 연 때문입니다. 그는 중국 의약 문제에 대해 아주 깊이 이해하고 있어서 그와 이야기하는 과정에서 이 주제가 떠올랐습니다. 다음으로는 과학기 술대학의 주(朱) 총장님 때문입니다. 중국 문화를 지키기 위해, 거기다 중 의와 서양 의학의 소통을 위해 『황제내경』에 커다란 과학적 문제가 있음 을 알고, 비판을 두려워하지 않고 공개적으로 앞장서서 이 문제를 이야기 했기 때문입니다.

하지만 제 개인적으로 말씀드리자면 아주 미안하며 약간 후회스럽기도 하고 또 매우 부끄럽기도 합니다. 『황제내경』의 요점을 여러분에게 뚜렷이 말하지 못했기 때문입니다. 조금 전 제 오래된 학생들과도 이야기했는데 이들은 모두 일흔에서 아흔이 된 사람들입니다. 저의 예전 학생들이었는데 제가 사오십 세 때 어떤 학생들은 팔구십 세였으며 백 살이 넘은 노학생도 있었습니다.

학생이라고 했지만 제가 그들의 선생이라고 말하는 것은 아닙니다. 그들은 저더러 선생님이라 깍듯이 불렀지만 저는 한 번도 인정한 적이 없습니다. 저에게는 원칙이 하나 있었기 때문입니다. 바로 맹자가 말한, "사람의 병폐는 다른 사람의 스승 되기 좋아하는 데 있다〔人之患在好爲人師〕"라는 것입니다. 사람이 살면서 범하는 최대의 잘못은 스스로 학문과 지혜와 도덕이 있다고 여겨 즐겨 선생이 되어 사람들을 가르치려 드는 것입니다. 수천 년 전 맹자가 바로 이 점을 제시했습니다. 그래서 저는 젊었을 때부터 다른 사람의 선생이 되지 않겠다고 결심했습니다. 하지만 사정이 그렇다 하더라도 임무는 수행해야 하겠지요. 만약 자신이 다른 사람보다 고명하다고 여긴다면 이 선생은 이미 선생 될 자격이 없습니다. 그러므로 여러분들이 다들 제 책을 모두 보았다고 하지만 아직 보지 못한 책이 있으리라 생각합니다. 제 시집 한 권에는 네 수의 시가 있는데 거기엔 스스로 남의 선생이 되는 것이 부끄럽다고 했습니다. 유·불·도 내지는 보통의 사람됨에 있어서도 저는 다른 사람의 선생이 될 자격이 없습니다. 이건 저의 고백으로 스스로를 솔직히 드러낸 시입니다. 아마도 여러분이 주의를 기울이지 않았으리라 생각됩니다.

오늘은 시간이 너무 짧아 저녁까지 계속해 봐야 단 세 시간이니 뭔가를 말하기 어렵습니다. 그래서 제 스스로 어제부터 오늘에 이르기까지 또 일을 그르쳤구나 하고 깊이 반성하고 있습니다. 정말 부끄럽고 여러분에게 미안합니다. 하지만 여러분 역시 떳떳하지는 못할 겁니다! 많은 사람이 확실히 강의를 잘 들었습니다만 제가 솔직히 말해 보겠습니다. 저는 열세 살 때부터 선생 노릇을 시작해 그 후 평생을 교육에서 벗어난 적이 없습니다. 저는 부대를 인술하면서 문무(文武) 학교에서 모두 가르쳐 봤습니다. 저는 비교적 엄격한 편이라 요구도 대단히 까다로웠습니다. 행위 하나 동작 하나라도 잘못 되면 저는 눈에 거슬렸습니다. 그래서 제가 복무하던 곳의 학생들은 저하고 일하는 것이 아주 두렵다고 했습니다. 하지만 귀여운 일면도 있습니다. 제 요구가 아주 까다롭기 때문에 이번에 행한 이 강의에서 진정으로 알아듣고 따라온 사람은 제가 관찰하기로는 그리 많지 않습니다. 하지만 약간의 영향이라도 있어서 비록 이 정도라도 중국 문화가 생겨나는 데 기여했으면 하는 바람입니다.

문화의 단절을 어떻게 할 것인가

중국 문화에는 단절이 있습니다. 이 단절은 오사 운동에서 시작된 것으로, 제 책에 다 나와 있습니다. 여러분이 저의 책을 읽어 보았다고 하는데 제 책에서 수십 년 전에 이미 말했습니다. 중국 문화는 오사 운동에 이르러 한 칼에 허리가 동강났고, 문화대혁명에 이르러 다시 한 차례 겁탈당했습니다. 수천 년 문화가 이렇게 두 번이나 수난을 당했으니 모든 중국인은 조국과 민족에 대해, 자기 조상들에 대해 미안해해야 합니다. 그래서 저도 수십 년간 이 문화적 단절을 잇기 위해 노력해 왔습니다. 당시 제가 아미 산에서 폐관하고 있을 때 이후 어떤 길을 가야 할지, 어떻게 해야 할지, 어느 노선을 가야 제 인생의 책임을 다할 것인지 곰곰이 생각해 보았습니다. 당시 생각났던 것은 청대(淸代) 문인 정판교(鄭板橋)가 말했듯이 그저 좁고 오래된 거리에 머물며 철없는 어린애나 가르친다는 것이었습니다. 이를테면 고향으로 내려가 어린 학생이라도 찾아 가르치며 일생을 마치는 것이었습니다.

하지만 제가 늘 학생들에게 말해 왔지만 저란 사람은 참으로 운도 나빠서 이 팔구십 년, 근 백여 년 간 마치 국가와 민족의 운명과도 같이, "우환 속에서 태어나 우환 속에서 죽어야" 할 팔자인 모양입니다. 열 몇 살 때 그저 보통 사람이 되고자 했지만 시대의 변화에 휩쓸리고 말았습니다. 스스로 여섯 나라를 거쳐 왔습니다. 전반부에서 북양 군벌의 변란을 거쳤고 이후 북벌의 단계가 이어져 천하가 어지러워진 역사는 여러분도 다 알 겁니다. 그 시기의 청년들은 국가와 민족을 구하는 데 대단히 열정적이었습니다. 모두가 자신의 생명을 희생해 이 국가를 구하고자 생각했습니다. 이런 열정은 여러분은 상상도 못할 것입니다. 여러분이 그런 시대, 그런 사회 환경을 겪어 보지 못했기 때문입니다.

젊었을 때는 군사학을 배워 군대를 이끌고 천하를 다퉜으니 바로 일본이 일으킨 침략 전쟁에 휩쓸린 것입니다. 항전 팔 년 동안 저는 대후방(大後方)[46]에서 십 년을 대기했습니다. 바로 이어 두 당(黨)의 전쟁이 일어났습니다. 공자가 "현명한 자는 세상을 피한다[賢者避世]"라고 했습니다. 학문이 있고 도덕을 갖춘 자는 이런 세간 사회를 피한다는 것입니다. "그다

---

46 항일 전쟁 시기 국민당 통치 하에 있던 서남, 서북 지역을 가리킨다.

음은 장소를 피한다[其次避地]"라고 했습니다. 그보다 좀 못한 사람은 방법이 없을 때 살 곳을 찾아 몸을 피한다는 것입니다. 하지만 어디로 갈 수 있었을까요? 외국으로 가기는 싫어 마지막으로 고려한 것이 대만이었습니다.

여전히 중국이긴 했어도 일단 거기서 머물다 보니 삼십육 년이나 살게 되었습니다. 이 두 단계에서 수명은 이미 오륙십 년이나 흘러갔습니다. 그런 뒤 대만에서도 변동이 있어 또 피하게 되었습니다. 피할 데가 없어서 미국으로 간 것입니다. 국외에서 떠돌며 유랑했습니다. 일반인들은 외국에 나가 있으니 좋았으리라 생각하지만 구미(歐美)를 한 바퀴 돌다 보니 그게 아니었습니다. 그러니 세상을 피하는 것도 대단히 어려운 일입니다.

그뿐 아니라 사람의 인연이라는 것도 참으로 기이합니다. 바로 신가헌(辛稼軒)의 두 구절 사(詞)와도 같습니다. "차신망세진용이(此身望世眞容易)", 사람이 사회나 세상을 내버리는 것이야 대단히 쉽지만, "욕세상망각대란(欲世相忘卻大難)", 사회와 국가 그리고 친구들과 자신을 잊는다는 건 도리어 불가능하다는 겁니다. 신가헌은 남송의 유명한 사가(詞家)이자 군사 전문가요 학자이기도 합니다.

『춘추좌전(春秋左傳)』은 인생의 삼 대사로 "입덕(立德), 입공(立功), 입언(立言)"을 말합니다. 공자, 노자, 석가모니, 예수, 마호메트 등 교주 같은 인물들은 입덕(立德)의 길을 갔지만 우리로서는 이룰 수 없습니다. 입공(立功), 우리는 사회에 대해 공헌이 없습니다. 책 몇 권 쓴 걸로 입언(立言)이라고 하기엔 제 책이 많이 부족합니다. 여러분들은 제 책의 허명을 앙모해 마치 저를 교주처럼 떠받들려 하지만 저는 그런 태도에 심히 불만입니다. 그래서 책을 들고 와서 서명해 달라고 하면 저는 아주 질색합니다. 정말 여러분에게 말하지만 저는 싫어합니다. 우리가 어렸을 때는 서명을 하는 풍조가 없었는데 뒤에 영화가 등장하면서 모두가 스타를 찾아 서명을 받으려 합니다. 우리같이 낡은 생각을 지닌 사람들은 무슨 배우니 해도 그저 연기하고 노래하는 사람일 뿐 찾아가서 서명을 받고 하는 것이 우습게 보입니다. 지금은 책에다 서명하는 것이 유행이 되었지만 말입니다. 수십 년 동안 왜 이런 모양으로 변하고 말았을까요? 그래서 저는 오늘 여러분을 향해 제 심정을 토로하는 것입니다. 참회해 봅시다. 이번 강의 역시 여러분께 제대로 말씀드린 것이 없어 미안합니다. 이 강의를 조직해 주신 연곡 집단으로서는 약간의 혼란이 있을 듯하지만 여기에 대해서는 천천히 재검토해 보기로 하십시다.

세상의 변화에 대한 감탄

이야기가 여기에 이르니 감개가 무량합니다. 문화대혁명 시기 저는 대만에 있었는데, 다른 사람은 중국의 변화에 대해 알 수 없었지만 저는 전부 뚜렷이 알고 있었습니다. 국민당 중앙당부와 정치부의 모든 자료와 대륙에서 출판된 신문을 저는 모두 볼 수 있었습니다. 일반인이라면 공산당 자료를 갖고 있다가는 목이 달아날 겁니다. 저는 관리도 아니고 민간인도 아닌 신분으로, 그들이 중시해 주는 덕택에 제 책장에는 온통 대륙의 자료들로 쌓여 있었습니다. 문화대혁명에 대한 자료는 참으로 읽기가 고통스러웠습니다. 당시 어느 날 밤에 다음 두 편의 시를 썼습니다.

우환이 천번 만번 응결되니	憂患千千結
산하 도처가 마음이요	山河寸寸心
이 몸과 이 나라 도모하지만	謀身與謀國
누가 그 심정을 알아주리오	誰識此時情

우환이 천번 만번 응결되니	憂患千千結
자비가 조각조각의 구름 같고	慈悲片片雲
공왕 관자재보살을	空王觀自在
마주 대하며 잠을 이루지 못하노라	相對不眠人

"우환이 천번 만번 응결되니 산하 도처가 마음이요[憂患千千結, 山河寸寸心]", 마음은 온통 슬픔에 차 있었습니다. "이 몸과 이 나라를 도모하지만 [謀身與謀國]", 개인적으론 어떻게 할까? 중국이 어쩌다 이 지경에 이르렀는가? 청나라 전복 이후 '문화대혁명'까지 한번 따져 봅시다. 젊은 지식인들, 그 뛰어난 인재들이 죽은 자가 몇 천만 명인지 모릅니다. 이들 모두가 국가와 민족을 위해 죽었습니다. 이제 자신의 몸이 대만에 있다는 것을 생각하니, "이 몸과 이 나라 도모하지만 누가 그 심정을 알아주리오[謀身與謀國, 誰識此時情]", 그 기분을 어떻게 표현해야 할지 몰랐습니다.

제가 이 시를 쓸 때는 제 개인 불당에 있었는데 거기엔 관음보살이 모셔져 있었습니다. 한편으로 관음보살을 보면서 한편으로 감상에 젖어 있었습니다. 그러므로 두 번째 시 "공왕 관자재보살을[空王觀自在]"에서 공왕(空王)은 바로 부처님으로, 부처님을 마주하고 있었습니다. "마주 대하며 잠을 이루지 못하노라[相對不眠人]", 부처님은 영원히 눈을 뜨고 계시고 저도 대륙의 국가와 민족이 어떻게 될지 걱정이 되어 눈을 감지 못했습니다. 그래서 "상대불면인(相對不眠人)"이라고 했습니다. 저는 지금 과거의 심정을 말하고 있지만 사실 현재의 심정도 그렇습니다.

개혁 개방 이후 오늘에 이르러 저는 대륙으로 돌아왔습니다. 돌아와서 먼저 한 것은 절강을 위해 철도를 놓은 일입니다. 이어서 저는 아이들에게 경전을 읽혀 중국 문화를 회복하고 어떻게든 단절을 이어 보자고 주창했습니다. 여기에 원칙이 하나 있었는데, 가난해서 공부를 못하는 낙후된 지역으로 확대시키는 것이었습니다. 지금까지 십 수 년 이래 그 영향이 무척 컸습니다. 저와 같이한 사람은 몇 명에 불과했는데 예를 들면 이소미(李素美), 곽항안(郭姮妟)이었습니다. 곽항안은 사미(沙彌)라 불렸는데, 열두세 살부터 저와 함께 미국에 갔으며 같이 돌아와 이 일을 했습니다. 지금은 아이들 경전 읽기의 중문−영문 교과서로 만들었습니다. 이 일은 조직도 없었고 나서서 주창하지도 않았지만 서서히 영향을 미쳐 이제는 꽤나 보편화되었습니다.

편안한 뒤에는

제가 여러분에게 말하지만 이십여 년 이래 중국 역사상 이렇게 평온했던 시기가 없었습니다. 하지만 이십여 년 내내 평화로웠다고 말할 수는 없습니다! 그저 난세가 변화되어 평화로운 사회로 되었을 뿐입니다. 현재가 태평하다고 생각할지 몰라도 중국 문화의 구조적 측면에서 말한다면 여전히 현격한 차이가 있습니다. 젊은 여러분들은 알 수 없지만 이런 이십여 년간의 태평 시기는 중국 역사상 드문 경우입니다. 여러분은 정말로 행운아들입니다. 교육도 보급되어 모두가 전문대 이상입니다. 하지만 제가 기쁠까요? 제 심정은 여전히 좀전의 두 시에서처럼, "우환이 천번 만번 응결되니 산하 도처가 마음〔憂患千千結, 山河寸寸心〕"입니다.

개방 이후 여러분이 보기엔 평안할지 몰라도 사실은 더 위험합니다. 국가의 교육 방향과 목표가 개인의 교육 방안과 마찬가지로 아무것도 없습니다. 여러분은 개방이 되어 발전하고 필사적으로 건물을 지어 돈이 벌리니 모두 기쁘게 살아갑니다. 하지만 맹자가 말한 "우환에 살고 안락에 죽는다〔生於憂患, 死於安樂〕"라는 말에 주의해야 합니다. 이것이 바로 중국 문화입니다. 맹자가 말합니다. 국가나 개인 사회가 여러 곤란을 극복할 수 있을 때에야 비로소 국가와 민족이 흥성하고 건강해진다고요. 만약 여러분이 해이해진다면, 그저 돈만 바라본다면, 단지 누리고자 한다면 결과는 아주 두렵습니다. 맹자가 성인이라 칭송받는 이유도 이 두 구절을 보면 알 수 있습니다.

제가 미국에 있을 때 그들을 비판하면서 당신네는 얼마 가지 않아 끝장날 것이라 했습니다. 오십 년이 되지 않아 끝날 것이라 했습니다. 저는 이런 예언을 대만에 있을 때 했습니다. 지금은 저도 미국을 위해 슬퍼하지만 그들 역시 대단히 가련합니다. 그들 서양 문화는 과학 기술 방면으로 발전했습니다. 과학 기술 역시 일종의 문화이지만 정신문화의 경계가 없습니다. 그래서 오늘 강의가 곧 마무리되는 단계에서 여러분께 이런 감상을 말씀드리는 것입니다. 한편으로 여러분께 미안한데 이번 강의가 제대로 되지 못했기 때문입니다.

방금 수업 시작하기 전에 어떤 나이 든 분과 담소를 나누었는데 저도 따라 웃고 말았습니다. 어떤 사람이 그에게 시 한 수를 보내 왔는데 거기서 저를 노완동(老頑童)[47]이라 했다는 겁니다. 오늘 보아하니 제가 진짜 노완동입니다. 『황제내경』 강의는 백여 년 이래 아무도 널리 행하려 하지 않았기 때문입니다. 이제 저 같은 노완동이 나서서 이것을 널리 퍼뜨리고자 합니다.

『황제내경』의 특징

사실 『황제내경』과 도가의 황로학(黃老學) 그리고 『역경』과 음양오행은 모두 중국 문화의 정수와 밀접히 관련되어 있습니다. 그런데 듣기로는 의학원에서도 이 책을 연구하지 않는다고 하니 참으로 애석합니다. 『황제내경』은 상고에서 현대에 이르기까지 대단히 위대한 과학이지만 이 책은 단지 의학이나 병을 치료하는 데에만 한정되지 않습니다. 육십 세 이하라면 대단히 미안한 이야기지만 유명한 의사든 교수든 아마 이 책을 제대로 읽어 보지 못했을 겁니다. 만약 결심을 하고 『황제내경』을 제대로 한번 읽어 본다면, 비단 의학이나 의약에 도움이 될 뿐 아니라 심지어 생리 과학이나 물리 과학의 영역에서도 새로운 안목을 지닐 수 있을 것입니다.

그러므로 우리는 현재 『황제내경』을 살펴보면서 결코 의약 방면에 편중하지 않고 인간의 생명이나 양생에 치중하고 있습니다. 서양 문화는 위생

---

47 김용(金庸)의 소설 『사조영웅전(射雕英雄傳)』에 나오는 인물로 왕중양(王重陽)의 사제(師弟). 천성이 순진하고 농담을 잘해 노완동이라 불린다.

을 말하지만 이미 살펴본 바와 같이 이것은 소극적입니다. 중국에서는 양생을 말하는데 이것이 적극적인 것입니다. 스스로 보호하고 길러 건강하게 변하므로 살아 있는 동안 오래도록 즐겁습니다. 위생이란 문제가 생겼을 때 이를 방지하는 것이나 양생은 방지가 아닙니다. 『황제내경』에는 양생과 관련된 부분이 무척 많으며 모두가 심물일원의 이치를 말하고 있습니다.

『황제내경』은 『소문(素問)』과 『영추(靈樞)』로 나누어지는데 여기에 대해서는 여러분 모두 잘 알고 있습니다. 제가 시험 문제를 낸다면 바로 무엇이 『소문』이고 무엇이 『영추』인지 묻겠는데, 여기에 답하기는 무척 어렵습니다. 간단히 말하자면 『소문』은 황제가 그의 선생에게 생명과 천지간의 이치에 대해 물은 것입니다. 이들 문답의 기록은 당연히 현재의 논문처럼 되어 있지 않습니다. 그러므로 이 책의 작은 부분이라도 스스로 발굴해 그 속에서 보물을 찾아야 합니다. 『영추』 역시 황제와 의약 전문가 사이의 문답을 기록한 것입니다. 하지만 기백이나 기타 전문가에게 묻긴 했지만 비교적 의약 방면에 편중되어 있습니다. 이 두 부분의 내용을 결합한 것이 통칭 『황제내경』입니다.

그렇다면 『황제외경』도 있을까요? 있습니다. 바로 치국(治國)이나 병법(兵法)에 관한 것들입니다. 어떤 것은 결코 외경이라고 부르지 않는데, 이런 흩어진 전적들이 대단히 많으며 모두 중국 문화의 정수입니다. 소위 '내(內)'라고 하는 것은 내부를 말하는 것으로, 신체나 생명 및 개인에 대해 말한 것입니다. 잘 갖추어진 의학 중에서도 이름을 『황제외경』이라 붙인 것도 있습니다.

신이란 무엇인가

이제 요점을 뽑아 말씀드리겠습니다. 예를 들면 신(神)과 심(心)의 관계라든지, 생명과 건강을 가장 잘 유지할 수 있는 양생 등에 대해서입니다. 다음은 제8권의 「팔정신명론(八正神明論)」[48] 중에서 신(神)에 대해 이야기하고 있는데, 이 신은 종교에서 말하는 신이 아니라 생명의 과학입니다.

황제가 말하기를, 무엇을 신이라 이릅니까?

帝曰. 何謂神.

『소문』제26편 「팔정신명론」제3장

황제가 말합니다. 신(神)이 어떤 것인가요? 현대어로 말하자면 무엇을 신이라 하는가요? 정신이 신이 아니라면 그건 어떤 것인가요?

기백이 말했다. 신에 대해 말하라고 하지만 신은 신이라 귀로 들을 수 없다오. 눈이 밝고 마음이 열려 있으며 뜻이 확립되어 있다면 지혜롭게 홀로 깨달을 수 있다오. 입으로 말할 수 없고, 같이 보아도 마치 어두운 듯 적절함을 홀로 보며, 마치 바람이 구름을 걷어낸 듯 홀로 또렷하니, 이 때문에 신이라 한다오.

岐伯曰. 請言神. 神乎神, 耳不聞, 目明心開而志先, 慧然獨悟, 口弗能

---

48 「팔정신명론」은 소문 26편에 수록되어 있다.

言, 俱視獨見適若昏, 昭然獨明若風吹雲, 故曰神.

『소문』제26편「팔정신명론」제3장

기백이 아주 정중하게, 내가 그대에게 이 신에 대해 말해 주리다 한 것입니다. "신호신(神乎神)", 고서는 아주 재미있습니다. 무엇이 신인가요 하고 물었더니 그가 말합니다. 신이 바로 신이랍니다! 이건 마치 선종의 대답과도 같아서 물어도 대답하지 않은 것이나 마찬가지입니다. "신이 바로 신이다." 이건 백화체(구어체)로 풀면 말이 되지 않습니다. 하지만 주의하십시오. 논리학을 배운 적이 있다면 그가 대답하는 방식이 아주 정확하다는 것을 알 겁니다. 신은 바로 신으로 전제부터 먼저 뚜렷이 하는 것입니다. 다음에 논리적으로 펼쳐 갑니다. "이불문(耳不聞)", 그는 무엇이 신인지 대답하기 시작합니다. 이러니 의학을 공부하는 여러분들에게 선배들이『황제내경』을 읽을 필요가 없다고 한 것도 이해가 됩니다. 대답을 하지 않은 것이나 마찬가지이기 때문입니다. 지금으로 치면 전혀 과학적이지 않습니다. 기백은 소위 신이라고 하는 것은 귀로 들을 수 없다고 합니다. 이것이 문제입니다. 우리의 귀는 소리를 들을 수 있는데 왜 들리지 않는다고 말할까요? 여기에는 과학적 이치가 있습니다. 듣는다는 것은 듣는 기능으로 그 작용입니다. 최후로 들을 수 있는 것은 귀도 아니요 청각 신경도 아닙니다. 그래서 "귀로 들을 수 없다[耳不聞]"라고 했습니다. 듣는다는 것은 현상으로, 들을 수 있는 기능은 생리에 속하지도 않고 물리에 속하지도 않습니다. 마치 제가 늘 말하듯이 현재의 과학은 빛의 속도가 아주 빠르다고 말하지만, 여러분 기다려 보십시오. 어느 날 소리의 속도가 빛만

다섯 번째 강의 ● 283

큼 빠르다고 할 겁니다. 지금의 과학은 단지 빛의 속도가 빠를 뿐 소리는 비교적 느리고 무디다고 말합니다. 과학에는 아직 정론이 없습니다! 그러므로 방금 무엇이 신인지 해석하면서 귀로 들을 수 없다고 한 것입니다.

스스로 지혜를 여는 것이 신의 작용

"목명심개이지선(目明心開而志先)", 눈은 사물을 볼 수 있는데 사물을 보면 심리적으로 아주 즐겁습니다. 그는 아직 다 말하지 않았습니다. 사실 눈으로 사물을 볼 수 있지만, 보는 것은 현상이요 작용입니다. 시각 신경 배후에서 여러분이 사물을 볼 수 있도록 하는 그것은 어떤 것일까요? 예를 들면 우리가 눈으로 사물을 보는 것을 기계로 측정한다면 사람마다 모두 다릅니다. 빛의 색깔이나 형상이 다 다르다는 말입니다. 모두 네모난 것을 보지만 여러분이 보는 네모와 제가 보는 네모는 차이가 있습니다. 이것이 과학입니다. 그러므로 눈으로 사물을 보는 것은 배후의 기능으로서, 시각 신경도 아니고 뇌 혹은 다른 어떤 것입니다. 이것은 제가 덧붙여 본 겁니다. "목명심개이지선(目明心開而志先)", 눈으로 사물을 보기 위해서는 마음이 열려야 합니다. 아! 내가 보고 있는 이것이 꽃이구나. 이것이 '지선(志先)'으로, 곧바로 하나의 모습이 만들어집니다. 이것을 불교에서는 분별심이라 부릅니다. 이것이 꽃이구나, 이것이 강아지구나 하는 이런 분별은 자기 의식 속에서 세워지는 겁니다. 귀로 들을 수 없고 눈으로 볼 수 없는 '심개(心開)'입니다.

그는 "혜연독오(慧然獨悟)"란 네 글자로 결론을 내립니다. 여러분이 현재 눈으로 책을 보고 귀로는 제가 횡설수설하는 것을 듣고 있지만, 들은 뒤에는 여러분 자신의 지혜가 일어나 그 뜻을 깨닫게 됩니다. 이것이 신의 작용에 속하는 것으로 바로 "혜연독오(慧然獨悟)"입니다. 여러분 자신이 깨닫고 이해하기 때문입니다. 그러므로 불교를 공부하는 분이라면 필사적으로 깨달음을 찾아야 합니다. 어떻게 깨달아야 할까요? 여러분 스스로 지혜를 열어야 합니다. 불교 공부를 하면서 절대 미신에 빠져서는 안 됩니다. 일체가 유심으로, 여러분의 지혜가 개발되면 그것이 곧 '반야(般若)'입니다. 그렇게 해야만 깨닫습니다. 흐리멍덩하게 미신에 빠져 방광(放光)이니 신통(神通)이니 하면 이런 이야기는 저도 괴롭습니다. 여러분이 이렇게 말한다면 여러분 정신에 문제가 있는 것입니다. 무슨 신통이 있냐고요? 다 허튼소리로 모두가 뇌 신경의 작용입니다. 지혜가 가장 뛰어난 것, 위대한 지혜가 바로 위대한 신통입니다. 불경에 『대지도론(大智度論)』이라는 책이 있는 것도 이 때문입니다. 성불은 지혜에 의존합니다. 바로 『황제내경』에서 말하는 "혜연독오(慧然獨悟)"입니다. 지혜가 개발되면 깨달음에 이르는데 바로 신(神)의 작용입니다.

신이 나타나면 모든 것이 밝아진다

이것은 형체도 모습도 없어 "구불능언(口弗能言), 구시독견적약혼(俱視獨見適若昏)", 입으로 설명할 수 없다고 그는 말합니다. 우리가 불교를 배우거나 선종을 배우면서 깨달음을 말합니다. 어떻게 하면 깨달을까요 하고 묻는다면 대답은 "언어도단(言語道斷)", 즉 말로 할 수 없다는 것입니다. "심행처멸(心行處滅)", 어지러운 생각이 사라지고 지혜가 완전히 밝아져 무엇이든 명백할 때 이것을 깨달음이라 합니다. 말할 수는 없지만 깨닫습니다. 이런 까닭에 신이란 것을 어떻게 보느냐 하면 바로 "독견(獨見)"입니다.

불경에서 문제를 하나 제기합니다. 부처님이 아난에게 눈으로 뭘 보는지 묻습니다. 아난이 눈앞에 있는 것을 본다고 말합니다. 부처님이 또 묻습니다. 눈을 감아도 보이느냐고요. 아난은 보이지 않는다고 대답합니다. 그러자 부처님은 틀렸다고 말합니다. 눈을 감고도 볼 수 있다는 것입니다. 그러므로 불법은 아주 과학적입니다. 눈을 뜨고 있으면 보이는 것이 현상이지만 감고 있으면 보이는 것은 눈앞의 어두컴컴한 모습입니다. 오직 잠을 잘 때에만 눈은 아무것도 보지 않습니다. 그러므로 신의 이치는 "독견(獨見)"입니다. 자신이 사물을 보면서 밝으면 밝다고 알고 어두우면 어둡다고 아는 것은 신이 없으면 작용하지 않습니다. "적약혼(適若昏)", 그러므로 여러분이 불교나 정좌를 배우면서 눈을 감고 앉아서 티를 내지만 혼미하고 어두워서 잠자기 전의 상태가 됩니다. "소연독명(昭然獨明)", 하지만 여러분 마음속은 명백합니다. 그는 신의 작용에 대해 "약풍취운(若風吹雲)"이라 말합니다. 신이 일단 나타나면 일체가 모두 명백해집니다. 마치 바람을 불어 하늘의 구름을 걷어내고는 푸른 하늘을 보는 것과 같습니다. "고왈신(故曰神)", 이것을 신이라 합니다. 이것이 황제의 물음에 대한 기백의 답변인데 대단히 명백합니다.

그러므로 의학을 배우든 철학을 배우든 『황제내경』의 이 몇 구절에 대해서는 모두 명백히 이해해야 합니다. 예를 들어 여러분이 기독교를 믿는다면, 저와 같이 공부하는 사람 중에는 승려나 비구니도 있고, 신부나 수

녀 그리고 목사도 있기 때문에, 저는 그들이 『성경』을 잘못 말하고 있다고 비웃습니다. 저는 말합니다. 여러분들의 『성경』에도 명백히 "신은 빛이요 빛이 신이다"라고 말하지 않는가요? 어떻게 여러분들의 어지러운 말로 통할 수 있겠습니까? 여러분은 우상을 숭배하지 않는다고 말하면서 그 신명에게는 필사적으로 예배를 드립니다. 하지만 그 역시 진정한 신이 아닙니다. 방금 『황제내경』에서 말했습니다만 보이지 않는 이것을 신이라 합니다. 그러므로 신의 작용이 이렇게 중요합니다.

이 신의 작용에 대해서는 약간의 자료가 있으니 강의가 끝나면 복사해 가서 연구해 보기 바랍니다. 저는 단지 여러분에게 요점만 추려 제시하니 여러분이 토론해 보기 바랍니다.

벽곡에 대해 말하다

이제 여러분께 중요한 문제를 제기하고자 합니다. 불법을 배우거나 도를 닦는 많은 사람들이 무슨 벽곡(辟穀)을 행하길 좋아합니다. 도가에서 말하는 벽곡이란 보통은 오곡을 피해 먹지 않는 겁니다. 현재 인도의 요가에서도 이것을 아주 중시합니다. 그들은 공부를 하면서 매주 한 번 밥을 먹지 않습니다. 회교도들도 라마단 기간이 되면 낮에는 밥을 먹지 않고 밤이 되어서야 먹습니다. 모두 벽곡의 이치입니다. 위와 장을 깨끗이 하는 것은 건강을 위한 것으로, 위와 장은 깨끗하지 않으면 안 됩니다. 그러므로 여기서 벽곡의 문제를 말하게 된 것입니다. 『영추』 6권 「장위(腸胃)」 제31편에서부터 시작되는데 주의해야 합니다! 위와 장은 음식을 소화시키는 기관으로 인간의 생명이 바로 음식에 의해 유지됩니다.

　벽곡의 경험에 대해 저 역시 거리낌 없이 여러분께 말씀드릴 수 있지만 그건 사람을 굶어 죽게도 합니다. 저도 경험해 봤는데 예전에 이십칠 일간을 먹지 않았습니다. 그러면서도 평상시처럼 담배도 태우고 차도 마셨습니다. 수분이 중요하기 때문입니다. 하지만 여러분이 알아 두어야 할 것은 위 속의 기(氣)가 더욱 중요하다는 사실입니다. 제 경험에 따르면 위 속의 기가 부족하면 문제가 생길 수 있습니다. 위라는 것이 그렇게 큰 데다 소화할 때 서로 마찰을 하기 때문입니다. 두 사람이 있었는데, 한 사람은 도가 수련인이었고 한 사람은 불법을 닦는 사람이었습니다. 이 사람들이 제가 이십칠 일간 밥을 먹지 않는 것을 보고 놀랐습니다. 그리고 저를 볼 때는 모두 한 발짝 물러섰습니다. 제 눈에서 마치 전등을 켠 것처럼 빛이 뿜어져 나온다는 것입니다. 제가 말했습니다. 내가 밥을 먹지 않아 배가 고픈 데다 밤에 할 일도 많아 그런 거라고요.

　그 두 사람도 벽곡을 배우고자 했습니다. 제가 말했지요. 당신들은 절대 함부로 해선 안 된다고요. 자칫 하면 죽을 수도 있다고요. 그들은 아무 말도 없었습니다. 한 사람은 나이 든 거사였고 한 사람은 도가의 기공을 수련하는 사람이었습니다. 며칠 안 되어 한 사람은 병원에 실려 가 위 수술을 받았고 한 사람은 불구가 되었습니다. 그러니 여러분은 함부로 배워서는 안 됩니다. 장과 위를 청소해야 하는 것은 당연하지만 굶다 보면 사람이 죽을 수도 있습니다. 그럼에도 장과 위는 깨끗이 하지 않으면 안 됩니다. 우리의 병은 많은 경우 먹는 데서 옵니다. 더욱이 현대인은 최근 이십여 년간 너무 잘 먹어서 병이 무척 많습니다. 모두 먹는 데서 왔습니다. 그러므로 의학을 배우는 사람은 장의 이치를 알아야 합니다. 이 편에서 황제가 물은 벽곡의 문제는 전체 편의 길이가 아주 깁니다! 과학적으로 말하자면 서양 의학과 함께 연구되어야 합니다.

『영추』6권 「장위(腸胃)」 제31편은 이렇게 시작합니다.

황제가 백고에게 물었다. 저는 육부에 음식이 전달되는 과정, 창자와 위의 크기, 그리고 음식을 어느 정도 수용할 수 있는지에 대해 듣고자 합니다.

黃帝問於伯高曰，餘願聞六府傳穀者，腸胃之大小長短，受穀之多少奈何？

『영추』제31편「장위」제1장

이것은 『영추』 편의 문장으로 『소문』에 속한 것이 아닙니다. 그러므로 기백의 대답이 아니지요. 무슨 백고(伯高)니 소유(少兪)니 하는 사람들로, 여기엔 황제의 여선생인 소녀(素女)도 있습니다. 이 부분에 대해서는 여러분께 말씀드리지 않겠습니다. 이건 성(性) 문제에 관한 것으로, 만약 이 책을 읽어 본다면 남녀의 문란한 성이 모두 법도에 맞지 않습니다. 이런 종류의 책이 일본에 전해졌는데, 『심의(心醫)』라는 고문으로 쓰인 책도 그 중 하나입니다.

하루는 이 책을 거리에서 보았는데 책 무더기 속에 진열되어 있었습니다. 얼만지 물어보니 천 달러라 했는데 수중에 지닌 돈이 부족해 사지 못했습니다. 저는 이런 책이 일본에까지 전해졌다는 것을 알게 되었는데 남녀 성생활에 관한 것이 모두 그 속에 있습니다. 사실 중국에도 있습니다만 단지 『황제내경』속에는 없습니다. 왜 제가 이런 이야기를 하게 되었을까요? 바로 성의 문제를 황제의 여선생인 소녀가 말하고 있기 때문입니다. 소녀는 도가의 신선으로 밀종에서 말하는 불모(佛母)니 공행모(空行母)[49] 니 하는 것과 같습니다. 이 대목은 황제가 백고에게 장과 위의 크기, 그리고 쌀밥을 얼마 정도 수용할 수 있는지에 대한 질문입니다.

백고가 말했다. 음식이 출입하는 천심, 원근, 장단의 정도에 대해 상세히 말해 보리다. 입술에서 치아까지는 구 분이며 입의 넓이는 이 촌 반이며…

伯高曰, 請盡言之, 穀所從出入淺深遠近長短之度. 唇至齒長九分, 口廣 二寸半…

『영추』제31편 「장위」제1장

그는 상세하게 말해 주겠다고 하면서 신체의 내부를 분석합니다. 여기에 나오는 치수는 현재와 다르지만 그렇다고 그것이 틀렸다고 생각해서는 안 됩니다. 오천 년 전의 것이기 때문입니다. 최소한 사천 년이니 여전히 과학적인 것입니다. 이 편은 모두 위와 장의 장단과 대소, 그리고 물이 얼마나 들어갈 수 있는지, 다른 것은 얼마나 들어갈 수 있는지 등 전편이 모두 이런 것들입니다. 그 아래 '평인절곡(平人絶穀)' 제32편의 마지막 행을 보십시오.

---

49 공행모존(空行母尊)이라 불리기도 하는데, 이전에는 밀교 수행을 통해 성취를 이룬 여자를 가리켰으나 지금 티베트에서는 여자 밀교 수행자를 통칭한다.

보통사람은 칠 일간 음식을 먹지 않으면 죽으니 음식과 정기, 진액이 모두 고 갈되기 때문이라오.

故平人不食飮七日而死者, 水穀精氣津液皆盡故也.

『영추』제32편 「평인절곡」 제3장

"평인불식음칠일이사자(平人不食飮七日而死者)", '평인(平人)'이란 보통 사람으로 공부나 수도를 하지 않은 이들입니다. 보통 사람은 먹지도 마시지도 않으면 칠 일이면 대부분 굶어 죽습니다. "수곡정기진액개진고(水穀精氣津液皆盡故)", 물기 역시 말라 버립니다. 우리가 매일 먹는 음식 중에서 밥도 물론 중요하지만 수분의 흡수는 이보다 더 중요합니다. 여러분 젊은이들은 하루쯤 물을 마시지 않는 것을 대수롭지 않다고 여기지만 사실 아주 중요합니다. 피부도 역시 공기 중의 수분을 흡수하고 있습니다. 그러니 수분은 음식보다 더 중요합니다. 이제 이 강의가 끝난 후에 여러분은 기억해 두십시오. 시간을 좀 내어 어느 페이지가 중요한지 여러분 자신이 한번 찾아보십시오. 저녁까지 한 시간 정도밖에 남지 않았는데 제가 뽑아 놓은 것이 아주 많고 또 과학적인 것이기도 하기 때문입니다. 이제 밥 먹을 시간이 되었는데 아직 벽곡에 대해서는 설명하지 못했습니다.

모든 학문은 생명의 근원을 탐구

우리의 『황제내경』 강의가 이제 막바지에 이르렀는데, 『장자』 외편으로부터 시작해 『황제내경』까지 체계적으로 살펴보았습니다. 비록 군데군데 골라 살펴보기는 했지만 이렇게 한 주요 목적은 여러분의 주의를 한번 끌어 보기 위한 것이었습니다. 중국의 문화가 단절되고 쇠락했기에 스스로 방법을 찾아 회복해야 하는데 바로 젊은이 여러분들의 책임입니다. 중국의 문화 내용은 아주 많으니 제가 재삼 고문을 강조합니다. 고문이라 해서 두려워할 필요 없습니다. 이것 역시 중국 글자로 백화문이나 마찬가지입니다. 요즘 사람들은 읽어도 뜻을 알 수 없어서 고문을 그렇게 두렵게 여기는 것입니다. 사실은 시간을 조금 투자하면 깊이 들어갈 수 있습니다. 이것이 첫 번째입니다.

두 번째는 『황제내경』과 같은 책은 많은 사람이, 여기에 있는 사람뿐 아니라 중년의 사람들도 마찬가지이지만, 마주치기를 두려워하고 회피하며 무의식적으로 저항해 그 속에 무슨 내용이 있는지 알지 못합니다. 사실 『황제내경』이 말하고 있는 것은 전부 심신(心身)과 성명(性命)의 이치에 관한 것입니다. 세상의 모든 학문도 귀납해 본다면, 종교든 철학이든 과학이든 모두 심신 성명의 문제, 즉 생명의 근원을 탐구하는 문제로 귀착됩니다. 사실 동양이든 서양이든 모두 그렇습니다. 어떤 학문이든 심신과 성명을 떠나서는 존재할 수 없습니다. 요즘 사람들이 입만 열면 이야기하는 미신적인 것, 점이나 사주 등이 모두 포괄됩니다.

점이나 사주, 풍수 등은 어떤 점에서는 다소 어지럽지만 이것은 고대 중국에서는 최고의 과학적 원리였습니다. 한나라 이후 위·진 시대에 이르러 정치 과학이 도가 사상에 근거해 발달했기에 과학이 성장하지 못했습니다. 과학은 기이한 기술과 음험한 기교〔奇技淫巧〕로 여겨졌기에 이런 것들이 필요하지 않았습니다. 이 밖에도 물질문명이 발달할수록 인류의 번뇌가 많아지고 욕망 또한 커지며, 욕망이 커질수록 고통 또한 많아진다고 생각했습니다.

성인의 처방은 필요에 따라

그러므로 황로의 도로써 나라를 다스리고 사회를 태평스럽게 하며 생활을 담박하게 하는 것도 바로 이런 원칙이었습니다. 한 국가와 민족의 문화는 그 정치사상이 어떠하든 관계없이 정책에서는 모두 하나의 약 처방을 하게 마련입니다. 여기에 주의해야 합니다. 예를 들면 제가 늘 하는 말입니다만 유가의 처방약은 인의(仁義)로, 사람이 다른 사람을 사랑하는 마음을 가져야 한다는 것입니다. 유가는 왜 이것을 제창했을까요? 우리 민족이 불인(不仁) 불의(不義)하고 불충(不忠) 불효(不孝)하며 인의예지신이 모두 대단히 결여되었기 때문입니다. 이 때문에 유가의 위대한 의사인 공자와 맹자가 인의로 처방을 했던 것입니다. 하지만 우리 사회는 여전히 불인 불의하고 불충 불효합니다. 처방약이 있고 먹기도 했지만 병이 치료되지 않았다고 할 수 있습니다.

서양인은 자유롭고 개인주의적이기에 서양의 예수, 기독교의 처방약은 박애였습니다. 결코 서양에만 박애가 있고 우리에게는 박애가 없는 것이 아니라, 서양에는 개인주의와 자유주의 사상이 발달함으로써 이기적인 측면이 나타났기에 박애라는 처방을 쓴 것입니다. 종교 지도자는 바로 의사입니다.

저 인도 민족은 지금까지도 여전히 불평등해서 네 계급의 구분이 대단히 뚜렷합니다. 예를 들어 우리는 지금 여기 같이 앉아 있지만 인도는 카스트 제도의 계급이 다르면 절대 한자리에 앉지 않습니다. 심지어 여러분이 앉았던 자리에 그들이 앉으려 하지 않을 만치 엄격합니다. 이 때문에 석가모니 부처님의 처방은 평등이었습니다. 계급 간의 평등이었습니다.

우리는 일체의 성인이 모두 의사라는 것을 알고 있습니다. 그들이 제창한 것, 그들이 처방한 약은 모두 병을 치료하기 위한 것이었습니다. 지금 우리의 문명으로 말하자면 백여 년이 지났는데도 이런 언급들이 무척 적습니다. 인류의 모든 문화, 동서 문명이 하나로 결합하고 과학 문명 역시 결합하고 있습니다. 지금이야 결합이 되지 않아 무척 고통스럽게 느끼지만 어느 때가 되면 뒷사람들이 우리를 보고 웃을지도 모릅니다. 원대한 시각으로 본다면 당연히 결합할 것입니다.

하지만 오늘의 사회와 문화 그리고 민족이 확실히 정리될 필요가 있는데도 스스로 반성하고 정리하는 것이 대단히 어렵습니다. 제가 한번 대륙으로 돌아왔을 때 정계의 요인 한 분이 어떻게 하면 우리도 국민 도덕을 회복시킬까 이야기하고 있다고 했습니다. 제가 말했습니다. "당신들이 말하는 도덕 회복은 불가능하다오. 외국엔 그런 것이 없소! 도덕이라는 두 글자는 회복 불가능한 것이니 당신네들은 말을 바꿔 '사회주의적 신질서'라고 해야 옳을 것 같소." 그들이 말했습니다. "아주 좋소!" 사실은 헌 병에 새 술을 담은 것으로 탕(湯)은 바꿨지만 약(藥)은 바꾸지 않은 겁니다. 하지만 지금의 도덕 행위에는 실로 문제가 있습니다. 그런데 이것이 『황제내경』과는 무슨 관계가 있을까요? 당연히 있습니다! 『황제내경』에서 말하는 것이 양생이요 위생이며 생명과학인데 이들이 모두 도덕적 품성과 관계가 있기 때문입니다.

의약과 미신

조금 전 강의를 마치면서 여러분더러 뽑아 놓은 것을 복사하라고 해서 모두 복사를 했는데 단지 복사만 해 두지 말고 돌아가서 연구해야 합니다. 이건 위대한 과학이자 생명의 과학입니다. 젊은 분들은 매일 조금씩 한두 시간이라도 시간을 내어 읽어 보기 바랍니다. 이 속에는 과학적인 것이 아주 많습니다. 제가 뽑아 놓은 것은 원래 이번에 여러분과 토론하기 위한 것이었는데 이렇게 많은 것을 보고는 저도 멍해졌습니다. 그 중점을 다 말씀드리지 못해 대단히 죄송스럽게 생각합니다.

이제 이 교재를 떠나 큰 줄거리를 말씀드리겠습니다. 『황제내경』은 생명과학을 말하고 있는데, 이는 도가와 아주 근접한 유물의 철학으로 유물 사상에서 유래한 것입니다. 하지만 이것은 형이상인 심(心)과 물(物)을 포괄하는 일원적인 것입니다. 중국인은 유심과 유물을 분리하지 않습니다. 심과 물을 분리하는 것은 마치 문학과 철학을 분리시키는 것이나 같습니다. 제가 반복해서 말씀드리지만 중국 문화에서 철학을 배우는 사람은 반드시 문학을 이해해야 하며 반드시 역사를 알아야 합니다. 이 모든 것이 정치와 분리될 수 없기 때문입니다.

이제 『황제내경』을 연구하는 몇 가지 중점 특히 병을 치료하는 방법에 대해 제시해 보겠습니다. 하지만 『황제내경』에는 약 처방은 없습니다! 의(醫)와 약(藥)은 길이 다르지만 같은 일이기도 합니다. 약(藥)은 약물을 전문으로 연구하는 것으로 여전히 황제의 계통인데 예를 들면 『신농본초(神農本草)』같은 것이 그렇습니다. 그리고 가장 평범한 것으로 중의를 공부하는 여러분들이 아주 깔보는 『뇌공포제약성부(雷公炮製藥性賦)』라는 책이 있습니다. 이들은 모두 외우고 있어야 합니다. 예를 들어 우리는 어릴 때 "국화는 눈을 밝게 하고 머리의 풍을 없앤다〔菊花能明目而淸頭風〕"라고 외웠는데 모두 문학처럼 외웠습니다. 무슨 차가운 성질의 약, 뜨거운 성질의 약, 따뜻한 성질의 약 등 한 편 한 편이 대단히 정취가 있었습니다.

게다가 우리는 음양 팔괘의 책도 역시 문학으로 승화시켰습니다. 예를 들어 우리는 동지 이후 일구(一九)니 이구(二九)니, 무슨 강변에서 버드나무를 본다느니 하면서 기상학을 구구(九九) 노래로 만들어 공부했습니다.

일구 이구에는 손을 쓰지 않고 삼구 사구에는 얼음 위로 달리며

오구와 육구에는 냇가에서 버드나무를 바라보고

칠구에는 냇가 얼음이 녹고 팔구에는 제비가 돌아오며

구구에 일구를 더하니 밭갈이 소가 도처를 다니는구나

一九二九不出手 三九四九冰上走 五九和六九 河邊看柳

七九河凍開 八九燕子來 九九加一九 耕牛遍地走

이런 것들을 일반 백성의 저속한 미신으로 틀린 것이라 생각해서는 안
됩니다. 민간의 속담에는 과학적인 것이 많습니다. 고인들은 과학성이 높
은 문화를 마치 미신처럼 활용했습니다. 정말 그렇습니다. 고대에는 교육
이 보급되지 않았기 때문입니다. 그래서 『역경』에는 "성인이 신도로 가르
침을 베푼다〔聖人以神道設敎〕"라는 말이 있습니다.

상고의 성인(聖人)은 국민들에게 문화나 교육 사상을 보급하기 위해 종
교를 이용한 것입니다. 예를 들면 우리는 폭죽을 제일 먼저 발명했다고 이
야기합니다. 상고 시대에는 국가적·개인적 대사가 있으면 폭죽을 터뜨리
곤 했는데, 농업 사회의 폭죽은 마른 대나무로 계속 갈라지는 소리를 내게
했습니다. 그러다가 후에는 서서히 화약이 발명되었습니다. 지금 여러분
들은 우리의 폭죽을 하늘 높이 우주로까지 쏘아 올리고 있습니다. 바로 이
렇게 발전하는 것입니다.

폭죽을 터뜨리다는 이치

중국인은 집안에 환자가 있거나 혹은 무슨 문제가 있으면 폭죽을 터뜨려야 한다고 말합니다. 예를 들어 우리가 항전을 할 때 대후방의 낙후한 지역에 이르러, 그때는 이미 더 이상 미신을 믿지 않는 때였지만, 사당에 가면 저는 그것이 귀묘(鬼廟)든 신묘(神廟)든 가리지 않고 부대원을 데리고 들어가 제가 먼저 절을 했습니다. "성인이 신도로 가르침을 베푼다"라고 했습니다. 그래서 아래 병사들을 잘 이끌게 해 주십시오 하고 빌었는데, 병사들은 모두 그런 것을 두려워했습니다.

사실 폭죽을 터뜨리거나 보살에게 절하면서 우리 그 시골 사람들은, "향을 사르면서 경쇠를 치지 않으면 보살이 믿지 않고, 향을 사르면서 폭죽을 터뜨리지 않으면 보살이 알지 못한다"라고 했습니다. 이것이 "성인이 신도로 가르침을 펴는" 원인입니다. 이치에 닿지 않는 미신일 뿐이라고 말할지 모르나 그럼에도 저는 차라리 그것을 믿습니다. 저는 이렇게 생각합니다. 예를 들어 나폴레옹은 어떤 것도 믿지 않았지만 그가 로마를 함락시킬 때에는 성당에 들어가 예를 행했습니다. 교황이 왕관을 씌워 주었으나 그는 왕관을 걷어차고 무시했습니다. 하지만 그는 이태리를 위해, 로마 민족이 가톨릭을 믿기에 그도 성당에 들어간 것입니다. 이것이 바로 "성인이 신도로 가르침을 베푸는" 이치입니다.

폭죽은 터뜨려 뭣하냐고요? 살균을 위한 것입니다. 그래서 집안에 일이 있을 때 폭죽을 터뜨립니다. 도처에 터뜨리고 불을 붙여 세균을 죽입니다. 성인은 살균하라고 하지 않고 폭죽을 터뜨리라고 했습니다. 단오절이 되면 온 집안의 문 앞에 창포를 꽂아 두어 벽사(辟邪)를 하는데 이것 역시 살균을 할 수 있습니다. 단오절이 되면 종자(粽子)를 먹고 웅황주(雄黃酒)[50]를 마시는데, 웅황주는 철저한 살균을 위해서입니다. 과학적인 위생과 양생이 이 속에 모두 들어 있습니다. 일반인들은 잘 알지 못하지만 우리는 현재 알고 있습니다. 바로 이런 이치인 것입니다.

책 읽기의 어려움

그러므로 『황제내경』을 연구하면서 우리는 고서를 대한다고 생각하지 말아야 합니다. 성인이 우리에게 보여 주고자 한 것은 생명과학으로 대단히 소중합니다. 저는 여러분이 현대 과학과 함께 연구하기를 바랍니다. 그렇게 한다면 여러분 각자 반드시 깨우치는 바가 있어 제대로 공헌할 수 있을 것입니다. 이는 진심으로 하는 말입니다. 고문이 이해가 어렵다고 거부해서는 안 됩니다. 이것은 학문을 연구하는 태도가 아닙니다. 저는 젊었을 때 꽤나 고집이 있어, 읽어서 이해가 안 가는 곳이 있으면 이해가 될 때까지 읽으려 했습니다. 우스운 이야기지요. 아직도 읽고 이해가 안 되는 곳이 있으니까요! 저는 그렇게 오만했습니다. 거기다 한 술 더 떠서 당·송 이전의 책이 아니면 읽지 않았습니다. 당·송 이후의 책이야 배울 필요가 뭐 있냐는 것이었습니다.

저는 제 선생님인 청조 최후의 과거 급제자 탐화랑(1등이 장원 狀元, 2등이 방안 榜眼, 3등이 탐화 探花) 상연류(商衍鎏) 선생께 묻기도 했습니다. "선생

---

50 웅황(As2S3) 분말을 백주(白酒)나 황주(黃酒)에 넣어 만든 술. 중국에서는 단오절에 마신다.

님! 제 문장이 쓸 만한가요?" "그래, 아주 좋지!" 저는 다시 오만을 떨었습니다. "선생님, 제가 선생님 시대에 태어나 선생님처럼 진사 시험을 쳤더라면 제 문장으로 합격했을까요?" 그분은 멈칫하시더니 말했습니다. "그래, 가능했을 거야." 저는 원래 이렇게 말할 생각이었습니다. 선생님 당시 진사들이 저 정도였습니까 하고요. 학문을 하면서는, 제가 여러분께 하고 싶은 말은, 여러분 역시 약간은 오만하라는 것입니다. 『황제내경』을 읽어도 이해가 안 된다고 읽지 않는 것은 기백이 없는 것입니다! 세상의 일인데 이해되지 않는 일이 어디 있겠습니까? 고인도 사람이요 나도 사람인데, 그가 써낸 책을 읽어서 이해도 못한다면 과연 내가 사람이라 할 수 있겠습니까? 이런 기백으로 학문을 해야 합니다. 이건 제 경험으로 여러분을 고무시키고자 하는 말입니다.

저는 젊었을 때 여러분이 보시듯 과학을 배우지 않았습니다. 하지만 항전 전 상무인서관(商務印書館)에서 아주 좋은 일을 하나 했는데 대학총서를 모두 편집한 일이었습니다. 대학총서에는 정치학이니 경제학이니 없는 것이 없었습니다. 예를 들어 저는 항전 시기 항공학 전문 서적까지도 사서 읽었습니다. 비록 비행기 조종은 못 하지만 기상에 따라 어떻게 조종을 달리 해야 하는지는 알고 있었습니다. 항해학 서적도 사 보았습니다. 이 대학총서로 스스로를 충실히 했습니다. 지금은 도리어 사라지고 없으니 정말 아쉽습니다. 그들은 모든 대학의 교재, 서양의 각종 과학을 모두 편집했습니다. 학문은 여러분 자신이 노력해서 추구해야 합니다. 제가 조금 전에 말한 것처럼 모든 성인이 제창한 것은 다 처방약입니다. 여러분은 이런 정신으로 연구해야 합니다.

침구와 점혈

『황제내경』은 가장 기본적인 의학의 이치이니 그 속으로 들어가 연구해야 합니다. 하지만 그 속에서 가장 중요한 것이 무엇일까요? 중국의 의서(醫書)를 종합해 보면 첫째가 폄(砭)입니다. 『황제내경』을 보면 알 수 있지만 병이 침투해 들어오면—현재 우리가 사용하는 괄사(刮痧)[51]나 부항과 같은 기술을 모두 폄이라 함—『황제내경』은 이렇게 말합니다. 외부의 좋지 못한 감각이 들어오면 폄을 사용해 병을 없앤다고요. 둘째가 침(針)입니다. 병이 침입해 피부 속으로 들어와 막 기육(肌肉)에 이르고자 하면 곧바로 침을 씁니다. 『황제내경』에는 침구에 관한 이치가 아주 많습니다. 셋째는 뜸(灸)입니다. 병이 다시 깊게 들어가면 곧 쑥에 불을 붙여 속으로 스며들어 가게 합니다. 넷째는 탕약(湯藥)입니다. 병이 이미 내부의 오장육부에 이르렀다면 이때는 약을 먹어야 합니다.

어떤 사람은 병을 치료하면서 외부에서 손을 쓰거나 손가락을 사용하기도 합니다. 『황제내경』을 배운 이후 계속 발전하면 침구가 점혈(點穴)로 변합니다. 손가락 하나로 신체의 활동을 정지시킬 수 있습니다. 하지만 현재는 이미 전승되지 않습니다. 점혈 역시 연구할 수 있지요. 사람을 해치기 위해서가 아니라 손가락으로 병을 치료하기 위해서입니다. 가령 폄과 침 그리고 뜸을 사람들이 모두 할 수 있다면 자기 집안사람은 치료할 수 있습니다. 이렇게 치료할 수 있다면 병원으로 갈 필요가 있겠습니까? 특

---

51 중국 의학에서 급성 위장염 등에 쓰이는 민간 요법. 동전에 물 또는 기름을 묻혀 환자의 가슴, 등 따위를 긁어 국부의 피부를 충혈시켜서 위장의 염증을 경감시키는 치료법이다.

히 지금의 병원이라면 문제가 많습니다. 뭐라 말할 방법이 없습니다만 참으로 공포스럽습니다. 최근에 제가 알기론 공산당이 중국을 통일한 뒤 이룩한 성과 중 하나가 중의와 서양 의학을 결합한 일입니다. 그래서 도처에 병원이 생겼다고 합니다.

시작할 때에야 훌륭한 의사가 없으니 고약을 팔던 사람이나 무술을 하던 사람도 의학을 조금 이해하기만 하면 모두 찾아내어 발로 뛰는 의사로 만들었다고 합니다. 병을 보는 데 이 마오[毛]만 있으면 접수할 수 있고 어떤 약도 십여 원을 넘지 않습니다. 이런 일은 전 세계 어느 나라에서도 못 한 일이지만 중국은 실행했습니다. 개방 이후에는 문제가 있어 지금은 병을 치료하는 것이 미국처럼 바뀌어 돈이 없으면 생명도 구할 수 없게끔 변하고 말았습니다. 우리가 어릴 때는 약방은 새해나 공휴일에도 쉬지 않고 늘 열려 있었습니다. 정월 초하룻날 약을 사러 갔다가 헛수고를 했다면 사람들이 그 약방을 때려 부수었을 겁니다. 지금은 문제가 많습니다. 토요일이나 일요일에는 문을 닫아 버립니다. 주말에 몸이 아프기라도 하면 골치 아프지요. 분위기가 바뀌면서 의료의 덕(德)도 없어지고 이전 문화도 사라졌습니다.

여러분들이 만약 의학을 배운다면 좋은 일을 하십시오! 중국 문화의 의료의 덕을 발휘해 보십시오. 하지만 지금은 아주 어렵기도 합니다. 때론 사람을 도와 좋은 일을 하려고 해도 도리어 그렇게 어려운 게 인생이라고 말할지 모릅니다. 제가 어떻게 횡설수설하다 보니 여기까지 왔네요. 의약의 도덕을 말하다가 이야기가 제 마음속 감상으로 흘렀기 때문입니다.

모두를 이롭게 하는 『황제내경』

그러므로 『황제내경』을 연구해 스스로 익숙해지면 최소한 자신의 건강을 유지할 수 있으며 가족의 건강도 지킬 수 있습니다. 우리의 강의를 한 번 되돌아보면 이 속에서 말한 것이 참으로 많습니다. 종합해 보면 생명을 보호하고 기르는 데 세 종류의 약이 있다는 도가의 관념, 즉 "상약에는 세 종류가 있으니 신, 기, 정이 그것〔上藥三品, 神與氣精〕"이라는 구절로 귀결됩니다.

본래 우리가 여기서 강의한 것은 『장자』와 『황제내경』이었는데, 생각지도 못하게 의학을 전혀 공부하지 않은, 불교나 도가를 공부하는 사람이 많이 오셨습니다. 이분들이 여기 와서 강의를 듣고 흥미를 느끼고 있으니 이것 역시 재미있는 현상입니다. 중국의 도가에서는 정(精)·기(氣)·신(神)을 말하는데 이는 불가에서 말하는 심(心)·의(意)·식(識)과도 같습니다. 신(神)은 곧 심(心)이고, 기(氣)는 곧 의(意)이며, 정(精)은 곧 식(識)으로 단지 명칭만 다를 뿐입니다. 불교는 인도에서 왔는데 선종에 이르러 "명심견성(明心見性)"을 말하게 되었습니다. 명심견성은 수신연기(守神煉氣)에 의존합니다. 이는 정(精)을 닦는 데서 오며 계율이 바로 이 정(精)을 지키는 것입니다. 그러므로 중국 문화의 삼가(三家)는 하나로 합칠 수 있습니다. 불교에서는 명심견성으로 성불할 수 있다고 하는데, 도가에서는 수심연성(修心煉性)이라 하며 유가에서는 존심양성(存心養性)이라 합니다. 모든 문화는 생명에 대한 탐구나 마찬가지입니다. 단지 연구 방향이 다르고 표현 방식이 다를 뿐입니다.

이야기가 여기에 이르니 비유 하나가 생각납니다. 제 강의는 순서도 없이 어지럽지만 그럼에도 순서가 있긴 합니다. 방금 의학 제도가 발달하면서 오늘에 이르러 병원이 된 과정을 언급했는데, 병원이니 학교니 하는 것이 너무 분화되면서 문제가 생겼다고 했습니다. 이건 제가 수십 년 말해 왔던 것입니다. 어떤 사람이 농담 삼아 이렇게 말했습니다. "밥을 먹다가 의치가 빠지면 얼른 병원에 가서 수속하는데, 이가 목구멍으로 넘어가 버리면 치과가 아니라 이비인후과로 가야 하며, 이비인후과에서 검사를 해 보니 이가 위로 넘어갔다면 내과로 가야 하고, 내과에서 검사해 보니 이미 이가 항문에 이르렀다면 대장항문외과로 가야 하며, 대장항문외과에서 검사해 보고 항문에서 이가 나왔다면 다시 치과로 가야 한다네." 이것은 현대 과학의 분류를 말하고 있는 것으로 세분화될수록 더욱 이런 모양이 됩니다.

이번에 쉽지 않은 인연으로 『황제내경』을 강의하면서 여러분들께 돌아가서 이 책을 읽어 보길 권유할 수밖에 없지만, 이 속에는 보물이 아주 많으니 자세히 읽어 보셔야 할 겁니다. 여러분들께 독서의 방법에 대해 말씀드리자면, 한 편을 읽고 이해되지 않으면 아주 괴롭겠지만 그냥 넘기고 그다음 편을 읽습니다. 그 편도 이해되지 않으면 다시 그다음 편을 읽습니다. 그러다가 홀연 뒷부분이 이해되면 다시 돌아와 앞부분을 읽으면 모두 이해가 됩니다. 제 독서 방법이 바로 이랬습니다.

책은 펴기만 해도 유익하다

저에겐 또 다른 독서법이 있습니다. 불경을 『황제내경』과 같이 늘어놓고 그런 뒤 정치학 서적이나 무협 소설을 함께 펼쳐 놓는 것입니다. 그러니 제가 책을 읽는 방법은 정말 어지럽습니다. 맞다고 생각되면 쉬지 않고 계속 읽어 가며, 오래 보다가 머리가 지끈거리면 소설을 읽거나 텔레비전을 봅니다. 좋은 영화가 있어도 지금은 감히 보려 하지 않습니다. 보기 시작하면 잠도 자지 않고 계속 다 봐야 하기 때문입니다. 책 읽는 것도 그렇습니다. 중간에서 중단하기를 좋아하지 않아 다른 데서 머리를 식혔다가 다시 돌아와 불경을 읽으면 생각에 진전이 있습니다. 이것을 일러 "도는 천지의 형체 있는 것 바깥으로 통하고 생각은 바람과 구름이 변화하는 속으로 들어간다[道通天地有形外, 思入風雲變化中]"라고 하는데, 이는 송대 유학자의 구절입니다. 소설을 들고 읽다 보면 머리를 전환시켜 휴식을 취할 수 있습니다.

여러분이 과학을 연구하면서 뇌 신경이 너무 집중된다면 곧바로 가벼운 것을 읽고 하하 웃으며 쉬다 보면 신경이 전환됩니다. 이것이 제 독서법입니다. 이건 모두 밀종입니다! 제가 비결을 여러분께 전해 드리는 것입니다. 제 이야기는 여러분이 학문을 연구하면서 어려움을 두려워하지 말라는 뜻입니다. 생각을 한곳에 오로지 집중하지 말고 제 방식처럼 책상에 뭐든 어지럽게 벌여 놓고 죄다 보는 것입니다.

기억할 것이 한 구절 있는데, 송 태종 조광의(趙匡義) 황제는 그 사람의 잘잘못을 떠나 적어도 역사에 기록된 한 가지 점에서 저는 감탄을 금할 수 없습니다. 그는 이십 년이나 군대를 이끌고 전투를 하면서도 뒤쪽의 스물네 필의 말에 휴대한 것은 모두 책이었습니다. 한편으로 말을 달리면서도 손에는 책이 떠날 날이 없었습니다. 그러므로 역사상 문인을 가장 존중한 왕조가 바로 송나라였습니다. 송 태종은 이십 년을 말 위에 있으면서도 책을 놓지 않았는데 이것이 바로 그의 모습입니다. 이런 까닭에 그는 "책은 펴기만 해도 유익하다[開卷有益]"라는 명언을 남겼습니다. 어떤 책이든 정식으로 읽어야 한다고 말하지 말고 한 번 넘기기만 해도 모두 이익입니다. 이것이 "개권유익(開卷有益)"입니다. 노래방에 가면 누구든 춤도 추고 노래도 부릅니다. 책을 열고 한 번 보기만 해도 됩니다. 그저 보는 체만 해도 책을 열기만 해도 이익이 있고 좋은 데가 있습니다. 이것이 오늘 여러분께 제가 드리고자 하는 말씀입니다.

동산이 온통 선가의 약초로 그득하다

다음으로 『황제내경』이라는 책 속에는 약물이라면 약물에 대한 연구도 있고 처방이라면 처방에 대한 연구도 있습니다. 예를 들면 저는 역사에 대한 연구도 많이 했는데, 『상한론(傷寒論)』 등의 발전으로부터 이후 당나라 손사막(孫思邈)과 그다음 금원사대가(金元四大家)의 것까지 대부분을 헤집어 보았습니다. 금원사대가의 의학은 각자가 다릅니다. 그런 뒤 명·청 시기에 이르러 남방의 의학이 발전했는데, 예를 들면 강소(江蘇) 일대의 명의는 모두 이곳 오강(吳江) 사람입니다. 그래서 저는 서령태(徐靈胎)와 엽천사(葉天士) 두 사람의 책을 많이 읽을 것을 주장합니다. 지금의 광동(廣東) 일대인 복건(福建) 같은 곳에서는 진수원(陳修園)의 노선을 따르고 있습니다. 의학을 공부한 사람이라면 『의학삼자경(醫學三字經)』이란 책이 진수원의 저작임을 모두 알 것입니다. 그는 복건 사람인데 이 『의학삼자경』을 한번 보면 의학사의 발전을 아주 뚜렷이 알 수 있습니다. 하지만 불완전한 곳도 있는데 영남(嶺南)이나 광동(廣東) 일대의 의학에는 또 다른 독특한 장점이 형성되어 있습니다. 이가 빠져 위로 들어간 것처럼 다른 노선으로 빠져들어 간 것입니다.

운남(雲南)과 사천(四川) 일대에 이르면 여러분은 또 다른 연구를 해야 합니다. 중국 서쪽 의학의 학파는 같은 초약(草藥)이라도 또 다릅니다. 그래서 사람들이 저에게 묻곤 합니다. "선생님! 여기 태호대학당(太湖大學堂)에는 어떤 것이 있나요?" 그러면 제가 "만원영초선가약(滿園靈草仙家藥)"이라고 대답합니다. 이는 서령태가 말한 것을 끌어다 쓴 것입니다. 바로 정원에 가득한 이들 풀이 모두 선인의 약초라는 것입니다. 한번 보십시오. 어떻게 활용할까요? "요호회랑처사거(繞湖回廊處士居)", 사면이 모두 회랑으로 포위되어 있는데 여기는 처사의 집입니다. 이 이치에 대해서는 이미 설명드렸기에 오늘은 조금 일찍 강의를 끝내고자 합니다. 많은 사람들이 길을 통제하고서 관아로 돌아가고자 하지만 관리라면 길을 열고 관아로 돌아가야 합니다.

만병의 으뜸은 풍

조금 전 『황제내경』의 내용을 요약해 "상약삼품신여기정(上藥三品神與氣精)"이라 했는데, 불교나 도가의 수지(修持) 역시 하나의 노선이지만 같지 않은 곳도 있습니다. 생명과학에는 두 가지가 있는데, 하나는 생각이나 지각이요 다른 하나는 오장육부로부터 모든 신체에 이르는 감각입니다. 이처럼 간단합니다. 『황제내경』에서 말하는 이런 병 저런 병들은 모두 감각 방면입니다. 이는 불교에서 말하는 지수화풍과도 같은데 이 중 가장 중요한 것이 바로 풍(風)입니다. 『황제내경』은 풍(風) 즉 기(氣)가 만병의 으뜸이라 말하는데, 아주 중요한 것으로 앞에서 여러 번 언급했습니다. 여러분은 풍사(風邪)에 관한 대목을 찾아 연구해 보십시오. 풍은 공기가 아니며 동서남북에서 불어오는 바람도 아닙니다. 바로 기(氣)인데 공기의 변화에 영향을 받습니다. 『황제내경』의 원문에서는 풍에 대해 "풍선행이삭변(風善行而數變)"이라 말하는데 아주 파악하기 힘듭니다. 하지만 불법을 배우는 사람 중 기(氣)나 맥(脈)을 닦거나 밀종이나 천태종을 닦는 사람은 모두 이것을 활용하고 있습니다.

이야기가 감각과 지각에 이르렀습니다. 『황제내경』의 의학적 이치를 종합하자면 모두가 감각에 속합니다. 감각을 분류하면서 이렇게 많은 이야기를 한 것입니다. 이 부분은 다시 두 부분으로 나누어지는데, 『소문』은 기본적 원칙을 말한 것으로 의리학(醫理學) 또는 병리학이라 할 수 있습니다. 그리고 『영추』는 의리(醫理)가 방법론 특히 폄(砭)과 침(針) 그리고 구(灸)로 변화한 것입니다. 탕약은 또 다른 한 부분입니다. 우리 교재의 제일 첫 부분은 탕약으로서 이는 장중경(張仲景)의 『상한론』에서 온 것입니다. 몇 가지 맛의 약으로 병을 치료하는 것을 '경방(經方)'이라 합니다만 여기에 반대하는 사람도 있습니다. 하지만 뒤에 나온 약방(藥方)인 『탕두가결(湯頭歌訣)』이나 『온병조변(溫病條辨)』 등은 결코 이 범위를 넘어서지 못했습니다. 장중경은 호남(湖南)의 관리였는데 태수를 역임했습니다. 호남과 호북의 다습한 곳에 있으면서 그는 백성들이 병에 시달리는 것을 보고 그곳에서 관리가 되고 또 의사도 되어 전문적으로 백성의 병을 살폈습니다. 그리고 그 결과를 『상한론』이라는 저술로 남겼습니다. 『상한론』의 중점은 풍이 사람에게 끼치는 영향입니다.

"풍위백병지장(風爲百病之長)"이라는 것은 제가 말한 것이 아니라『황제내경』에 나오는 구절입니다! 그러니 만병의 으뜸은 기(氣)로서 바로 생명의 기입니다. "풍선행(風善行)", 여러분이 그것을 잘 제어하지 못하면 "이삭변(而數變)", 금방 약을 먹고 풍을 없앴다 하더라도 다시 변해 다른 곳으로 갑니다. 그래서 의(醫)란 의(意)라 했습니다. 변역(變易)의 이치를 알아 지혜롭게 운용해야 합니다. 여기에는 불법을 배우거나 도를 닦는 사람 역시 포함됩니다. 지혜가 없으면 모두가 미신입니다. 부처님을 믿고 도를 믿는 등 대단히 믿을 것이 많습니다. 그뿐만 아니라 저에 대해서도 미신이 많습니다. 마치 제가 무슨 도라도 얻은 양합니다. 사람들이 묻습니다. "선생님 도를 얻지 않았습니까?" 저는 얻었습니다! 위에는 식도(食道)가 있고 아래로는 요도(尿道)가 있으니까요. 모두가 도(道)이지요. 왜 이런 말을 할까요? 여러분이 미신을 믿지 않기를 바라기 때문입니다. 그러므로 불법을 배워 도를 구하느니 의학을 배우는 것이 낫습니다. 자신을 이롭게 할 수 있고 다른 사람을 이롭게 할 수 있으며 좋은 일도 할 수 있기 때문입니다.

『황제내경』을 중시하다

수업 끝날 때까지 십오 분밖에 남지 않았는데 한 마디만 더하고 끝내겠습니다. 여러분들은 조금 일찍 돌아가실 수 있겠는데 충분히 말씀을 드리지 못하기 때문입니다. 저도 여러분께 대단히 죄송스럽게 생각합니다. 어떤 사람이 물었습니다. 왜 사람들이 마음대로 질문하지 못하게 하느냐고요. 하지만 그건 어쩔 수 없습니다. 저 자신이 말을 많이 하는 편인 데다 때로 여러분이 문제 제기까지 하다 보면 제가 장황하게 늘어놓게 됩니다. 이렇게 하고 나면 저도 스스로가 싫어집니다. 그래서 노자가 이렇게 말합니다. "말이 많으면 자주 궁색해지니 가운데를 지키느니보다 못하다〔多言 數窮, 不如守中〕"라고요. 그뿐 아니라 말이 많으면 반드시 실수가 있게 마련입니다! 예를 들어 위로는 식도가 있고 아래로는 요도가 있다고 했는데, 여러분이 이런 이야기를 옮기다 보면 '저 남 선생이란 양반 너무 천박해, 나오는 대로 뱉어 버리잖아!' 할 것입니다. 그래서 저는 여러분이 문제를 끄집어내지 못하게 한 겁니다. 여러분도 좀 더 빨리 휴식을 취할 수 있을 테고요. 저는 평상시 잡무가 대단히 많아 오늘 저녁에도 다른 일이 있습니다. 그래서 이 과정을 오십 분으로 압축시킨 것입니다. 하지만 제가 말한 것을 우스갯소리라 여겨서는 안 됩니다. 사실은 모두가 요점입니다. 어떻게 하면 이해할 수 있을지 한번 살펴보시기 바랍니다.

요약하면 이번의 『황제내경』 강의는 우연히 시작되었지만 여러분은 마땅히 이것을 제창하고 연구해야 합니다. 이 속에는 많은 과학적 내용이 있으며 단지 의학적 과학에 한정되지 않습니다. 매 편마다 본래 한 차례 설명해 보려 했지만 중간에 음양오행을 언급하면서 너무 자세해져 말씀드릴 수가 없었습니다. 『황제내경』도 물론 읽어야 하지만 『난경』도 의학을 공부하는 사람이라면 연구해야 합니다. 하지만 저는 참여하지 않습니다. 그러면 학비가 들어가니까요. 음양오행을 공부하려면 『역경』을 배워야 합니다. 음양오행은 제자백가 속의 음양가의 학문에 속하지만 천문과도 관계가 있습니다. 하지만 아쉬운 것은 음양가가 뒤에 사주나 풍수로 바뀌어 버렸다는 점입니다.

음양오행과 천간지지는 무얼 말하는 것일까요? 현재의 허풍을 떠는 설법에 의하면 그건 우주의 학문으로 모든 우주가 우리 지구의 생명과 관련이 있다고 합니다. 이런 과학 기술은 과학의 원리가 최고도로 발전한 것입니다. 과학의 발명은 처음에는 조잡하나 가장 정치하고 세밀한 단계에 이르러서는 최고의 과학 기술이 가장 간단한 것이 되기 때문입니다. 이렇게 간단하게 종합한 것이 음양오행으로 변한 것입니다. 이 때문에 천간지지가 생긴 것입니다.

오행의 간지와 병의 진단

『황제내경』 속에는 천간지지의 관계에 대해 언급하고 있는데 이 사람이 언제 병이 걸렸는지, 그가 어떤 형체에 속하는지 하는 것입니다. 이 중약방 사장님 여송도 선생을 예로 들면 그는 수형인(水形人)이며 수토형(水土形)입니다. 저같이 이렇게 생겼다면 목형인(木形人)이며, 당연히 저는 작은 나무토막으로 높고 크지 않습니다. 환자를 볼 때 먼저 그의 형태를 보고 그다음 몇 살인지 묻습니다. 요즘 사람들은 습관처럼 천구백 몇 년생이라고 하는데, 그러면 저는 말합니다. 나는 수학을 잘 못하니 몇 살인지 말하라고요. 천구백 몇 년생이라고 하는데 저는 습관이 되어 있지 않습니다. 저는 청나라가 무너지고 현재에 이르기까지 그저 구십육 년밖에 흐르지 않은 걸로 알고 있습니다. 여러분이 저에게 몇 살이라고 말하면 그걸 천간지지로 셈합니다. 그리고 몇 시에 병이 생겼는지 묻고 다시 맥을 짚습니다. 그렇게 하면 무슨 병인지 알 수 있는데 이 판단은 아주 정확합니다. 이것은 간지와 관계가 있습니다. 『황제내경』에는 여기에 대한 전문적 언급이 있지만 제가 아직 말씀드리지 못했습니다.

여러분은 아마도 열 개 천간 열두 개 지지에 대해서도 익숙하지 못하며, 육십 화갑(花甲)에 대해서는 더더욱 이해하지 못할 겁니다. 중국에서는 역사를 셈하는데, 한 나라의 역사에는 자기 국가의 정신력이 있으니 지나가는 길에 한번 이야기해 보겠습니다. 중국에서는 역사를 쓸 때, 여러분들이 지금 쓰고 있는 천구백 몇 년이라는 것은 예수의 연호로 우리와는 관계가 없습니다. 우리는 황제의 자손으로 이미 사천칠백여 년이나 되었습니다. 전제정치 제도를 타도한 것으로부터 시작한다 하더라도 혁명에 성공한 지금까지 구십육 년입니다. 이런 연호는 역사 문화와 관련이 있을까요? 관련이 있습니다. 추측해 낼 수 있습니다.

그래서 우리는 역사를 쓰지만 여러분은 옛 역사를 읽어 본 적이 없을 겁니다. 옛 역사는 모두 황제가 주체가 됩니다! 육십 년이 주체가 되어 갑자 을축 병인 정묘 하는 식으로 천간지지를 결합해 육십 년이 되는데, 이것을 육십 화갑이라 하며, 하나의 단위가 됩니다. 가령 이 육십 년이 상원갑자(上元甲子)라 한다면 다음에 또 갑을병정 등등 해서 한 바퀴 돌면 중원갑자(中元甲子)가 되고 다시 하원갑자(下元甲子)가 됩니다. 이 세 번의 육십 년을 합치면 백팔십 년인데 심지어 천팔백 년으로 말하기도 합니다. 그러므로 우리 역사에서는 먼저 갑자 기년(紀年)을 쓰고 그런 다음 모 황제, 어떤 사람이 황제가 되었으며 뭐라고 했다 등으로 기록합니다. 예를 들면 청조 이전에 숭정 황제가 매산(煤山)에서 목을 매어 죽었는데, 이것을 '정미지변(丁未之變)'이라 합니다. 간지로 대신한 것입니다. 또 다른 예를 들면 청나라를 전복시킨 것을 '신해혁명(辛亥革命)'이라 하는데, 신해(辛亥)

라는 것은 바로 육십 화갑의 기년(紀年)입니다. 육십 화갑을 이렇게 돌려 가다 보면 이 역사 변화에 대한 기록이 조금도 틀림이 없습니다.

그뿐 아니라 이것을 이해하면 미래의 발전에 대해서도 판단할 수 있습니다. 예를 들어 지금 중국과 중화 민족의 운명은 바로 하원갑자의 반쯤에 와 있는데 이 때문에 제가 어느 책에서 말한 적이 있습니다. 당시는 제가 대만에 있을 때로 대륙에는 공자를 비판하던 시기였습니다. 1984년을 시작으로 중화 민족의 나쁜 운이 끝나고 대운이 시작되는데 최소 이백 년의 좋은 운이 지속되니 걱정하지 말라고 했습니다. 이 이삼십 년간의 발전을 한번 보십시오. 그래서 적지 않게 나이 든 학생들이 선생님 말씀이 맞았다고 말합니다. 제 설법이 왜 맞지 않겠습니까? 위로는 식도가 있고 아래로는 요도가 있다는 것이 어찌 맞지 않을 수 있겠습니까? 이건 농담입니다. 실제로는 계산에 의한 것입니다. 과학적 통계에서 나온 것입니다.

그러므로 병이 걸린 날짜가 언제인지, 그 원인이 무엇인지 한번 보면 곧 압니다. 여러분이 신의(神醫)가 되는 것입니다. 그런 뒤 환자에게 약을 지어 주면서 엿새 뒤에야 좋아질 거라 말하는 것입니다. 여러분의 계산이 이미 끝났기 때문입니다. 그의 몸에 있는 기(氣) 즉 풍이 그의 몸속에서 잘 움직이며 자주 변화하지만, 반드시 이날이 되면 외부 환경의 영향을 받아 안팎이 서로 연계되면서 비로소 병이 좋아집니다. 이게 미신일까요? 아닙니다, 과학입니다. 하지만 아쉽게도 여러분이 연구하지 않습니다. 저는 이 강의가 끝나고 난 뒤 여러분도 한번 주의해 주시길 바랍니다.

그래서 제가 『상용약품수책(常用藥品手冊)』이라는 이 책을 가지고 왔습니다. 이 책은 해마다 발간되는 서양의 약에 관한 자료입니다. 서양의 모든 약이 중국으로 들어옵니다. 각종각양의 약이 다 있습니다. 대만에서는 외국과 마찬가지로 일 년마다 책 한 권을 발간합니다. 어떤 약은 이미 시효가 지나 쓸모가 없지만 저는 보존해 두려 합니다. 만약 서양 약의 발전사를 연구하고자 한다면 제가 모아놓은 이 자료가 아주 중요할 것입니다. 예를 들어 현재 서양의 많은 약들은 우리가 과거에 아주 신묘하다고 하던 것들인데 지금은 큰 효과가 없습니다. 학질에 사용하던 약으로 '키니네'란 것이 있었는데 지금은 아주 보기 어렵습니다. 저는 사람을 시켜 독일의 원래 제약 공장에 가서 찾아보니 그곳에도 두 병밖에 남아 있지 않았습니다. 그 친구는 어찌어찌해서 한 병을 얻어 왔습니다. 많은 약들이 모두 변화하고 있습니다. 여기 이 자료를 놓아 두었으니 여러분은 현재의 의약과 과학기술의 발전에 주의를 기울여야 합니다. 그러니 너무 자신의 중의만 역성들어서는 안 됩니다. 황제가 훌륭하기는 했지만 이제는 일어설 수가 없습니다. 그러니 우리가 스스로 일어설 방법을 생각해 내어야 합니다.

부록

『황제내경』과 『장자』 외편 강의 수강 보고

남 선생님

　먼저 많은 참여자들이 선생님과 대학당에 종사하는 모든 분들께 진정한 경의와 감사의 마음을 표시했음을 전해 드립니다.

　5월 6일 저녁 일정이 끝난 뒤 상해로 돌아오는 길에 십여 통의 전화를 받았는데, 이번에 강의를 들은 사람들이 저더러 많은 사람을 대표해 선생님과 대학당 모든 분들께 경의와 감사를 드리라고 했습니다. 모든 일이 잘 마무리되어 축하드립니다. 이제는 편히 쉬시면서 더 이상 무리하지 않으셨으면 합니다.

　이번 강연 과정 중 『황제내경』 강연에 참가한 사람은 백이십여 명이었고, 『장자』 강연에는 백여 명이 참가했습니다. 강의를 신청한 단체로는 상해중의약대학(上海中醫藥大學), 중국과학원상해생명과학원(中國科學院上海生命科學院), 상해약물소(上海藥物所), 상해악양의원(上海岳陽醫院), 상해용화의원(上海龍華醫院), 상해서광의원(上海曙光醫院), 상해중의원(上海

中醫院), 상해동방의원(上海東方醫院), 상해도서관(上海圖書館), 상해침구경락연구소(上海鍼灸經絡研究所), 상해중의약학회(上海中醫藥學會), 신민만보(新民晚報), 상해인민광파전대(上海人民廣播電臺), 신화사(新華社), 과기부중의약전략과제연구조(科技部中醫藥戰略課題研究組), 북경중의약대학(北京中醫藥大學), 녹곡(綠谷), 화원생물(華源生物), 교통은행(交通銀行), 화위(華爲), IBM 주식회사 등의 교수, 전문가, 주임 의사, 박사 및 석사 과정 학생, 기업 고위 간부 들이 상해, 북경, 산동, 사천, 운남, 강소, 하남, 절강, 복건, 광동 등지로부터 찾아왔습니다. 그 중 과기부중의약전략과제연구조와 중의철학학회 그리고 중국중의학연구회와 북경중의약대학도서관 등에서는 매주 토요일 아침 비행기를 타고 상해로 와서 강의를 듣는 학자들도 있었습니다.

강의 개설 및 진행 과정에서 저는 많은 분들과 토론하고 교류할 기회를 가졌습니다. 이제 한 달여 동안 이번 학습에 참여한 분들이 마음으로 얻은 바를 정리해 선생님께 보고드리고자 합니다.

1. 근본을 바르게 하고 근원을 뚜렷이 함으로써 생겨난 믿음

천지인(天地人)의 지혜를 핵심으로 하는 중화 문명 역시 음양(陰陽)과 영허(盈虛)의 변화를 벗어날 수 없었습니다. 최근 이백 년 동안 서양의 과학과 기술의 힘을 접하면서 중국인은 자기 민족의 문화에 대한 믿음이 점차 상실되어 갔습니다. 1949년 이후 오십여 년간 중국은 참으로 어려운 과정을 거쳐 새롭게 강성의 길로 들어섰습니다. 비록 경제적으로는 '중국인이 일어섰지만 정신적 측면에서는 여전히 가난하고 허약합니다. 조상의 위대한 지혜에 대한 편견과 무지가 넘쳐 자신의 기나긴 문명의 강으로 회귀하려 하지 않았습니다.

천지의 작용에 참여해 사람의 마음을 길러내는 것이 중화 문명의 특색이지만, 편견과 무지에 가려져 한 무리 한 무리씩 맹인이 맹인을 끌어감으로써 우리 민족으로 하여금 위태로운 문화의 기로에 서게 했습니다.

이번 강연을 들은 사람들이 하나같이 말하는 최대 수확은, 선생님의 강연을 듣고 난 뒤 비로소 중화 민족의 문화가 고도로 발전한 또 다른 과학적 체계였다는 점, 그리고 무슨 경험철학이니 유심주의니 원시 유물론이니 하는 것이 아니라 지혜롭고 위대하며 넓고도 깊은 문화임을 알게 되었다는 것입니다.

『노자』, 『장자』는 형이상인 천도의 지혜를 말함으로써 생명으로 하여금 도(道)에 회귀하도록 했고, 공자와 맹자는 안심입명으로써 수신·제가·치국의 지혜를 말했으며, 불가에서는 생명의 해탈을 말하며 더욱 광활한 시야에서 그리고 더욱 광대한 시공에서 생명 본래의 형이하적·형이상적 문제를 토론했습니다. 더불어 『황제내경』은 비단 병을 고치는 귀한 책일 뿐 아니라 천지인의 화육(化育)을 탐구한 위대한 생명과학의 저술이었고, 『역경』은 예측의 책이 아니라 천지인과 만상을 포괄하는 위대한 우주 과학 저술이었습니다. 이들은 모두 선생님의 강의를 듣고 난 뒤 참여자들이 얻은 진실한 수확이자 발견이었습니다. "아, 우리 선조의 문화가 원래 이런 것이었구나!" 하면서 그동안 써 왔던 '색안경'은 벗어던지고 자신의 눈으로 직접 보고 생각하게 되었습니다.

선생님의 강연은 안경을 벗게 하는 강의였으며 사고를 전화시키는 강의였습니다. 사람들로 하여금 자신의 눈을 통해 보고 자신의 두뇌로 사고하게 함으로써 중화 문화의 경전을 새롭게 인식하고 배울 수 있게 했습니다.

개괄하면 선생님의 강의는 사자후와 같아 중화 문화의 근본을 바르게 하고 근원을 깨끗이 해 제자백가의 본래 면목을 회복케 했습니다. 그런데 이것이 사람들에게 중화의 전통문화를 새롭게 인식하고 학습케 한 '믿음의 원인'이었으며, 사람들 마음속에 전통문화를 기르게 한 '바른 믿음의 뿌리'였습니다.

2. 지혜를 계몽시키고 그 종자를 널리 퍼뜨리다

선생님의 강연은 수많은 자료를 끌어와 논증하면서 지혜의 빛을 사방으로 방사했습니다. 이것은 여러 사람이 공동으로 체험한 바입니다. 똑같은 강연을 듣고 있는데도 사람들이 각자 느끼는 바는 전혀 달랐습니다. 어떤 사람은 한 구절을 듣고는 그것과 관련된 지혜의 문을 열어 젖혔으며, 또 다른 사람은 다른 한 구절을 듣고 그와 관련된 지혜의 문을 열어 젖혔습니다. 마치 무색의 티 없는 구슬이 개인의 마음에 따라 각종 다른 색으로 드러나는 것과도 같았습니다. 여러 사람의 체험을 다 들어보고서 저는 농담 삼아 선생님이 마치 '남천문(南天門)'과 '남천장(南天牆)'을 관리하는 사람 같다고 했습니다. 선생님의 수중엔 한량없는 지혜의 문을 여는 '비밀 열쇠'가 있어 마음을 비우고 구하기만 하면 마음의 한계를 돌파해 '남쪽 담장'을 넘어 '천문' 즉 본심의 자재로운 소요의 경계로 들어서게 하니까요.

선생님의 강연은 지혜의 파종기로, 마치 긴 어둠을 뚫고 나타나는 동쪽의 빛나는 햇살처럼 사람의 무지와 편견을 깨뜨리고, 사람으로 하여금 지혜의 학문에 대한 열애를 갖게 합니다.

3. 배움에 그침이 없다

우리는 농담 삼아 말하곤 했습니다. 선생님의 강연이 끝나면 상해서점에서 중국 문화 관련 서적 특히 그 중에서도 『강희자전』이 많이 팔릴 것이라고요. 선생님의 지혜의 빛이 사람들로 하여금 중국 문화 경전을 구해 탐색하고픈 마음을 열어 놓았습니다. 참으로 "용이 지나가면 비가 내려 온갖 풀들이 혜택을 입는" 것과도 같습니다.

강연이 끝나면 거의 모든 사람이 이렇게 말하곤 했습니다. "돌아가서 책을 좀 읽어야겠다." "무슨 책이든 모두 읽겠다." "돌아가서 『강희자전』을 사야겠다." "고서를 읽는 입문 방법을 알았다." "번체자가 그렇게 두려운 게 아니군." "선생님의 독서 방법을 배워야겠다." "갑자기 고서에 대한 흥미가 생겼다." "돌아가서 『황제내경』을 외우겠다." 또 어떤 사람은 아이들에게 병음이 달린 중국 문화 경전 총서를 살 수 있는 주소를 가르쳐 달라고도 했습니다. 심지어 어떤 서양 의사는 저더러 상해중의약대학에 재직하는 대학원생들이 어떻게 강연 결과를 보고하는지 들을 수 있게 도와달라고도 했습니다.

선생님 강연을 듣고 난 뒤 거의 모든 사람이 더 배우려 했으며, 배움에 애착을 느껴 더 이상 이전의 지식과 견문에 정체되지 않으려 했습니다.

4. 생명과학의 실증적 정신을 보여 주다

선생님의 강연은 사람들로 하여금 중국 문화의 지혜를 실증하는 길로 되돌아가게 했습니다. 다시는 공리공담에 머물지 않고 진실에 이르는 방법을 증험하게 했으며 이전 사람의 이론을 따르기보다 스스로 실천해 증험하게끔 만들었습니다. 선생님께서 강연하신 생명 현상의 배후에 숨어 있는 생명과학의 이치나 양신(養神)·양기(養氣)·양정(養精)의 방법, '기색(氣色)을 잘 살피는 법'에 관한 이야기들, 그리고 중의(中醫)에서 말하는 신장이란 무엇이고 진맥의 이치는 어떤 것인지에 관한 이야기는 사람들을 자극해 다시 토론하게 하고 진지하게 생각하게 했습니다. 많은 사람들이 돌아가서 『황제내경』이나 『난경』 등의 경전을 읽고 다시 의학의 이치를 배우겠다고 했고, 망(望)·문(聞)·문(問)·절(切)의 네 가지 진단법을 연구해야겠다고 했습니다.

선생님께서 강연 중 보여 주신 생명과학에 대한 실증적 정신은 불교나 도교 그리고 중의를 배우는 많은 사람으로 하여금 자신의 학습법이나 실천 노선에 대해 반성하게 해 더 이상 다른 사람의 진귀한 보물을 헤아리지 않고, 방향을 바꾸어 자신의 신체나 마음에서 그리고 진료를 실천하는 과정에서 일일이 증험하고 탐색하도록 했습니다.

5. 덕으로 선근을 길러 허물을 변화시키다

선생님의 정신이 대학당에 종사하는 모든 사람에게 영향을 미쳐 "진솔하고 겸허하며 예의바르고 책임감 있으며 협동심 있고 기율이 있으며, 일마다 구체적이고 반드시 보답하는" 정신이 드러나 있습니다. 이런 정신은 여러 사람이 모두 느낀 것으로 대학당 종사자들의 공동의 풍격인데, 이것이 어느새 강연을 듣는 사람들에게도 서서히 영향을 미쳤습니다. 어떤 사람이 농담삼아 말하기를, 대학당의 관리 수준이 세계 어떤 회사보다도 낮다고 했습니다.

강연이 진행되는 과정에서 많은 사람들이 스스로 반성하는 소리를 들었고 그것이 행동으로 옮겨지는 것을 보았습니다. 많은 사람들의 행동이 변화하는 것을 보면서 제가 체득한 것은, 내면의 도덕적 수양에서 나오는 순정하고 선량한 힘이 다른 사람의 선근(善根)을 끌어내는 절묘한 방법이라는 것을 알았습니다. 말하자면 "봄비가 바람 따라 한밤에 젖어들어 소리 없이 만물을 적시는" 방식으로 비록 아무런 형태는 없지만 그 역량은 지극히 강합니다.

5월 4일이 되자 무척 재미있는 변화들을 목격하게 되었습니다. 큰소리로 떠드는 사람이 적어지고 길을 가다가도 서로 양보하는 사람이 많아졌습니다. 수강증도 없이 거만하게 머리를 불쑥 내밀고 들어오는 사람이 없어졌고 감사하다고 말하는 사람은 많아졌으며 미소를 띤 선량한 표정이 늘어났습니다. 한 줄기 순정하고 선량한 기운이 외부에서 온 사람들의 마음속으로 점점 흘러들어오는 듯했습니다.

저는 대학당에 종사하는 사람들과 가장 많은 대화를 나누었기에 그들이 얼마나 수고하는지를 가장 잘 알고 있었습니다. 그럼에도 하나같이 처음부터 끝날 때까지 부드럽고 진솔하며 조금도 흐트러짐이 없었습니다. 참으로 사람으로 하여금 일이관지(一以貫之)하는 역량을 불러일으키는 작용을 했던 것 같습니다.

저는 세 가지를 체험했습니다. 첫째는 타인을 친절하게 대할수록 자신의 마음이 넓어지고 내면이 기쁨으로 충만해진다는 것입니다. 둘째는 세상의 일이란 많이 하면 할수록 반대로 정신은 더 또렷해지며 또 이것이 내면으로부터 미소로 드러난다는 것입니다. 셋째는 진솔하다는 것은 태도가 아니라 마음속으로 부단히 반성하고 사정을 뚜렷이 인식하고 무한히 탐색하는 과정에서 발산되는 일종의 역량이라는 것입니다. 진정으로 겸허할 때 비로소 진솔해질 수 있었습니다.

6. 중국 전통문화를 부흥시킨 역사적 전환점이다

『장자』는 중국의 도가 문화와 선종 문화 그리고 문학과 예술 등 제반 영역의 중요한 사상적 원천의 하나이며, 『황제내경』은 중의의 핵심 경전입니다. 비록 한 달밖에 되지 않았지만 이 두 경전에 대한 선생님의 화룡점정식 강연은 실제로 중국 문화의 정수를 하나하나 끌어내었기에, 생각이 있는 사람이라면 선생님의 지혜의 빛을 쫓아 중국 문화를 학습하는 지혜의 대로에 올라섰을 겁니다.

근 육십여 년 이래 이 강연은 국내에서 제일 처음으로 행해진, 고전의 진정한 맛을 제대로 보여 주는 개방적인 중국 문화 학습 모임이었습니다. 비록 시간이 짧았고 널리 알려지지도 못한 채 그저 한 논단에 소개했을 뿐이지만 이미 중국에 거지반 알려져 많은 사람들이 천 리를 멀다 않고 대학당으로 찾아와 가르침을 받았습니다. 중국 문화의 대승적 기상이 다시 한 번

드러난 것입니다.

　몇 십 년간 많은 사람들이 이야기해 온 중국 문화는, 과장이 아니라 거의가 맛이 간, 뒤틀린 것이었습니다. 선생님은 중국 문화가 재난 중 낭떠러지에 이르렀을 때 나타난 '꺼지지 않는 등불'로서, 참으로 하나의 등이 수천만 등불에 불을 붙여 한 줄기 빛으로 기나긴 세월의 암흑을 몰아내었습니다. 이번 선생님의 강연은 본질적으로 중화 문화의 진정한 부흥의 선언이었다고 할 수 있습니다. 중화 문화의 부흥을 전 세계에 알리고 중화 문화의 지혜가 여전히 전승되고 있음을 알렸습니다. 밝은 등이 계속 전해져 지혜의 빛이 영원히 빛나리라는 것을 알렸습니다.

　이번 강연은 오사 운동 이래 중화 문화의 단절을 부흥시킨 전환점이었습니다. 샘의 근원으로부터 살아 있는 샘물이 철철 흘러넘쳐 반드시 중화 문화의 새로운 학습 열기를 끌어낼 것입니다. 이로 인해 중화 문화의 부흥과 발전의 역사적 이정표가 될 것입니다.

2007년 5월 7일

이춘청(李春清) 씀